武斌文明史公开课

丝路文明
十六讲

武斌——著

中国言实出版社

图书在版编目（CIP）数据

丝路文明十六讲 / 武斌著 . -- 北京：中国言实出
版社, 2023.12
（武斌文明史公开课）
ISBN 978-7-5171-4735-0

Ⅰ . ①丝… Ⅱ . ①武… Ⅲ . ①丝绸之路 - 文集 Ⅳ .
①K928.6-53

中国国家版本馆 CIP 数据核字（2024）第 001233 号

丝路文明十六讲

责任编辑：王战星　刘　磊
责任校对：代青霞

出版发行：中国言实出版社
地　　址：北京市朝阳区北苑路180号加利大厦5号楼105室
邮　　编：100101
编辑部：北京市海淀区花园路6号院B座6层
邮　　编：100088
电　　话：010—64924853（总编室）　010—64924716（发行部）
网　　址：www.zgyscbs.cn电子邮箱：zgyscbs@263.net

经　　销：新华书店
印　　刷：北京温林源印刷有限公司
版　　次：2024年1月第1版　2024年1月第1次印刷
规　　格：710毫米×1000毫米　1/16　20印张
字　　数：270千字

定　　价：89.00元
书　　号：ISBN 978-7-5171-4735-0

武斌

历史文化学者、研究员

北京外国语大学长青学者，北京外国语大学中华文化国际传播研究院特聘教授。曾任辽宁社会科学院副院长、沈阳故宫博物院院长、中国中外关系史学会副会长、辽宁省文联副主席等。

主要从事中国文化史和中外文化交流史研究，已出版著作数十种，近年出版的主要有：《沈阳故宫四百年——一部叙事体的文化史记》《中华传统文化传承史纲》《中华文明养成记》《丝绸之路文明史》《文明的力量——中华文明的世界影响力》《孔子的世界——儒家文化的世界价值》《新编中华文化海外传播史》《中国接受海外文化史》《望东方——从古希腊到1800年的西方中国报告》以及随笔集《从歌德的书房向外望去》《柏拉图的夜宴》等。

前　言

　　今年是习近平总书记提出共建"一带一路"倡议 10 周年。习近平总书记提出这一倡议的初心，是借鉴古丝绸之路，以互联互通为主线，同各国加强政策沟通、设施联通、贸易畅通、资金融通、民心相通，为世界经济增长注入新动能，为全球发展开辟新空间，为国际经济合作打造新平台。10 年来，"一带一路"国际合作从无到有，蓬勃发展，取得丰硕成果，古老的丝绸之路历经千年，正通过"一带一路"国际合作焕发出新的生机。值此 10 周年之际，讲述丝绸之路的发展、演变及其影响，具有重要意义。

　　那么，我们讨论的丝绸之路是如何产生与发展的呢？丝绸之路对于人类文明的发展具有怎样的意义呢？

　　简单地说，丝绸之路是在历史上形成的从东到西贯通于欧亚大陆的交通大通道。现在学术界通常把丝绸之路的主要干线，分为西北陆路的陆上丝绸之路、草原丝绸之路和海上丝绸之路三大干线，还有西南或南方丝绸之路，以及东方丝绸之路。这样，丝绸之路就不是单一的自东向西的路线，而是由若干条主要通道和众多支线构成的交通体系。这样整个欧亚大陆得以联系起来，不同民族之间实现了互联互通和文明共享。

　　我们现在一般把汉代张骞通西域作为丝绸之路的开端，但实际上丝绸之路并不是从张骞开始才有的。远在张骞之前，活跃在欧亚大陆

上的各个民族就有了探索交通道路的努力，开始了人类文明最初的交往和交流。丝绸之路的前史可以追溯到更久远的年代，汉代丝绸之路的畅通也得益于人类早期的探索。因此，丝绸之路是不断发展着的，这种发展既有纵横向的延伸，也有交流内容的丰富与扩大。可以说，丝绸之路是人类文明的一种伟大创造，丝绸之路发展繁荣的历史，也是人类文明发展的历史。

丝绸之路因商贸活动而发展。跨文化的贸易、商品的流动，是丝绸之路得以发展的重要动力，贸易也是丝绸之路上最活跃的内容。不同国家与民族的商旅是往来于丝绸之路上最大的一个群体，丝绸之路沿线的许多城镇都是因他们的活动而繁荣，有些城镇甚至就是这些商人建立起来的。也正是因为各国商人千百年来持续往来于丝绸之路上，才使得商品大交换得以实现，中国的丝绸、茶叶、瓷器以及其他丰富精美的物产经此源源不断地传播到世界各地，西方的香料、玻璃和奇珍异宝也通过这条通道源源不断地被输入到中国，各民族得以充分分享来自于不同文明的先进成果。

商人们不仅进行着商品的传输，还在各民族之间传递文化信息，成为不同民族相互了解和认识的最初桥梁。往来于丝绸之路上的，还有各国的外交使节、僧侣、移民、探险家和旅行家等，他们也是文化的使者。因此，丝绸之路更是不同民族、不同文化相遇、接触、交流与融合之路。在丝绸之路上，除了物产和商品的大流动，还有技术的转移，艺术的交流，宗教和思想的传播。丝绸之路是人类文明的交流和互鉴的产物，是世界各民族文明对话之路。通过丝绸之路，不同民族、不同文化展开了大交流、大汇通、大融合。这样的大交流、大汇通、大融合，推动了东西方文明的大发展，推动了世界文明的融合与繁荣。丝绸之路促进了互联互通，促进了文明的对话，促进了人类文明的共享。有学者说，丝绸之路的历史是"半部世界史"，是通过欧亚大陆的大交通、文化大交流讲述的世界文明史。

丝绸之路是欧亚大陆各民族在不同时代共同努力、共同开发的结果。在历史上，既有中国人积极的向外探索和开拓，也有西方人自西向东的冒险与开发，还有草原民族为开辟和发展草原之路所做的贡献。丝绸之路本身就是全人类文明共同发展的重要成就。但是，丝绸之路以"丝绸"这种中国最古老最有代表性的产品来命名，更强调了中华文化在丝绸之路上的特殊意义。在工业革命以前，中国社会强大的生产能力，为丝绸之路贸易提供了源源不断的商品。在欧亚大陆上，在世界性的跨文化贸易和商品流动中，很长时间里是以中国商品为主的。因此，在一定意义上说，丝绸之路首先是中国的物产以及文化走向世界的道路。

丝绸之路也是中华文化与外来文化相互交流、激荡和相互影响的主要通道之一。通过丝绸之路，世界上其他民族的文化在中国得到传播，西方的物产和技术，科学知识和发明创造，以及关于西方文化的传闻信息不断地传播到中国，为中华文化的发展不断地补充丰富和新鲜的内容，促进了中华文化的发展。

丝绸之路的发展史，也是人类文明的发展史。往来于丝绸之路上的商人、僧侣等，他们之间以及以他们为媒介的不同民族之间的相互交流与交往，共同构成了丝绸之路的血脉和灵魂。我们探寻丝绸之路的历史，也是追寻人类文明成长的足迹。可以说，丝绸之路的历史丰富多彩，是世界文明史上壮丽的篇章，蕴藏着人类文明共生与交融的伟大经验。展示与解读这一巨幅历史画卷，总结中国与其他民族文化相遇、对话、交流与互动的历史经验，对我们认识中华文化的特性与品质、理解中华文化的民族性和世界性内涵、展望全球化时代中华文化和世界文化发展的前景，都有着有益的启发和思考。

习近平总书记指出，当前，世界之变、时代之变、历史之变正以前所未有的方式展开。中国正在以中国式现代化全面推进强国建设、民族复兴伟业。我们追求的不是中国独善其身的现代化，而是期待同广大发展中国家在内的各国一道，共同实现现代化。世界现代化应该是和平发展的现代化、互利合作的现代化、共同繁荣的现代化。各民族之间的相互沟通、相互了解，各文化之间的相互交流、相互融合，应是人类的共同价值基础。以丝绸之路为载体的人类文明史，是一部辉煌壮丽、博大厚重并且具有永久魅力的历史。我们回顾历史，不仅是要重绘历史画卷，更要在这种重绘、叙述和解读中，总结丝绸之路的文明成就与精神内涵，获得对于历史的新认知，寻求历史的智慧，是要以历史赋予我们的知识、智慧和营养为中华文化的繁荣发展，为世界文化的繁荣发展，贡献出新的智慧和力量。

目　录

第一讲

丝绸之路与丝路文明

一、什么是丝绸之路

在中西文化交流史上，"丝绸之路"是一个使用最频繁、影响最广泛的概念，在中国文化史和世界文化史上，也是一个经常被提起的概念。

"丝绸之路"这个概念最早是普鲁士舆地学和地质学家李希霍芬（Ferdinand Paul Wilhelm Richthofen，1833—1905）提出来的。李希霍芬是19世纪后期至20世纪初在欧洲很有影响的学者。他对东方有着浓厚的学术兴趣，从1868—1872年，先后对中国进行了7次考察，走遍了大半个中国。回国之后，他出版了5卷本并带有附图的专著《中国——亲身旅行的成果和以之为根据的研究》。李希霍芬的这部巨著是他多年在中国考察研究成果的结晶，是德国地理学界对东亚地理学的新贡献，对当时及以后的国际地学界都有重要的影响。李希霍芬被称为"最先明了中国地文之伟大科学家"，对近代中国地质学、地理学的产生和发展也具有重大影响。就是在这部著作中，李希霍芬把中亚地理与东西文明交流联系起来，把从公元前114年到公元127年间，中国与中亚的阿姆河和锡尔河之间的地带即"河中地区"以及中国与印度之间，以丝绸贸易为媒介的这条西域交通路线，称为"Seidenstrassen"，亦即英文的"Silk Road"，汉文译名就是"丝绸之路"。

后来，德国东方学家阿尔巴特·赫尔曼（Albert Hermann）在《中国与叙利亚之间的古代丝绸之路》一文中进一步扩大了丝绸之路的涵义，把丝绸之路的终点之一由河中地域向西扩延到遥远西方的叙利亚。叙利亚位于地中海东岸，在古代是罗马帝国的一部分。在罗马帝国统治时期，叙利亚曾出现帕尔米拉人建立的阿拉伯国家。公元2—3世纪，帕尔米拉人在东西方贸易中起了活跃的中介作用。赫尔曼的这个观点就把丝绸之路与地中海文明进而与欧洲联系起来。

李希霍芬提出的"丝绸之路"是一个具有深远学术影响的概念，为了解世界与中国关系史、了解中外文化交流史新的视角。李希霍芬的学生、著名探险家斯文·赫定（Sven Hedin，1865—1952）在20世纪30年代出版的著作就以"丝绸之路"命名，并说丝绸之路是个"很能说明问题的名称"，充分肯定了这个概念重要的学术意义和文化价值。这一概念的重大意义，在于廓清了中西交通的大干道，为研究中西文化交流史提供了一个空间的和地理的线索。通过这个概念，数千年纷繁复杂的中外文化交往和交流关系就有了一条清晰的线索。同时，以"丝绸"来命名中西交通的主要路线，更强调了中国的商品长期在国际贸易中的主导地位。这反映了几千年来中西交通和文化交流的基本事实。不仅如此，几千年的中国文化史和世界文化史，也有了一条贯穿始终的主线。因此，丝绸之路的概念一经提出，立即受到了国际学术界的广泛响应，成为描述中西之间历史关系普遍使用的概念。

19世纪末20世纪初，俄国、英国等国的探险家开始深入亚洲腹地，对中亚和中国西北地区进行探险活动，出现了中亚地区探险考察的高潮。一些西方探险家在这里发现和找到了古代中国与西方交往的许多遗址和遗物，为丝绸之路提供了考古学的证据，用实物证实和说明了丝绸之路的存在和发展，引起了世界学术界的极大兴趣和关注。这些探险家们在自己的著作中介绍这些情况时，广泛地使用了"丝绸之路"这个名称，把古代丝绸贸易所达到的地区，都包括在丝绸之路的范围之内。于是，丝绸之路就成为从中国出发，横贯亚洲，进而连接非洲、欧洲这条陆路通道的总称。

丝绸之路原初的意义，指的是从中国西安或洛阳经过河西走廊，穿过天山脚下进入到中亚、西亚，然后再通向地中海地区的交通道路。这条道路是很早就开辟了的，是一条贯穿欧亚大陆的大通道。正是通过这条大通道，自东徂西，大陆两端的居民开始有了接触和往来，开始有了物质和文化的交流，推动了东西方文明的发展。

后来，人们把联系欧亚大陆的草原之路和海上交通，分别称为"草原"的或"海上"的丝绸之路。又有学者把古代从四川、云南经过缅甸通往印度的道路即"中印缅道"称为"西南丝绸之路"，这条道路也很重要，因为到达印度，就可以抵达印度洋的岸边，这里的港口很早就与地中海和波斯湾通航。还有的学者把东南沿海地区包括山东半岛的港口通往朝鲜半岛和日本的航道与通过陆上前往朝鲜半岛的交通称为"东方丝绸之路"，这样也把中国和朝鲜半岛与日本的交通纳入到丝绸之路的广义概念之内。

这样，"丝绸之路"的概念就延伸到所有与东西方交通联系的主要交通通道。贯穿欧亚大陆、绵延数千公里的古代丝绸之路，就不只是一条商贸道路，而是一张连接欧亚大陆政治、经济、文化的交流"网络"。

正是通过各条丝绸之路，通过这个以各条路线编织的交通网络，在漫长的岁月里，欧亚大陆上的各民族、各种文化展开了大交流、大汇通、大融合。中华文化沿着丝绸之路持续地走向世界，向海外广泛地传播并发生影响，西方各民族文化也直接或间接地沿着丝绸之路，传播到中国，对中国文化的发展起到了很大补充、丰富和促进作用。

二、丝绸之路与丝路之绸

那么，为什么要用"丝绸"来命名贯穿欧亚大陆的大通道和交通网络呢？这当然与丝绸有十分密切的关系。

桑蚕丝绸是中国文化的一项伟大的发明，是中华文明的特征之一。中国是世界上最早饲养家蚕和缫丝制绢的国家，曾经很长时期是从事这种手工业的唯一的国家。可以认为，丝绸是古代中国对世界物质文化的一项重大贡献。

中国人养蚕、缫丝和织绸具有悠久的历史。传说中黄帝的后妃嫘祖发现桑树上蚕吐的丝柔软细长，可以用来编成织物遮体御寒。于是，她教导人民把蚕养起来，缫丝织绸，以制衣裳。这是中国远古的美丽传说之一种。这位教人蚕桑织丝的嫘祖是中国女性的劳动和智慧的化身，是丝绸的人格化形象。这个传说的意义在于把丝绸的起源追溯到与中华文明起源的诸要素一样遥远而古老，是中华文化发生期所创造的文化成果之一。或者说，丝绸的起源实际上是与中华文明的起源同步的，丝绸的发明是中华文化形成期的一项重要内容，具有与青铜器、玉器同等重要的意义。

据现代考古发掘的结果，一般认为中国丝织物开始出现于中国东南地区的良渚文化（约前3300—前2300）时期，这时的中国先民已经成功地驯化了野生桑蚕，使其成为可以饲养的家蚕，并利用蚕所吐的丝作为原料，织造丝绸之物。1977年在浙江河姆渡新石器遗址考古发掘证明，距今7000年前，河姆渡先民对生产蚕丝已有认识。距今4700年前，浙江吴兴钱山漾一带，已能生产丝绢。

到商代，中国丝织物便已达到很高的水平。当时除了平织的绢以外，已经有了经线显花的单色绮和多彩的刺绣。至迟在商代，我国人民已充分利用蚕丝的优点，并且改进了织机，发明了提花装置，能够用蚕丝织成精美的丝绸。《诗经》中有不少桑事织衣的诗篇，这是中国中原地区丝织发达、分布之广的一个记录，如《诗经》中描写蚕桑丝绸生产：

> 七月流火，八月萑苇。
> 蚕月条桑，取彼斧斨。
> 以伐远扬，猗彼女桑。
> 七月鸣鵙，八月载绩。
> 载玄载黄，我朱孔阳，为公子裳。

由于生产机具的改进和生产技术的进步，生产效率得到了提升。汉代丝织业有了相当大的发展，生产规模很大，花色品种繁多，产品数量也很大，出产了丰富多彩的丝织品，如锦、纱、罗、绫、缎、绸、绒、缂丝等。汉朝在长安设少府，其下有东西织室，设织室令，管理丝织生产。在地方也设有专门管理织造的机构，《汉书·禹贡传》说仅齐地就有"作工各数千人，一岁费数巨万"。民间从事丝织生产的人也相当多，纺织业十分兴盛。据记载，汉武帝元封元年（前110），汉朝自民间征集的绸帛就达 500 万匹，可见当时纺织业的兴盛状况。丝绸生产是人民生活的重要组成部分，凡宜蚕之地，每家每户均树桑养蚕，并以绢作为赋税。大批量生产的各色丝绸，不仅满足贵族们的需求，而且成为社会各阶层都能消费的衣料。在长沙马王堆西汉古墓出土的素纱襌衣，长 3 尺 7 寸，重量不到 1 两，其工艺之精巧，轰动世界。湖北江陵楚墓中出土的大量丝织品，更被誉为"世界丝绸宝库"。到了唐代，丝织业有了更大规模的发展。无论官营或私营的丝织业都很发达，产品种类也非常多，质地优良，产地遍布全国，尤以关东、巴蜀及吴越地区为盛。

丝绸是一种物质产品，也是一种文化成果。丝绸还与其他中华文化要素有密切的联系，比如与中国的礼仪制度、文化艺术、风土民俗、科学技术等都有许多联系。它的精湛的技艺和富有想象力的艺术图案，也一直是中国美术研究的一个重要领域。丝绸作为古代中国最重要的发明之一，它的出现对以后的中国经济、文化和科技的发展都产生了巨大的影响。举例来说，中国古代的四大发明，有两项发明就与丝绸有密切的关系：纸的发明直接受到丝绸生产技术，尤其是"漂絮"制丝过程中产生的丝茸沉淀物的启发；印刷术的发明与秦汉以来丝绸印染技术中的凸版印花有直接的联系。可以说，丝织技术的发明实际上是纸和印刷术两大发明的先导，或者说是孕育了纸和印刷术的发明。

丝绸是中国对于世界物质文化的一项伟大贡献。精美绝伦的各色丝绸，为人们提供了舒适的衣料和精美的装饰物，丰富了人们的日常生

新疆尼雅出土的东汉时期"延年益寿大宜子孙"锦鸡鸣枕（新疆维吾尔自治区博物馆藏）

活。所以，中国丝绸传播到世界各地，都受到热烈的欢迎。中国丝绸是世界贸易中最受崇尚、最受欢迎的商品之一。丝绸是中国最早的、持续时间最长的、分布地区最广的大宗出口货物。早在商代就有丝织物成批地外销。汉代以后，朝廷以丝绸作为礼品向其他民族赠赐、以丝绸与各民族进行以物易物贸易，以及奔走在丝绸之路上各国商人的贩运，都使中国丝绸大量外传，出现丝绸大批量向外输出的盛况。直到明清时期，丝绸一直是向海外输出的最受欢迎的中华物产之一。经丝绸之路运往中亚和西亚乃至欧洲的中华物产在很长一段时间里以丝绸为主。在漫长的历史时期内，在经销的数量之大、范围之广、持续时间之长久和影响之深远方面，世界上的任何一种产品没有能与中国的丝绸相比。西方世界最初也是通过传到那里的丝绸而知道中国、认识中国的。

新疆尼雅出土的汉晋时期"五星出东方利中国"锦护膊（新疆维吾尔自治区博物馆藏）

在丝绸之路沿线各地，在甘肃武威、敦煌，新疆楼兰、民丰、罗布泊，再到中亚和西亚地区，俄罗斯叶尼塞河畔的奥格拉赫提古墓、克罗米亚半岛上的刻赤遗址、叙利亚的帕尔米拉古城遗址等，甚至远到希腊罗马，都有中国古代丝绸遗物出土，由此也证明了古代丝绸贸易的繁荣。丝绸持续不断地传播到世界各地，被人们称之为"东方绚丽的朝霞"。丝绸以其五彩斑斓的色彩和风情万种的姿韵，征服了世界各个民族，成为广受人们喜爱的织物和艺术佳品。在世界各国人民的心目中，"丝绸"是能够代表中国的重要文化符号。

丝绸大量外销的意义，不仅在经济贸易交流层面具有重要意义，而且在文化交流等层面也具有重要的意义。丝绸之路概念抓住了"丝绸"这个古代东西贸易的关键。在许多情况下，正是由于丝绸贸易，促进了中外交通的开辟，促进了中华文化向海外的传播。如果没有丝绸和丝绸贸易，恐怕就很难说有横贯欧亚大陆的丝绸之路，中西文化交流的繁盛恐怕要向后推迟许多世纪。

所以，正是绚丽多彩的中国丝绸，把整个欧亚大陆连接了起来；也正是因为丝绸，才有了东西交通的大通道，有了丝绸之路这个美丽浪漫并令人产生无限遐想的名称。

三、丝绸之路发展的历史

丝绸之路的源远流长。丝绸之路是欧亚大陆上各民族交通往来之路，文化交流之路。在人类文明的草创时期，就有了走向远方的梦想，有了与外部世界初步的接触和交往。各个民族都在开拓与其他民族进行交往的交通道路，初步形成了早期的道路网络。随着人类文明的发展、成长和成熟，随着交通的发达、对外交往的扩大，丝绸之路也不断地延伸和拓展，丝绸之路上文化交流的内容也更为丰富，它所产生的影响也就越来越大了。

丝绸之路是不断发展着的，这种发展既有纵横向的延伸，也有交流内容的丰富与扩大。在丝绸之路的发展历史上，最耀眼的是几次大的高潮。

丝绸之路发展历史的第一次高潮是在汉代，特别是汉武帝时期开辟丝绸之路以后。张骞通西域，正式开辟了丝绸之路的交通路线，把丝绸之路纳入汉王朝的视野，开始了中原王朝对丝绸之路的经略和守护。也正是从这时开始，丝绸之路进入更加繁荣、通畅的时期，国家之间的往

洛阳西汉古墓壁画《车马出行图》

来频繁了，商贸的交流更加丰富，文化交流也更加深入。而在此时，汉帝国疆域广大，中华文化的基本形式和格局已渐成熟，工艺学术全面繁荣，出现了中华文化发展的第一个鼎盛时期，处处体现着宏阔包容的气度和开拓进取的精神。在这一时代，中华文化与外部世界展开了多方位、多层次的广泛交流，初步确立了在世界文化总体格局中举足轻重的地位。

丝绸之路历史发展的第二个高潮是在唐代。唐代是我国古代封建社会最强盛、最发达的时代之一，中华文化此时也达到了一个兴隆昌盛、腾达壮丽的高峰。在整个欧亚大陆上，唐朝是国力最强盛、文化最发达的大帝国，中华文化达到了一个兴隆昌盛、腾达壮丽的高峰，是当时世界文化总体格局的重心所在。在这一时期，丝绸之路发展进入到黄金时代，陆路和海路并举，东西南三个方向都十分畅通。唐朝通往西域的陆路交通畅达，每年有大批波斯、阿拉伯等国商人、使节沿着丝绸之路来往中国。中唐以后，海上交通与贸易的发展显得更为重要。沿着海上航线，中国和亚非各国的商船，往返不绝。发达的交通，为国家之间的交往和民间的交流都提供了便利条件，由此，唐代的海外贸易发展到前所未有的新高度，与世界各国进行着极为广泛和多方面的文化交流，长安成为一个世界性大都市和中外文化交会融合的中心。各国庞大的外交使团出入长安，长安洛阳等大城市里商胡云集，广州设有市舶司，不少波斯和大食商人聚集于广州、泉州和江浙沿海港口，山东沿海一带则多新罗商人活跃其间。

丝绸之路历史发展的第三次高潮是宋元时代。宋代远不如唐代那样强盛和生机勃勃，但在文化上达到了一个新的境界，处处表现出它的纯熟和深厚。宋朝特别重视海上贸易，推动了海上丝绸之路的全面发展，与日本、朝鲜、东南亚和南亚地区的海上贸易都十分活跃，中国商船甚至远达波斯湾和非洲东海岸。到元帝国时代，横跨亚欧的帝国版图以及驿站制度的完善，使东西方的交通畅通无阻，在陆上丝绸之路、海上丝绸之路畅通的同时，草原丝绸之路也再度繁荣。在当时开放的国际环境下，东西方的交往空前频繁，使节的往来、命令的传递、商队的贸易、大规模的移民，络绎不绝，形成了文化大交流、大融合的广阔壮观景象。中国的许多重大发明，如火药和火器技术、雕版印刷术和指南针等等，都是在这一时期大规模西传的。而以马可·波罗为代表的来华欧洲人士，第一次直接深入面对中华文化，并把他们的发现介绍到了西方。

丝绸之路历史发展的第四次高潮，是16—18世纪，即晚明到清前期，这是一个中西文化广泛交流并留下深刻历史影响的时期。新航路的发现是海上丝绸之路的新发展，大航海时代的来临，欧洲各国商船接踵而来，直接与中国贸易，中国的瓷器、漆器、茶叶、丝绸等日常生活用品大量销往欧洲，在欧洲各国刮起了持续两个多世纪的"中国风"，在一定程度上影响甚至改变了人们的日常生活方式和艺术风格。这一时期来华天主教传教士充当了文化交流的主要角色。他们向中国广泛介绍欧洲的科学文化，推动了第一次西学东渐的到来。同时，他们把许多中国学术典籍翻译介绍给欧洲，并通过撰写专著和大批的书信报告，介绍中国的历史、地理、政治制度、社会生活、民间风俗、文学艺术，在欧洲思想界引起强烈反响，对正在兴起的启蒙运动产生了重大影响。

19世纪以后，随着西方工业文明的发展，世界范围的交通、通讯更为便捷，人员的往来、物质和文化的交流更为频繁。人类文明的交流互鉴和互联互通在广度和深度上都超越了此前两三千年承担文明交流载体的丝绸之路。但这并不意味着丝绸之路的衰落，而是对丝绸之路所代表的文化精神在新的历史条件下的发扬和发展。全球化时代的实质意义在于人类文明的共享，而互联互通和文化共享，正是丝绸之路精神的核心所在，是丝绸之路本身所提供的文化理想。

丝绸之路就是人类文明的一种伟大创造，丝绸之路发展繁荣的历史，也是人类文明发展的历史。人类文明一直行走在丝绸之路的大道上。

四、丝绸之路上的文化大流动

丝绸之路是各类人员往来之路，也就是文化的交流之路。数千年来，在漫长的丝绸之路上，实现了东西方文化等大流动、大交流，形成了蔚为壮观的世界文化景观。

在丝绸之路上，最先传播和输入输出的是各地的物种、物产和技术发明。在早期的丝绸之路文化交流中，物种的交流是一项十分重要的内容。最早的例子可以举粮食作物，如中国是粟和水稻的发源地，在 7000 年前粟就传播到了欧洲，水稻也是在很早的时候就传播到朝鲜、日本以及东南亚地区，在那里发展出水稻文明。产于中亚的小麦，早在 5000 年前就传入中国，并且成为中国人的主要粮食作物。此外还有马、牛、羊这样的原产于北方草原地区的家畜，也陆续地进入到中原地区。还有大量的植物，包括蔬菜瓜果，都曾在不同时期陆续传入中国，丰富了中国人的饮食生活。

物产的流动是丝绸之路上最为显著的内容。各国商人们南来北往，从东到西，携带着不同地区的特殊物产，贸迁有无，实现了各民族之间持续的物质文化交流。比如中国丝绸长期是向外出口的大宗货物。和实用价值与丝绸齐名的是中国的瓷器和制瓷技术。此外，中国瓷器经历了从青瓷到白瓷到彩瓷这样几个阶段，益臻精巧，如千峰翠色，美不胜收，成为具有极大审美价值的艺术品。中国瓷器远销世界各地，享有极高的声誉，受到广泛的欢迎。中国是世界上最早种茶、制茶和饮茶的国家。5

世纪时茶叶输出到东亚国家，16、17 世纪时传到西欧，茶叶成为与咖啡、可可并称的世界三大饮料之一。

丝绸给人们提供了高品质的纺织材料，瓷器提供了方便实用而精美的日常生活用品和艺术品，茶叶则成为经久不衰的人人喜爱的、健康的日常生活中的饮料。丝绸、瓷器和茶叶，成百上千年源源不断地输往各国，是近代世界贸易体系中的主要输出产品，并且在很长一个时期内主导了全球性的国际贸易，改变和丰富了各国人民的日常生活，成为最具代表性的中国文化符号。

中国古代科学技术中最令世界瞩目的是造纸术、印刷术、火药和火器技术、指南针这"四大发明"。四大发明的意义已远远超出技术领域，其对文化的传承、人类征服世界能力的提高，对世界历史的演变，都具有特别重要的作用和巨大的影响。四大发明是中华民族奉献给世界并改变了整个人类历史进程的伟大技术成果，反映和代表了辉煌灿烂的中国古代文明。

另外，其他民族发明的许多先进技术也通过丝绸之路传播到中国并得到推广和应用。比如在古代的玻璃制作技术，是在南北朝时期经西域传到中国，并使得中国的玻璃制造工艺得到巨大的发展；葡萄酒酿制技术、糖的提炼与制作技术，都是在唐太宗时期分别从西域和印度传播来的。

物质文化和技术文化的传播，在丝绸之路的文化交流中起到了前锋的作用。物质文化、技术文化的传播，其意义不仅仅局限于物质的技术的领域，它们还影响人们的精神世界和生活方式，产生意料之外的复合效应。因为这些物产和技术发明，还体现了创造者、发明者的精神理念、审美趣味和价值追求，体现了他们作为某一文化共同体成员所接受的文化传统的濡化和教育。而物质文化和技术文化的输出，间接地传达了这种物质产品和技术所包含的精神内容与文化内涵，因而也就使其成为文化整体的代表而传播和产生影响。

在精神文化层面，通过丝绸之路传来的外来文化，影响最突出的是宗教。自汉代以后，印度佛教持续地向中国传播，并且在中国落地生根，发展演化成为中国化佛教，成为中华文化的一个重要组成部分。佛教不仅是一种信仰体系，更是一个巨大的"文化群落"，是一个巨大的"文化丛"。与佛教一起而来的，还有印度和西域的绘画与雕塑、音乐与舞蹈、建筑与医药、哲学与思想等多方面的内容，它们随着佛教的传播一起被传播、一起被吸收到中华文化的体系之中。

丝绸之路还是艺术文化的交流之路。各民族所创造的各种艺术形式也都大规模地在丝绸之路上传播，丰富着人们的艺术形式和精神文化生活。汉唐以前，西域的音乐舞蹈对中国音乐舞蹈艺术的具有重要的影响，早在西周时期就有西域歌舞传播到中原，成为宫廷乐舞的组成部分。到了汉唐，这种西域民族的乐舞更是大规模地在中原流传普及，成为相当流行的艺术形式。多种西域乐器成为中国音乐家们喜好的乐器。上自宫廷，下至里巷，都弥漫着绚丽多姿的西域风情。其他的艺术形式，如壁画、雕塑、建筑艺术，都曾在中原大地上传播开来，举世闻名的"四大石窟"，无不显示出中国与印度、西域艺术文化的大交汇。特别是敦煌莫高窟，就是东西文化交流汇合和交融的巨大的艺术宝库。敦煌的艺术不仅包含着中国艺术家的巨大的文化创造，更体现着对西域艺术的接受、吸收和融合。

漫长的丝绸之路，空前的文化大流动，形成了世界文化史上辉映古今的文化交流大景观。而在历史上，这样波澜壮阔的文化流动，一再形成蔚为壮观的大高潮。丝绸之路犹如连接东方和西方的金丝带，一直承担着中国与欧亚国家政治、经济、文化联系的重要职能。

丝绸之路是欧亚大陆上的各民族的文化交流之路，是东方与西方各民族的相遇、相识、碰撞、沟通与交流之路。在世界文化发展的历史上，东西方的交流是最重要的文化交流，是世界文化发展的最强大的动力。也正是通过丝绸之路，西方发现了中国，走近了中国。东方与西方在丝绸之路上相遇、对话、交流和融合，构成了世界文化史上最为壮丽和多彩的画卷。

实际上，在现代学术界，丝绸之路已经成为一个国际通用的学术名词，远远超越了"路"的地理学范畴，正如联合国教科文组织定义的那样："丝绸之路是对话之路。"这是东西方文明的对话，是欧亚大陆各个民族文化的对话，是人类的对话。

第二讲

丝绸之路的起源与开拓

一、对西域的想象与探索

丝绸之路首先是通往西域之路。丝绸之路的起源始于对西域的想象与探索。

西域是中国历史文献中经常出现的一个名称。所谓"西域",是相对于中国而言,即指在中国的西方。不过,西域是一个同历史有着密切联系的概念。因为说"在中国的西方",首先,与历史上中国人关于"西方"的知识有关,是中国人所知道的"西方",是与中国打交道的"西方"。而人们的地理眼光、打交道的范围是不断扩大着的。其次,历史上各国的版图和疆界是不断变化着的。因而,关于"西域"概念的含义也是不断变化着的。

一般说来,西域的所指有广义和狭义两种指称。广义的西域,包括葱岭以西的中亚等地,如阿富汗、中亚地区、伊朗、阿拉伯国家以及更远的地方,乃至地中海沿岸一带,有时连印度、巴基斯坦、尼泊尔等国

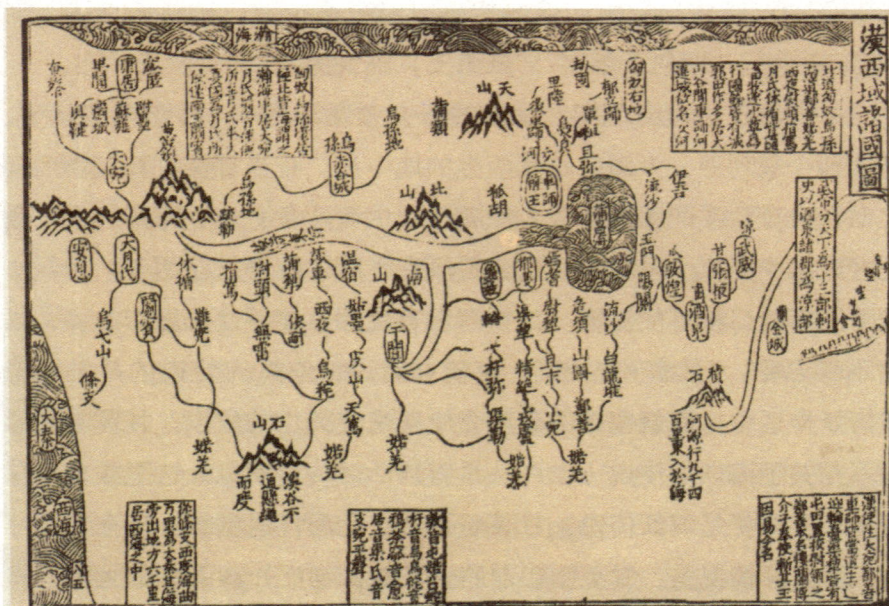

[南宋]《汉西域诸国图》（首都图书馆藏）

丝路文明十六讲

以及非洲东北部的一些国家和地区也都包括在里面。唐代高僧玄奘的《大唐西域记》，记录的地方就很广泛了。西汉时，狭义的西域是指今甘肃敦煌西玉门关、阳关以西，葱岭以东，昆仑山以北，巴尔喀什湖以南，即汉代西域都护府的辖地。所以狭义的西域是指中国境内的西部疆土，主要是指新疆一带。不过，汉代中国的西部疆土要远比现在的版图广阔。比之汉代，唐代的西疆更远，直到黑海岸边，设有北庭护都府，管理军事行政，建立屯田制度。西域包括昭武九姓的领地，在唐代都属中国，设有羁縻州。因此，就狭义说来，中国史上的西域可说是相当于今日的中亚地方。

从狭义的西域来看，这一带在可考历史中于前5世纪左右形成国家，并开始独立发展。《汉书·西域传》记载当时已有30余国分布在西域地区，故有"西域三十六国"之说。汉代"西域三十六国"为西域都护管辖的地区。所谓"三十六国"只是一个大概的说法，并且是常有变动，名称也时有变化。东汉末年，西域各国相互之间不断兼并，至晋朝初年形成了鄯善、车师等几个大国并起的局面。南北朝时期，西域局势再度变化，新兴的高昌国相继击败西域多个国家，建立了一个地跨新疆大部的强国，除少数国家外西域诸国国土西迁，为中亚地区带来了文化的繁荣。

从现代地理学的观念来看，中亚地区是古代中外文化交流的重要区域。"中亚"所称的是里海以东，葱岭以西，伊朗、印度、中国以北，西伯利亚以南的一段地域，包括今天的土库曼斯坦、乌兹别克斯坦、吉尔吉斯斯坦、塔吉克斯坦4国的全部和哈萨克斯坦的南部。在历史上，中亚地区是世界上几大文化圈都曾影响到的地方，是古希腊、波斯、阿拉伯、古代印度和古代中国古文化的交汇地。各种文化传统在这里进行大规模、广泛地接触、碰撞、吸收和融合，形成人类文化交流和传播史上的一大奇观。历史上无论是草原丝路还是绿洲丝路，各主要干线无不以中亚地区的草原、绿洲和山口为必经之路。在东西方之间，民族的迁徙、商贸活动中的物质运输以及使者和僧侣的旅行，也必须在中亚地区的草

第二讲 丝绸之路的起源与开拓

原或沙漠中穿行。因此，也可以说，历史文献上所说的西域，大体上就是丝绸之路延伸的中国以西的广大地区。

由于西域地方多元文化交汇的历史特点，形成了西域文化特殊的形态。自古以来，西域就是各种文化的交汇之地，也是东西方文化交流的中心与枢纽。西域是中西交通的走廊，是西方和东方的中介者。这种地位对全人类的文化发展有着重大影响。

在古代中国人眼中，西域是一个很大的外部世界。汉代以前，对于中原人们来说，西域是一个相当遥远和神秘的地方，人们对于西域的认识多来源于神话传说和奇异的想象。《山海经》《尚书·禹贡》等文献中都有关于西域的神奇的记载。这些记载，反映了古代人们有关地理空间的想象和认知。传说中，西域是一片现实与神话合一的神奇地方，这里充满着宝物、奇物，居住着异民与神仙。《尚书·禹贡》提及西域的黄河、弱水、积石山、鸟鼠山等山川，此地出产球、琳琅、玗等玉石，居住着昆仑、析支、渠搜等百姓。《山海经》描绘了一个以华夏族为中心的世界图景：在这个广袤的大地上，中国九州位于世界的中央，大地的四方为大海环绕，四海之外为形形色色的殊族异类、奇鸟怪兽、神灵物怪所居住和栖息的蛮荒地带，大荒之外，则是渺茫不可知的天地之际，四时变换的风就从那里吹来，日夜流转、四时轮回的日月星辰也是在那里升起和降落。这个世界图景就是那个时代人们想象的世界的样子。《山海经》记载了西域神奇的国度、山川、人民、草木、矿产、禽兽、鱼虫、神仙。这些记载或者说想象都是很奇异的，因此，对来自西域的事物，同样也赋予了许多奇异的色彩。

二、彩陶之路与玉石之路

奇异的想象激发了人们探索的愿望。在新石器时代，人类的迁徙和交流有所扩大，因而分布在各地的新石器文化也有着互通信息、相互的了解、交流和影响的可能性。新石器时代，欧亚大陆的东西之间即有一定的交通。我们的先民们可能很早就通过这些交通路线，与北部和西部的其他民族交流往来，互相交换物质文明的成果和文化信息。在这样的流动和交流中，中国大地的远古文化

半坡遗址出土的单体鱼纹彩陶盆（半坡遗址博物馆藏）

已经和欧亚大陆其他地方的文化有着对话与互动，并且引进了许多其他民族的文化因素。正是这样的迁徙和交流，推动了欧亚各民族的发展。

彩陶文化的传播路线是早期中西交流的一个例证。彩陶是中国先民在新石器时期创造的闪烁着人类智慧的重要器物，它大量出现在黄河流域，最著名的是距今7000—5000年的河南渑池县仰韶村遗址出土的彩陶，线条流畅、图案绚丽。它是仰韶文化的主要特征，故仰韶文化又享有"彩陶文化"之盛誉。

研究者发现，主要分布在黄河流域的仰韶文化彩陶与西方各地彩陶文化十分相似，说明这些新石器时代居民是相互往来，有一定联系的，在丝绸之路形成之前，先有一条彩陶之路。1921年，瑞典学者安特生（Johan Gunnar Andersson，1874—1960）在河南渑池县仰韶村发现大量的彩陶，他将其与东南欧的特里波里、中亚安诺等遗址的彩陶相比，发现有许多相同的地方。安特生根据仰韶文化彩陶图案同西亚各地彩陶图案的相似性，提出中国文化"西来说"。他认为，河南距安诺道里极远，然"两地之间实不乏交通孔道"。为了探寻彩陶的传播路线，安特生寻踪西进，由西安到兰州，再到西宁。经调查，他认为甘青地区发现的大量陶器都属于新石器时代，可归入仰韶文化，同时认为它们都是由西方传入的。中国学者的研究认为，仰韶彩陶不仅不是从西方传来的，而且是

自东向西传播的。他们认为，从仰韶文化开始的中原彩陶文化，在中国境内曾广泛扩散，其西支由甘肃、宁夏西入新疆，上起公元前5000年，下迄公元前1000年，新疆西部的和阗、皮山、沙雅、伊犁河流域是现在所知道的中原彩陶文化西传的终端。黄河中下游的中原地区是中国古代文化的发源地，中原文化在它诞生以后，呈现出向周围扩散的趋势，在西部地区，表现出由东而西的传播方向。据此，中国学者提出了"史前丝绸之路"和"彩陶之路"的概念。

彩陶之路是以彩陶为代表的早期中华文化以陕甘地区为根基自东向西拓展传播之路，而西方的麦、羊、马、车以及青铜器和铁器冶炼技术等逐渐传入中国广大地区。彩陶之路是早期中西文化交流的首要通道，是丝绸之路的前身，对中西方文明的形成和发展都产生过重要影响。

玉器是中国独特的艺术品，是中国传统文化的重要组成部分，可以看作中国文化的代表或象征之一。中国玉石开采历史悠久，形成源远流长的玉文化。大约从4000年前开始，出产于新疆昆仑山一带的优质和田玉，向中原进行了大规模的输送。和田玉进入中原，始于仰韶文化时期，殷商出现高潮。《山海经·西山经》记述："南望昆仑，其光熊熊，其气魂魂，西临大泽，后稷所潜也，其中多玉。"《穆天子传》记载，周穆王与西王母在昆仑之巅的瑶池，接受西域诸国的朝拜，并记载"昆仑之丘，群玉之山，取玉三乘，载玉万只"。从商代出土玉器中，我们看到，在商代和田玉已经开发、生产并应用于很多领域。这说明至少在公元前13世纪，中国内地就已经开始和西域乃至更远的地区进行商贸往来。由于和田玉的输出，很早便形成一条从西域到中原的"玉石之路"。

《史记·大宛列传》载："汉使穷河源，河源出于阗，其山多玉石。"玉石之路大致由于阗起，向东一支经且末、罗布淖尔，沿阿尔金山蜿蜒前行，另一支经昆岗、龟兹、高昌、伊吾，横越星星峡。它们在玉门关会合，再继续向东延伸，穿雁门关到长安、洛阳。玉门关位于敦煌西北90公里，相传两汉时西域和田等地所产的玉石必经此关方能进入中原内地，其命名"玉门关"应是和田玉的缘故。

我们今天可以把"彩陶之路""玉石之路"看作是丝绸之路欧亚大陆早期的存在形态，并为后来的丝绸之路的开辟发展奠定了基础。

在中国古史传说中，有关于"黄帝西巡"的故事。传说黄帝到过昆仑山，《山海经》《海内西经》第十一说："海内昆仑之墟在西北，帝下之都。"周穆王西巡时，曾登上昆仑之丘，瞻仰黄帝行宫的遗迹。黄帝还派遣乐官伶伦西去昆仑寻找竹子制作笛子。到尧舜时对外交往更多，大禹时代则"通于四海"，来自东北的肃慎、北发，西北的渠搜、氐、羌等氏族，都与中原建立了直接的联系。这些关于黄帝西巡以及尧舜等与西域的关系，大概是关于中国先民最早向西域方向联系的传说。

三、商周时期的西域之路

商周时期，对外文化交流的规模又有所扩大，人们继续探索通往西域的交通。在这时，中国进入了原生文明的时代。在从东到西广阔的欧亚大陆上并行发展，相映成辉。中国的原生文明是在史前文化的基础上自发地成长起来的。但是，即使是原生文明，也仍然受到了外来文化或强或弱、或远或近的影响，这些影响成为中国原生文明发生和发展的一个外界的激励因素。另外，在这一时期中国产生的多种文化形式，也传播到域外，对其他民族文化的形成和发展同样产生了的影响。更主要的是，这个时期的人们已经有了向外走出去的自觉意识和有关海外交通的记载。

商代方国众多，商汤时伊尹作"四方献令"，规定前来朝贡诸国进贡方物。其中西方有昆仑、狗国、鬼亲、枳巳、阗耳、贯胸、雕题、离卿、漆齿，北方有空同、大夏、莎车、姑他、旦略、豹胡、代翟、匈奴、楼烦、月氏、截犁、其龙、东胡。这些都是与商有来往的方国。这些方国所献方物，实际上就是这些边远民族与中原的物质文化交流。通过这样的交流，各地的物产被输送到中原，同时，也会有许多中原物产以及

其他文化被传播到这些方国，即中原商王朝的周边地区。

商代还出现了从事长途贩运的"旅人"，推动了对外的商贸关系。这时黄河中下游的华夏民族与边地各民族之间，都有"百物"的交换，不仅包括动物、植物和矿物，还有更重要的人工制品。上一节提到玉石贸易，应该是商代与西北部族贸易的大宗商货之一。正是在商代，作为中国文化符号的丝绸已经开始成批量地外销。葱岭以西，最早发现丝织品的是乌兹别克斯坦南部阿姆河的沙巴里达坂（Sapalli Tepe）。在沙巴里达坂 138 座墓葬中，25 座属于公元前 1700—前 1500 年的古墓，出土了丝织品的残件。这一发现给揭示商代丝绸外销的地域范围提供了十分具有说服力的佐证。

在方国与商王朝的关系上，一方面，各方国承认商王的"共主"地位，并通过纳贡等形式表示对商王的臣服；另一方面，一些方国的贵族统治者又企图向商族进行掠夺，因此，商朝和方国之间在保持政治、经济、文化联系的同时，还经常发生战争。与商王朝经常发生战争的，在商的西北方有土方、工方和鬼方，商朝与分布在甘肃、青海地区的羌族也经常发生战争。

通过与这些北方游牧民族的交涉，商代文明与域外文化的接触和联系可能有所扩大。通过北方草原的北方民族在向北迁徙时，将商文化中的刀、戈和短剑以及青铜装饰品一直扩散到外贝加尔湖、阿尔泰地区和叶尼塞河上游。商文化更通过鄂尔多斯草原和居延海进入天山北麓，直至伊犁河流域。这些交通线以及后来联系天山南麓和河西走廊的道路，组成了中国和它以西广袤的世界最早的联系通道。

周朝建立以后，其对外关系要比商朝有所扩大。古代传说中有不少关于周初周边国家进献方物的记载。"贡物"关系实际上是一种官方的贸易关系，是一种物质文化交流的方式。周边国家向周朝进贡方物，中原的物产也会输入到这些周边国家。《拾遗记》说，周成王"播声教于八荒之外，流仁惠于九围之表。神智之所绥化，遐迩之所来服，靡不越岳航海，交贽于辽险之路。瑰宝殊怪之物，充于王庭；灵禽神兽之类，游集林麓。诡丽殊用之物，镌斫异于人功"。从这些记载来看，周初与域外交往还是比较多的，传入周朝的物质文化，有"瑰宝殊怪之物""灵禽神兽之类""诡丽殊用之物"，有宝物，有用品，还有动物，这在当时已经是十分丰富了。

周朝的势力向西北地区拓展，汉族的移民也到达葱岭以东的地方。传说太王亶父派季绰到葱岭以东的地方，"以为周室主"，建立了赤乌国。《山海经·大荒西经》把这个地方叫作"西周之国"，说那里有发达的农耕生活，居民也和周宗室一样姓姬。据波斯古代传说，苏哈克（Zohak）曾派人追踪季夏（Jamshid）至印度、中国边境，季夏曾娶马秦（machin）国王马王（mahang）的女儿为妻。马王是"大王"的意思，指亶父。这则传说可能就是指季绰的后代在葱岭附近的繁衍、壮大。周成王时平定殷人叛乱，四邻民族都来朝贺，其中有中亚的渠搜国送鼩犬，康民赠桴苡，还有祁连山以北的禺氏（月氏）献騊駼。这一时期，丝绸随着骑马民族的迁徙行销欧亚草原，这是西周时代以来令人瞩目的史实。新疆东部的月氏，葱岭以西的斯基泰，都是活跃在草原、河谷间的骑马民族，他们是丝绸西运的重要中介商。

周穆王"西狩"是早期丝绸之路上的重大事件。传说穆王前后有两次西征。当时，位于西域地方的犬戎部族势力扩张，阻碍了周朝和西北方国部落的来往。穆王十二年（前990），周穆王率六师之众，西征犬戎，把一批犬戎部落迁到太原。这就打开了通向大西北的道路，开辟了周人和西北地区友好联系的新篇章。

第二次是穆王十七年（前993），穆王向西

[明] 张居正《帝鉴图说》之《八骏巡游》，记周穆王巡游天下事

巡游。经河宗氏、赤乌氏、容成氏、哪韩氏等20余个域外邦国部落，最后抵西王母之邦，受到西王母隆重的接待。此时，穆王应是将及七旬的老人了。所谓"西狩"，其实穆王一路上并无战事，率六师之众，只是作为一种仪仗。但由此可以想见这支队伍是十分庞大的。穆王所到之处，各部族都友好接待，无不贡献方物特产，穆王也莫不一一赏赐中原物品，这实质上是大规模的物质文化交流活动。这种献赐活动反映了一种以物易物的交换贸易关系。所以，穆王西狩还具有与西域各地进行贸易活动的意义。这可能是公元前4世纪中国和北方畜牧部族通常交往关系的一种实际情形。

周穆王每到一处以丝绢、铜器、贝币馈赠各部落酋长，各地酋长也向他赠送大量马、牛、羊和稷酒，新疆玉石的成批东运和中原地区丝绢、铜器的西传，成了这一时期中西交通的重要内容。

记穆王西巡狩事最详的是《穆天子传》一书。书中记周穆王绝流沙、征昆仑"周游四荒"的历程，凡殊方异域之山川地理、风习物产、人物传说，多有涉及；所记月日、里程、部落，往往具体翔实，斑斑可考。同时，书中又夹杂不少奇闻佚事、神话传说，富于文学色彩。《穆天子传》虽是小说家言，不是信史，但对了解西周与西域的交通往来和穆王西狩之传说仍具有珍贵的价值。

《穆天子传》记载周穆王西行的路线，第一段路线大体是：自长安出发，过秦、汉之长水（漳水），历华亭西北（钘山）、泾水正流（虖沱）、固原南部（隃）、武威以东地区（焉居）、武威、张掖地区（禺知），而至于张掖河流域（阳纡）、居延附近（积石）。周穆王达到居延一带后，稍事休憩，即折向西行，入今天的新疆境，至塔里木河流域。然后，周穆王绕塔克拉玛干沙漠南缘，过葱岭，经塔什干，进入中亚西王母之邦。周穆王抵西王母之邦后，再北行有"大旷原"，即吉尔吉斯旷野，那是周穆王西巡的终点。

周穆王西巡，为何要先北走呢？在汉武帝开河西走廊、建四郡之前，商旅难以直西而去，当抵至武威张掖地区后，须先北上至居延，再折西而行。这条道路从鄯善南下，绕塔克拉玛干沙漠，经于阗、叶尔羌，越葱岭进入中亚，这一段路线，是后世丝绸之路南道。周穆王去时走天山南路，归时走天山北路，和后来通西域的路线大体上是一致的。

近人考证《穆天子传》成书当在战国前期，为赵国人所作，可能是依据西域商贾们的所见所闻来写穆王对西域部族的巡行，《穆天子传》中穆王的往返路线便是战国时期西域商贾们的通商路线。《穆天子传》写穆王出宗周先向北绕行而又折向西至西王母之邦的路线。这里说的穆王西去之路和东返之路的西段，正是实际存在的丝绸之路。而其东返之路东段，也经考证得以证实。因此，可以推测，《穆天子传》所写穆王西征、东返之路，山川方向，道里远近，叙述明了，实际上就是战国时期中原与西域各部族进行物资、文化交流的商贾之路，是那一特殊历史时期的丝绸之路。

春秋战国时期中原与西域的通商情况，还可以从考古发现中得到证实。在春秋战国的中西交流中，东西方的物质文化产品的交流是那个时代各民族文化交流的主要内容。在西域的广大区域内，包括现在新疆地区和帕米尔以西的区域内，陆续出土了大量从春秋战国一直到汉晋时代的丝绸制品。1936 年，考古学家在阿富汗喀布尔以北约 60 公里的地方，挖掘建于公元前 4 世纪后半叶的亚历山大城遗址时，在一处城堡中发现了许多中国丝绸残片。1977 年，在新疆吐鲁番盆地西缘的阿拉沟（托克逊西）东口，发现了一批墓葬，时间跨度为春秋战国时期到汉代。其中出土的菱纹链式罗是战国时内地刚刚才有的丝织珍品，由于外销，已经沿着丝绸之路运到了天山南麓。在阿拉沟古墓中，还曾出土过数量众多的虎纹圆金牌、虎纹金箔带、虎纹银牌及熊头图案金牌等，仅 30 号战国古墓中就出土圆金牌 8 块。在汉代张骞通西域前，这些制作金银器具饰物的原料都是由商贾们带到西域以用来交换西域土特产。

阿尔泰山脉地处欧亚草原的东端，从商周时代开始，就成为中原文明与西方文明及南西伯利亚古代文明相互沟通的中介地带。在阿尔泰最具代表性的巴泽雷克文化，分布于哈萨克斯坦丘雷什曼河及其支流巴什

考斯河之间的巴泽雷克谷地（俄罗斯戈尔诺阿尔泰省的巴泽雷克盆地）。公元前5—前3世纪是该文化最繁荣的时期。巴泽雷克是古代丝绸之路上的一个驿站。西亚的毛织品可通过中亚大草原运抵这里，而中国的丝绸也可由斯基泰商人转运到西亚。巴泽雷克大墓出土的遗物反映出当地人同其他民族的广泛联系，如良马、拉绒毛毯等来自中亚，器物上的某些纹饰母题和神话形象应系传自波斯。代表中原文明的遗物有绢质的安褥垫，其上的刺绣图案是凤凰栖息在树上或飞翔于树间。在6号墓中出土了半面战国时期的"山"字纹镜，在阿尔泰山西麓的一座墓葬里也发现了一面与之完全相同的镜子。"山"字纹是战国铜镜的特色纹饰。

四、张骞的丝绸之路之"凿空"

早期文明对西域的想象和探索，彩陶之路和玉石之路，以及周穆王的西巡，都是丝绸之路的前史。丝绸之路的正式开通，则是从张骞通西域开始的。但丝绸之路的前史说明，张骞的伟业并不是凭空出现的，在他之前已经有了数千年探索的基础。

张骞西行开始于汉建元三年（前138）。这次西行，是汉武帝临时安排的一项任务。这次任务十分重大，关乎汉朝的国运。汉武帝派张骞去西域找一个叫大月氏的国家，联合他们一起抗击匈奴。

匈奴长期以来是中原王朝的主要边患。汉初时，汉朝一直对匈奴采取妥协的政策，与匈奴和亲并赠送大批缯絮米蘖。但匈奴仍自恃强大，经常策骑南侵，掳掠汉边民和财富，给汉朝的安定造成很大威胁，同时压迫西域各国，阻遏汉与西域各国的商业往来。汉武帝继位时，汉朝处在蒸蒸日上的时期，经济繁荣，国力强大，武帝决定改变对匈奴的政策，积极抗击匈奴的侵扰。

武帝听说，几十年前，原居住在河西走廊一带的大月氏人被匈奴驱赶出故地，被迫西迁。匈奴单于还杀了大月氏王，大月氏人常思报仇。

于是，武帝决定派遣张骞作为国家的使臣出使大月氏，劝说大月氏人和汉朝联合起来共同击败匈奴。

张骞一行带着这样重大的使命出发了。但他们只知大月氏西迁，并不清楚他们究竟迁到什么地方。他们完全是向着一个未知的地方、一个未知的目标行进。他们坚信，只要一路向西，就能找到大月氏人。他们更坚定的信念是，他们肩负的是朝廷的使命，国家的使命，这是一个必须不遗余力为之奋斗的伟大使命。

这是一项极为艰巨的任务。他们从长安出发，一路向西，风餐露宿，备尝艰辛，途中充满了危险。他们来到了号称"四塞之国"的陇西地区，也就是现在的甘肃省东部地区，这里是去西域的必经之路，在当时是匈奴人控制的地区。张骞一行被匈奴军队抓获，把他们押送到位于今内蒙古呼和浩特附近的匈奴王庭，被羁押了十余年。在这些年里，他们对匈奴的情势已经有了充分的了解，学会了匈奴人的语言，也一直谋划寻找出逃的机会。至元光六年（前129），张骞和随从人员找准了机会，终于逃了出来。张骞一行并没有返回长安，而是继续向西而行，去完成自己的外交任务。他们取道车师国，进入焉耆，又从焉耆溯塔里木河西行，经过龟兹、疏勒等地，翻过葱岭。经过长途跋涉，最后到了中亚大国大宛。大宛位于帕米尔西麓，也就是今乌兹别克斯坦费尔干纳盆地。张骞一行在大宛稍事休息之后，便在大宛向导的陪同下，来到了大宛的邻国康居。康居位于锡尔河流域，是当时西域北部的大国。张骞到康居后，康居国王热情款待，并派人送他们一行到大月氏。公元前129年，张骞一行抵达大月氏。

此时大月氏已立新王，

敦煌壁画《张骞通西域图》

吞并了西域国家大夏。大夏就在今天的阿富汗一带。

这里土地肥沃、生活安定，大月氏人已经在此安居乐业。大月氏王热情地接待了张骞一行，张骞转达了汉武帝的建议，希望他们与汉联盟共破匈奴。但大月氏王对张骞提出的建议并无多大兴趣。张骞在大月氏的都城监氏城逗留一年多，虽然受到款待，但终没有说服大月氏王，不得不空手而返。

汉武帝元朔元年（前128），张骞为了避开匈奴人，改从南道东归。他们翻过葱岭，沿昆仑山北麓而行，经莎车、于阗、鄯善等地，进入羌人居住地区，不料又为匈奴骑兵所获。一年后，适逢匈奴内乱，张骞乘机逃出，于元朔三年（前126）回到长安。

张骞西使，前后共历13年。张骞此行并未达到合联月氏以抗匈奴的目的。但他之西使，经历了中原使者前所未有的途程，其意义远远超出他的直接使命。作为汉朝的官方使节，张骞实地考察了东西交通要道，是中国官方开拓通往西域道路的第一人。张骞的功绩，司马迁称为"凿空"。他"凿空"了通往西域的大道，意味着东西交通大干线的正式开辟。

现在，人们把这条交通大干线称之为"丝绸之路"。"凿空"就是丝绸之路的正式开通。

说丝绸之路的正式开通，并不是否认丝绸之路前史的存在，也不是说此前的交通不重要。所说"正式开通"的意思是说，正是从汉武帝派遣张骞出使西域开始，中国的王朝通过丝绸之路的交通，与西域国家建立了官方的往来关系，把西域纳入王朝的管辖疆域或势力范围。并且从这个时代开始，这条大通道才正式进入到中国官方的视野。此后的历代王朝都认识到丝绸之路对于国家经济贸易、国家安全和国际地位的重要性，把经营丝绸之路作为一项重要的国家战略，派出管理机构、官员，如汉建立西域都护府，唐建立安西都护府和北庭都护府，派遣驻军，建立驿站，来保障丝绸之路的畅通。也正是从这个时代开始，丝绸之路得到了空前的发展。《史记》记载，"汉率一岁中使多者十余，少者五六辈，远者八九岁，近者数岁而反。""西北外国使，更来更去。"也正是从这个时代开始，人们对于丝绸之路的关注，对于丝绸之路的记载，都进入到官方和私家的史籍中，并且是史不绝书，因而也就进入了"历史"。

所以，历史学界都把汉武帝派遣张骞的西域之行作为丝绸之路正式开辟的历史起点。

张骞从西域归国后，带回了有关西域诸国的许多见闻，使中国人第一次系统地了解了西域诸国。他向汉武帝详细报告了他们往返的行程以及在西域的亲身经历和所见所闻。《史记·大宛列传》记载了张骞的报告。这是中国史籍首次对西域各国进行了详细的、真实的、较全面的记录。《史记·大宛列传》构建了中国人对西域第一次完整的认知体系，大大开拓了中国的地理概念，使中国人较清楚地知道了通往西域的具体路线，知道了中亚的草原和沙漠，中亚庞大的山系——天山和帕米尔高原，发源于这些山脉的中亚巨大河流——注入西海（咸海或里海）的锡尔河和阿姆河，以及流入罗布泊的塔里木河。

张骞向武帝的报告，大体上分为三个部分：一是见闻，二是传闻，三是评估。见闻的部分是他到达的地方，即大宛、大月氏、大夏、康居，其中还包括他所经行的今南疆绿洲地区。传闻的部分，大国五六，如奄蔡、安息、条枝、乌孙、黎轩和身毒等，其中还包括今印度河流域而下的中国境内西南夷各部。张骞在上述报告中介绍了西域诸国的地理位置，以大宛为中心，描述了一幅非常直观的西域地理方位图，使人们可以掌握汉代时西域各国的大体分布情况。据此，西域地志在这个时候已经是非常完整和清晰的了。

张骞在考察报告中介绍了西域各国的地理环境以及物产、人口、风俗和军事等方面的情况。介绍了当时的国际关系特别是诸国与汉朝的关系，向汉武帝提出了经营西域的策略。张骞还了解到西域诸国发展与中国贸易关系的愿望和对中国物产的喜爱，使汉朝了解到与中亚、西亚各国交通往来，不仅在军事上极有意义，而且在经济上也会对汉朝产生很多积极的意义。

张骞的报告受到汉武帝的高度重视，使汉武帝大大增强了向西域开拓的决心。

张骞出使西域带回来的有关西域的文化信息，大大开阔了中国人的眼界，给当时的中国人很大的刺激，如同后来的哥伦布发现新大陆吸引了无数欧洲人前往一样，西域开拓了中国人的视野，对中国人产生了极大的吸引力，使汉代的中国人也开始注视西方，了解到西域虽远但并非不可抵达，了解到西域天地广阔，国家众多，物产新奇，民情殊异。西域奇特的风俗人情，丰富的物产，对汉人也是极大的诱惑。

几年中，汉武帝多次向张骞询问大夏等地情况，张骞着重介绍了乌孙到伊犁河畔后已经与匈奴发生矛盾的具体情况。乌孙当时是西域大国，若能联盟，将是汉朝最有力的盟友。张骞建议招乌孙东返敦煌一带，跟汉共同抵抗匈奴。这就是"断匈奴右臂"的著名战略。同时，张骞也着重提出应该与西域各族加强友好往来。这些意见得到了汉武帝的采纳。

汉元狩四年（前119），即距张骞第一次出使归国后七年，武帝再派张骞出使西域，联络乌孙以共抗匈奴。此次张骞出使，情况与第一次迥异，一路通行无阻。他率300多人的庞大使团，经数十天行程，很顺利地经敦煌到楼兰，再经塔里木河西行至龟兹，一路北上到达位于伊犁河谷的乌孙王都赤谷城（今吉尔吉斯斯坦伊塞克湖东南）。张骞在乌孙时，还分别派遣副使到大宛、康居、大月氏、大夏、安息、身毒、于阗、扜罙（策勒）及其邻近国家，带去丝绸等贵重物品。他们回国时也带回了所到国家的许多使者。"于是，西北国始通于汉矣。"西域许多国家都和汉朝有了正式外交往来。

第三讲

丝绸之路的经略与发展

一、汉代交通与丝绸之路

汉王朝是当时东方世界最强盛的大帝国。在西北，汉朝采取积极抗击匈奴的战略，控制了天山南北，移民屯田，而后又设西域都护，巩固和拓展西北边地，开辟了通往西域的交通线，为正式开通丝绸之路准备了条件。汉王朝不仅积极经略周边地区，而且大力发展对外关系和经济文化交流。司马迁《太史公自序》中说，汉兴以来，"海外殊俗，重译款塞，请来献见者不可胜道"，讲的就是汉代在文化大一统局面下的对外交往和文化交流。当时中外交通四通八达，人员往来相望于道，出现了前所未有的中外文化交流的盛况。所以，汉武帝决定派遣张骞出使西域，除了寻找大月氏联合抗击匈奴之外，可能还有更深层的原因，还可能有文化交往方面的考虑。汉朝需要一个向西方开放的窗口，那时候的人们对与其他民族的文化交流抱着积极开放的态度。

汉代对外交流的大发展，首先得益于交通的发展。与前代相比，汉时对外的交通道路大大地发展了。有学者概括了汉代中国五条主要的对外交通路线，即：

（1）东方：朝鲜半岛到日本列岛的"北海道中"航线的存在。

（2）北方：由匈奴人所控制的草原丝绸之路。

（3）西域：南北沙漠绿洲丝绸之路的"凿空"。

（4）西南：四川与滇—缅—印古道的连接。

（5）南海：由合浦至黄支国海上航线的开辟。

通过这些线路，汉朝与朝鲜半岛南部的三韩部落、日本北九州岛地区、中南半岛、马来半岛、南亚地区、中亚以及西亚地区，有了经常性的直接往来。上述这五条交通路线，现在学术界都分别冠以丝绸之路的称呼，如"东方丝绸之路""草原丝绸之路""绿洲丝绸之路""南方（或西南）丝绸之路"和"海上丝绸之路"。"丝绸之路"成了汉代开辟或发

玉门关遗址

展的对外交通路线的总概括。

但是，通常学术界所说的丝绸之路，从严格的意义上讲，或者说从狭义上讲，是指从西安或洛阳出发，经过河西走廊，出阳关或玉门关，通往西域这一条交通大道。我们说张骞"凿空"了丝绸之路，丝绸之路正式开通，就是指这条通往西域的道路的开通。为了区别后来比较泛用的丝绸之路概念，学术界又把从中原通往西域的大道称为"陆上丝绸之路"或"绿洲丝绸之路"。

"陆上丝绸之路"可以根据地理上和政治上的状况，从东向西划分为东段、中段和西段。西段从欧洲往东，到中亚地区，在亚历山大东征的时候已经走通。东段从长安出发，经河西走廊的武威、张掖、酒泉、安西到敦煌，敦煌郡龙勒县有玉门关和阳关，这一段地区一直是中国中原王朝传统的控制地区，交通道路一直通畅。所谓张骞的"凿空"，实际上是走通了"中段"的这一部分，即出玉门关和阳关往西，到帕米尔和巴尔喀什湖以东以南地区。

中国与西域的交通路线，据诸史所记，代有不同。综合古代文献的记载，当时通西域的道路大致为通过河西四郡，出玉门关或阳关，穿过白龙堆，到楼兰（即鄯善），自此分南、北两道：

> 北道，自楼兰向西，沿孔雀河至渠犁（今新疆库尔勒）、乌垒、轮台、再经龟兹（今新疆库车）、姑墨（今新疆阿克苏）至疏勒（今新疆喀什）。
>
> 南道，自鄯善的扜泥城，西南沿今车尔臣河，经且末、扜弥、于阗（今新疆和田）、皮山、莎车至疏勒。

东汉时，与北匈奴多次交战，迫使北匈奴西迁，汉又开辟了新北道。新北道由敦煌向北到伊吾，然后西经柳中、高昌壁、车师前部交河城（今新疆吐鲁番），经焉耆，越天山至龟兹，再循原北道西行抵疏勒。

三条路最后都在疏勒即喀什汇合。自疏勒越葱岭往北，可到大宛（费尔干纳）、康居（撒马尔罕）。

丝绸之路的中段这一部分，即通常所说的西域地方，茫茫戈壁之间，分散着许多绿洲城市，是丝绸贸易带动了这些绿洲城市的繁荣和发展。丝绸之路上的远程贸易原本是一站转一站接力式地进行的，首先是在邻接地区之间，相互地、由甲地到乙地，逐步到达远隔地区。也就是说，通过西域的丝绸之路实际上就是一个个"绿洲桥"，是由此绿洲到彼绿洲逐一连接起来的交通线。通过这些链条式排列的绿洲，这一地区形成了西方与中国之间的交通线。古商道上的这些绿洲城市，作为沟通中国、伊朗和罗马之间的丝绸之路上的中转站，起到了十分重要的作用。

中路的三条路线在疏勒即喀什汇合后，自疏勒往西，越葱岭，向西南，到大月氏（主要地区在今阿富汗境内），再往西到达安息（即今伊朗），更西到达条支（今伊拉克一带），最后可直达大秦（罗马帝国东部）。这是丝绸之路的西段。

丝绸之路的开通不仅表示了中西文化交流的物质条件，也代表着一个文化大交流时代的到来。正是在秦汉大统一的基础上，中华文化的对外交流，无论是对于外来文化的接受、学习和吸收，还是中华文化在世界上的传播与推广，都出现了前所未有的高潮。这是一个气象广阔的时代，是一个文化大交流、大碰撞、大对话的时代。正是这样广阔的文化交流与互动，促进了汉唐文化的大发展、大繁荣。

二、丝绸之路的经略与守护

张骞"凿空"之后，通往西域的丝绸之路大开，汉王朝与西域各国使节往来不断，民间商旅更是相望于道，贸易十分频繁活跃，中西文化交流进入了一个高潮时期。

武帝时，汉朝向西域遣使十分频繁，每年都要派遣五六批甚至十余批，每批由数百人至百余人组成的使团。这些使节往返一次常常要八九年，近的也要几年。汉朝使者不仅到乌孙、大宛、大月氏等，更远者到达安息、奄蔡、犁轩、条枝、身毒。汉与西域的交流，经贸往来是其中的主要内容。这些使节皆有贸易的目的，汉的缯帛、漆器、黄金、铁器是各国所欢迎的产品。

与此同时，西域诸国也频繁向中国派遣使节。西域的使节在中国受到相当的礼遇。如武帝巡狩时带上外国客人，并给予很多赏赐，开示府库让他们观赏很多的贮藏品，以示汉朝之广大。西域文化也传播到汉帝国。据史书记载，西汉京师长安，西域货物云集，异国客人熙熙攘攘。大宛的葡萄、石榴、胡麻，乌孙的黄瓜，奄蔡的貂皮，大月氏的毛织品，异域的杂技、音乐、绘画艺术、风土人情，注入中土。

往来的官方使节除了担负政治、经济和军事使命外，也还负有文化交流的使命，至少会向中原介绍西域各地的文化信息。而那些往来的民间人士，一些往来于中原与西域之间的旅人，包括商人、艺术家甚至旅行家，也带来许多关于西域的见闻，向人们讲述西域的奇闻逸事、奇珍异物。这些都引起人们极大的兴趣。这样，中原人关于西域的知识就大大增加了。

在张骞出使西域期间，汉武帝先后派卫青、霍去病等率大军数次西进，打击匈奴的势力。卫青和霍去病经过连年征战，收复河朔、河套地区，击破匈奴。汉军连战告捷，已经逐步控制河西和漠南大片地区。公元前119年，卫青、霍去病分别出定襄、代郡，出塞2000余里，歼敌10余万，霍去病"封狼居胥"威震漠北，匈奴王庭远迁大漠以北。汉朝业已控制了河西走廊，"自盐泽以东，空无匈奴，道可通"。卫青和霍去病为北部疆域的开拓和丝绸之路的畅通做出重大贡献。

太初元年（前104），汉武帝封李广利为"贰师将军"，领兵攻大宛国取汗血马。但路途遥远，又多高山大漠，李广利铩羽而归，被迫撤兵。太初三年（前101），武帝命李广利再率精兵攻大宛。李广利大军围攻大宛城40余日，凯旋归国。这次战争之后，"匈奴失魄，奔走遁逃"。李广利之大宛远征，是汉代丝绸之路史上的重要事件。远征大宛的成功，大

［汉］"马踏匈奴"石雕

大提高了汉朝的声誉，西域各国"多遣使来献"，汉朝的使节相继到达大宛以西诸国，带来了奇珍异物。由于此次远征，汉朝的西域经营有了进一步的发展。实际上，正是由于李广利远征大宛的成功，丝绸之路才得以正式地顺利开通。与西亚的正常交往已经建立起来了。

为了加强与西域诸国的交通往来，汉朝还在西北边境地带设置地方行政机构。元鼎六年（前111），汉朝设置武威、酒泉、张掖、敦煌河西四郡，这是汉朝直接统治河西地方的开始。河西四郡和其他边郡建置一样，都是汉朝经略边地的重要措施。河西四郡设立之后，西汉政府将长城西延到玉门，太初三年（前101）李广利伐大宛后，又进一步延伸到盐泽（罗布泊），建立起一条数千里的防御线。同时，为保障丝绸之路安全，还在一些重要路口建置了驿道、驿站以及烽燧亭障等一系列军事设施。

神爵二年（前60），汉朝又进一步设西域都护。西域都护是由汉朝中央政府派遣管理西域的最高官吏，相当于中原地区最高一级的地方官即太守。西域都护的治所，为西域都护府。西汉时，西域都护府设在乌垒城（前名轮台国，今新疆轮台县境），辖西域36国（后增至50国）。

敦煌"汉悬泉置"遗址

从此西域这块地方，包括北疆和巴尔喀什湖以东以南的广大地区都正式列入汉代的版图，帕米尔以西以北的大宛、乌孙都在都护的统辖之下。

西域都护的设置，使汉朝对西域和丝绸之路的经略进一步发展，与西域各国的交流往来得以巩固和扩大。可以说，设置西域都护的半个世纪，是丝绸之路最活跃的时代之一。

三、东汉丝绸之路三绝三通

西汉末东汉初，王朝忙于国内战事，无暇顾及西域。匈奴乘汉王朝内部混乱之机，乘机征服了西域北道诸国和南道大国于阗，不断袭扰汉朝边境，丝绸之路又被隔断。汉明帝改变了东汉初期对西域和匈奴采取的消极政策，决心"遵武帝故事，击匈奴，通西域"，开始积极经营西域和打击北匈奴的势力。永平十六年（73），奉车都尉窦固率汉兵分四路出塞，在蒲类海（今新疆巴里坤湖）击败北匈奴，攻占战略要地伊吾卢。同时，窦固派假司马班超及从事郭恂率吏士36人出使西域。在经营西域、维护丝绸之路畅通方面，班超发挥了重要作用，建立了卓越的历史功绩。

班超到了西域后，首先致力于打通匈奴控制薄弱的南道各国，驱除了西域南道的匈奴势力。班超等人到鄯善国时，国王接待他们礼节非常恭敬周到，但不久突然变得疏忽怠慢起来。班超觉得一定是匈奴有使者来到这里，使他犹豫不决。当天夜晚，班超带领兵士奔袭北匈奴使者的住地，杀死匈奴百余人，鄯善举国震恐。班超趁势对鄯善王晓之以理，又安抚宽慰了他一番，接受鄯善王的儿子作为人质。班超回去向窦固汇报后，窦固十分高兴，上书朝廷详细报告班超的功劳，并请求另行选派使者出使西域。汉明帝很赞赏班超的胆识，就下达指令与窦固："像班超这样得力的使臣，为什么不派遣他，而要另选别人呢？可以提拔班超作军司马，让他继续完成出使的任务。"

喀什班超塑像

　　班超从鄯善前往于阗国，于阗国是当时西域强国，班超到来时，国王广德对其不甚礼遇。该国巫师对广德说："神怒何故欲归汉，汉使有祸马，需取之祠于神。"于是广德派人向班超索马，班超让巫师自己来取，然后怒斩该巫师，将首级送与广德。广德早耳闻班超在鄯善击杀匈奴使者之事，感到十分惶恐，于是杀了匈奴使者而降汉。班超还带领自己为数不多的部下，推翻龟兹国在疏勒国所立的傀儡政权，重立疏勒故王兄长之子为王，建立新的亲汉政权。在班超的努力下，南道诸国先后归附汉朝。

　　永平十七年（74），奉车都尉窦固、驸马都尉耿秉等再度举兵西征，在蒲类海击破北匈奴白山部，并击降役属北匈奴的车师前、后部，南道基本打通，北道东西两站也为汉朝控制。西域与中原的联系得到恢复。同年，在西域设立都护、戊己校尉等官。

　　永平十八年（75）三月，北匈奴出动两万余骑兵，重返西域。汉章帝因国内局势动荡，放弃争夺西域，下诏撤师回京。西域又落入北匈奴之手，丝路亦不复通。汉章帝下诏，召班超回朝。沿途各地纷纷要求东汉政府收回成命，极力挽留班超。班超上书朝廷说，西域各地"复愿归附，欲共并力破灭龟兹，平通汉道"，请求派兵支持他平定西域，并陈述自己"愿从谷吉效命绝域，庶几张骞弃身旷野"的不可动摇之志。朝廷答应他的要求，派兵支援。经过班超等人近10年的努力，匈奴的势力再次被赶出西域。永元三年（91），东汉再次正式恢复西域都护、戊己校尉等官职，任命班超为西域都护，西域大小50余国均归附东汉。

班超40岁出使西域，在西域共30年，为开辟和巩固丝绸之路，为加强中原与西域的联系，做出了重大贡献。汉和帝下诏书表彰他说："逾葱岭，迄县度，出入二十二年，莫不宾从，改立其王而绥其人……"，封他为定远侯。班超巩固了东汉在西域的统治，维护了西域安定，加强了中国同中亚各地的联系。班超平定天山南北以后，汉的政治势力继续向西扩展，远达帕米尔高原以西的中亚。班超以微小的代价取得了巨大的成就，这一时期是东汉西域经营最多彩的一幕，也是东汉西域经营的高峰。

汉安帝永初元年（107），即班超自西域返回洛阳后的第五年，安帝以为西域险远、耗资过巨，下令撤西域都护，匈奴乘机南下，再度占据西域。汉元初七年（120），班超之子、军司马班勇上"西域策"，向邓太后进谏指出，西域与河西唇齿相依，控制西域，才能有河西的安全。班勇建议朝廷应以敦煌为基地，设置护西域副校尉，负责与西域各地恢复联系事。延光二年（123），安帝遂决定在敦煌置西域校府，任命班勇为西域长史，经营通西域、开丝路的事业。班勇的努力取得了巨大的成功，西域诸国复归于东汉朝廷统辖之下，为东汉后期丝路的长期开通，奠定了基础。

为了开通西域的丝绸之路，汉朝对匈奴几经征战，消耗了大量的武力和财富，付出了重大代价。从张骞"凿空"到东汉时的"三绝三通"，经过几代人的努力，开辟和巩固了丝绸之路，与西域各国乃至更远的西方建立起持续的联系和贸易关系。正因为如此，才有了中西交通和文化交流大发展的盛况。《后汉书·西域传》概括自西汉迄东汉 400 年间中西交通大势说："汉世张骞怀致远之略，班超奋封侯之志，终能立功西遐，羁服外域。"自此以后，"立屯田于膏腴之野，列邮置于要害之路。驰命走驿，不绝于时月；商胡贩客，日款于塞下。"

四、丝绸之路的黄金时代

东汉末年，中原内乱，无暇顾及西域，通往西域的丝绸之路交通又有滞碍，直到三国时期，曹魏与西域的交通才得以恢复。魏晋时期，中原王朝继续保持了汉代以来对西域交流的高度重视。"五胡"时期和北朝历代都积极经营西域，加强了与西域的联系，保证了丝绸之路的畅通。南朝虽然面对北朝的阻隔，仍然设法与西域建立联系。所以，在这一时期，中原与西域的联系和人员往来继续得到扩大，商贸也得到了发展，特别是有许多"商胡"进入到中原，成为担当中原与西域物质文化交流的骨干力量。在这一时期，西域承担了佛教向中国传播的中转站，许多印度僧侣和西域高僧来到中原，为佛教文化的传播做出了重要贡献。与此同时，丝绸之路上的技术文化交流也比较突出，尤其是中国养蚕制丝技术的向西转移，西方的玻璃制造技术向中国的转移，是这一时期中西文化交流的重要事件。

不过，魏晋南北朝 400 年是一个大动荡的年代，国内局势的频繁变动和战乱不止，对与西域的交通和文化交流都有不利的影响。北朝时虽也尽力加强对西域的经营，但有的时候力不从心，到这一阶段的后期，西域诸国逐渐脱离中原政权的控制，先后陷于铁勒、柔然、突厥等草原民族的统治之下。以至唐人李延寿说，齐、周二代"不闻有事西域"。当然，当时的民间交通依然存在，文化和经贸的交流也没有中断，但毕竟大不如从前了。

直到隋唐实现了国内统一安定的局面，特别是唐代进入中国文化的盛世，丝绸之路的发展繁荣也进入一个黄金时代。在当时的欧亚大陆上，中国处于大陆的东端，而在唐朝以西各国，是横跨欧、亚北部的东罗马，即拜占庭帝国；占有整个西亚的波斯，尤其是后来兴起的大食倭马亚王朝，更是据有亚、非、欧的庞大帝国，它们都注重于对外陆路交通的开拓，极力加强和中国的政治、经济联系。印度处于南端，具有古老的文化传统。而在整个欧亚大陆上，唐朝是国力最强盛、文化最发达的大帝国。这些国家，经济发达，军事强大，文化繁盛，相互之间你来我往，交流频繁，互相激荡又互相促进，共同绘制了那个时代世界的色彩斑斓的文化图景。丝绸之路的黄金时代，也是这个时代世界文化激荡发展的产物。

唐朝的疆域辽阔广大，《新唐书·地理志》说："举唐之盛时，开元、天宝之际，东至安东，西至安西，南至日南，北至单于府，盖南北如汉

[唐] 李贤墓壁画《宾客图》

之盛，东不及而西过之。"唐代是中国古代社会最繁荣发达的时期，社会稳定，经济富庶，国力强盛，精神闳阔，文化腾远，呈现出前所未有的文化盛世。这是一个在各个领域都显示出蓬勃生机、蒸蒸日上的时代，是一个在各个方面都充满创造活力、满壁风动的时代，是一个超越前朝历代并在发展的总体水平上领先于世界的时代。盛唐文化的灿烂辉煌，异彩焕发，不但对后世中国文化产生极大影响，而且也广被于欧亚大陆许多地方，引导世界文化发展潮流大势。唐代是中华文化向海外传播最广泛的时期之一，是中华文化在世界舞台上威望最高、最令各国倾慕景仰的时期。与此同时，这一时期也是中国主动走向世界，向外部世界寻求知识和精神营养，是学习、接受和融合海外文化最广泛、最丰富的时期。

唐朝是中国古代史上发展对外关系最积极、最活跃并且交往最广泛的时期。唐朝始终保持开放心态，积极推动中外交往和对外贸易。唐前期历代基本上都遵循"中国既安，四夷自服"这一方针。贞观初年，唐朝与近20个国家有外交往来。唐太宗《正日临朝》诗说："百蛮奉遐贽，万国朝未央，"可见其时中外邦交之盛。到盛唐时代，唐玄宗对外交往的基本态度是"开怀纳戒，张袖延狄"，对周边邻国主张"润之以时雨，照之以春阳，淳德以柔之，中孚以信之"，继续奉行积极对外开放的方针，真诚相待各国使者，确保睦邻友好政策的落实。

正是在盛唐文化的宏阔气象中，正是在各民族文化的大交流、大融合、大发展的时代，通往西方的丝绸之路，承载着中西交流使命的丝绸之路，包括陆上丝绸之路、草原丝绸之路和海上丝绸之路，也包括通往印度的西南丝绸之路和通往韩国、日本的东方海上丝绸之路，都实现了空前地畅通，空前地辉煌，空前地显现出它灿烂多姿的风采。

隋朝立国后，致力于丝绸之路的开发，加强了对西域的联系和经略。隋朝建立之初，西有吐谷浑、党项羌，西北有突厥，皆与隋朝对抗。吐谷浑、突厥都地遏丝绸之路要冲，是隋朝与西域交通的两大障碍。因此，隋初与西域虽有交通，但规模不大。开皇九年（589），隋灭陈，中原统一，国势渐盛，隋之声威亦及于四邻。这对丝绸之路的畅通起到了重要的推动作用。大业五年（609），隋炀帝亲征吐谷浑，吐谷浑可汗慕容伏允逃遁。六月，隋炀帝到达甘州，同月即于其地设立西海、河源、鄯善、且末四郡，后又立伊吾郡。从河源到且末，隋朝设有屯田戍卒。不久，又命筑伊吾城，捍卫交通。

随着一度威慑西域的突厥和吐谷浑势力渐衰，西域人"引领翘首"，迫切要求加强和中原的联系。隋炀帝曾派遣韦节、杜行满一行出使西域，展开了与西域的联系和交往，最远至印度王舍城（Rājagriha），展开了与西域的联系和交往。隋炀帝又派裴矩驻于张掖，主持和西域的联系及商业交通事宜，张掖成为当时中西贸易中心，兴盛时有40多个西域国家的商人集中在这里经商。自此，丝绸之路畅通无阻，中原与西域的交往得以恢复和发展，"西域诸蕃，往来相继"。

裴矩在张掖期间，在与西域商贾的交往中，请他们讲述其国的风俗与山川险易，了解各国的地理形势、气候物产和风俗习惯，并把这些材料积累起来，于大业四年（608）撰成《西域图记》一书。《西域图记》序文叙述了西域各国的变迁，记载了从敦煌出发西行至西海（地中海）的三条路线，将它们称作北道、中道和南道。这三条大道，以敦煌为总出发点，伊吾、高昌、鄯善分别为三条大道的起点。

《西域图记》不只是一部西域地理著作，还是隋唐两朝开发丝绸之路的指导性典籍。在《西域图记》中，裴矩指出了突厥、吐谷浑阻遏西域诸国贸易交通，导致丝路不畅的现状，分析了击灭吐谷浑、突厥，统一华夏的可能性和必要性，并提出了对西域征抚并用的战略方针。

隋朝在炀帝时代虽然大力开展了对西域的交通，但是由于国祚短促，交通的深度和广度都有较大局限。在隋朝发展与西域联系的基础上，唐朝进一步加强了与西域的政治、经济和文化联系，加强了对西域的经略与控制。无论是政治上，还是军事上，唐朝都在西域取得了比前代更大的成就，从而为丝绸之路的空前繁荣奠定了坚实的基础。

贞观八年（634），唐军大败吐谷浑，不仅解除了吐谷浑对河西的长期威胁，而且导致罗布泊西南瓦石峡一带的昭武九姓胡康国大首领康艳典率所属一系列城镇（石城镇、屯城、弩支城即新城、蒲桃城、萨毗城等）归附唐朝，由此打开了通往西域的道路。贞观十四年（640），唐太宗发动了对西域的战争，驱逐了西突厥在西域东部的势力，灭高昌国，立为西州，并分兵攻取西突厥屯兵的可汗浮图城，立为庭州。唐在伊吾设的伊州与西州、庭州实行与中原相同的州县制，编入陇右道和后来分置的河西道。贞观二十二年（648），攻取龟兹。当地各族首领都摆脱了西突厥的统治，服属于唐朝，贡使通商，往来不绝。

唐于贞观十四年（640）灭高昌，设置西州，后又攻灭了焉耆和龟兹，疏勒和于阗则臣服于唐。这样，天山南路全部进入唐之版图。唐朝廷在西州境内的交河设置了安西都护府，统辖焉耆（后为碎叶）、龟兹、疏勒和于阗四都督府，称为"安西四镇"，以控扼西境，保护丝绸之路。安西都护府管辖天山以南直至葱岭以西、阿姆河流域的辽阔地区。到唐高宗时，最终平定了西突厥，在西突厥故地天山北路一带置北庭都护府，天山南北两麓遂为安西、北庭二都护府所分管，初步完善了唐朝在西域的统治格局，形成了以伊、西、庭三州为核心，以安西都护府为保障，以羁縻府州为依托的多层次的统治结构。自此，唐朝恢复了在西域的统治，其疆域直抵里海东岸，包括中亚广大地区。此后虽然由于吐蕃和大食的介入，西域局势屡经变动，唐朝在西域的军事、行政组织设施以及羁縻府州的具体设置都发生了较大的变动，但直到8世纪末年唐朝退出西域为止，在将近一个半世纪的历史进程中，这种统治结构一直是维持西域社会秩序的一个最重要的因素。

由于唐朝在西域的直接统治，使中西交通的干道丝绸之路比以往任何时候都更加通畅繁荣，中西贸易大为发展，人员往来也更为频繁。除了唐朝派往西域行使行政权的官吏，戍边的军队外，还有不少中原汉人移居西域。西域诸国也有大批移民侨居内地，多数成了华化的"蕃胡"的一部分。这些人员的往来杂居，促进了汉族和各族人民的融合，同时也促进了经济文化的交流。

在唐诗中，有许多丝绸之路、西域风光和风情的诗篇，同时，西域地名往往成为唐诗中的意象出现在诗篇中，这些意象反映了西域在当时诗人心目中的印象，对远方的奇异想象回荡在诗人的心中和诗作里。西域就是唐代诗人的"远方"，一个托寄情怀、放飞理想的远方。而踏上丝绸之路，走过漫漫荒原，茫茫沙海，渡过大河冰川，走向那遥远的异域，一路上，边城、大雁、飞雪、黄沙、碛口，奇异景象，艰险惊绝，都唤起了诗人的激烈壮怀。背驮白练的驼队，英武强悍的甲兵，往来东西的使臣，走过大碛，踏出满地苍茫，留下一片遐想。"黄河远上白云间，一片孤城万仞山""劝君更尽一杯酒，西出阳关无故人"……在那无垠的沙漠，浩瀚的戈壁，险阻的山脉，雄奇的边关，阵阵驼铃，悠悠羌笛，都激发了人们的无尽想象，更激励着雄浑激昂的英雄气概。

漫漫丝路，万里边关，寄予了诗人们的无尽想象，也在他们的笔下描绘出大漠、丝路、边关的万种风情。而关于丝绸之路的诗意描写，首先进入诗人们笔下的，是远方西域那些雄奇壮丽、奇险诡异的独特风光。如王维"大漠孤烟直，长河落日圆"，李贺"大漠沙如雪，燕山月似钩"，寥寥几笔，勾画出丝绸之路上的万千风韵，都成为流传久远的名句。

丝绸之路的通畅，带动了沿途经济的发展。在唐代，丝绸之路沿线包括西域之地是全国著名的繁华和富庶的区域。《资治通鉴》记载说："是时中国盛强，自开远门西尽唐境，凡万二千里，闾阎相望，桑麻翳路，天下称富庶者，无如陇右。"在丝路沿线，随着经济的繁荣，出现了一些较大的城市，如岑参诗句说"凉州七里十万家"。北庭都护府治所庭州，安西都护府治所高昌或龟兹，也都是人口众多、经济文化比较发达的大城市。

上面提到裴矩撰《西域图记》3卷，介绍隋代西域交通即丝绸之路的三条通道。人们随着东西交往的发展和地理知识的丰富，唐代对陆路丝绸之路西段的了解和记载远远超过了隋代。如唐初玄奘的《大唐西域记》，详细记录了波斯以东的西域各国及天竺各国的地理情况；德宗朝宰相贾耽撰写的《皇华四达记》和出土的吐鲁番文书中，都详细记载了葱岭东西，尤其是葱岭以东塔里木盆地的道路状况和由唐朝设置的烽燧馆驿。9 世纪阿拉伯地理学家伊本·胡尔达兹比赫（Ibn Khordadbeh，或Khurradadhbih，820—912）的《道里邦国志》也记录了巴格达北通中亚，南达印度的道路状况，其中与贾耽记载的路程相符合。此外如义净所撰《大唐西域求法高僧传》、开元十五年（727）新罗僧人慧超的《往五天竺国传》、8 世纪中叶杜环《经行记》等有名的地理著作，也大大丰富了陆上丝绸之路西段的知识。

唐代丝绸之路东段指由长安连接敦煌的道路。从长安西通敦煌的路线分为南、北路和青海道等 3 条通道：

（1）南路的大体走向是长安→咸阳→扶风府→陇州汧源县→陇山，转而沿陇山西南行，经清水至秦州西行，经伏羌县→渭州襄武县→渭源县→临州，转而北上至兰州，由庄浪河北上，经广武县→凉州昌松县，至姑臧县与北道合，西行经删丹→甘州→肃州→瓜州等地至敦煌。

（2）北路从长安出发，经奉天→邠州→泾州→平凉弹筝峡，转而向北，经原州至石门关，由此向西，经会州，自乌兰关渡黄河，西北行至凉州姑臧，与南道合，至甘州→肃州→瓜州→敦煌。

（3）青海道从兰州或临州西行，经河州→鄯州→鄯城，转而西北行，渡大通河，越大雪山，经大斗拔谷至删丹县，与北道合，至甘州→肃州→瓜州→敦煌。

青海道又称"吐谷浑道"，或称"河南道"和"古羌中道"，南北朝时期成为丝绸之路主干路段之一。这条路线就是从吐谷浑的辖区经过，因而吐谷浑曾经在丝绸之路上占有重要的位置。青海道还有两条支线，或自鄯城经青海湖北岸，沿柴达木盆地北缘至大柴旦，北上经当金口至敦煌，或自鄯城过赤岭，沿青海湖南岸至吐谷浑国故都伏俟城，沿柴达木盆地南缘，经都兰、格尔木，西出阿尔金山至新疆若羌。上述南北两道和青海道，是从内地到敦煌的交通，即丝绸之路的东段。在敦煌汇合后，从自玉门关、阳关出西域有两道：

从鄯善，傍南山北，波河西行，至莎车为南道，南道西逾葱岭则出大月氏、安息。

自车师前王庭（今吐鲁番），随北山，波河西行至疏勒（今喀什）为北道。北道西逾葱岭则出大宛、康居、奄蔡（黑海、咸海间）。北道上有两条重要岔道：一是由焉耆西南行，穿塔克拉玛干沙漠至南道的于阗；一是从龟兹（今库车）西行过姑墨（阿克苏）、温宿（乌什），翻拔达岭（别垒里山口），经赤谷城（乌孙首府），西行至怛逻斯。

东汉时在北道之北另开一道，隋唐时成为一条重要通道，称"新北道"。原来的汉北道改称中道。新北道由敦煌西北行，经伊吾（哈密）、蒲类海（今巴里坤湖）、北庭（吉木萨尔）、轮台（半泉）、弓月城（霍城）、碎叶（托克玛克）至怛逻斯。

自汉以后，由于绿洲地区的继续繁荣，丝绸之路的东西往来仍然侧重在天山以南地区。随着突厥的兴起，丝路北道才越来越显示其重要性。

总之，随着唐代全国的统一，丝绸之路也向南北方向大大扩展。其时丝绸之路北面已远越天山直抵漠北，出现了经由阿尔泰山与漠北相通的道路，南面出现了由阿尔金山翻越喀喇昆仑和青藏高原联系的路线。与此同时，在西域地区也出现了更多的横向路线，从而把整个丝路联结成一个整体的交通网络。这些横向线路虽然早已存在，但到了唐代时，由于广大西域地区之间的分裂割据得以改变，相互间的联系得到加强，因而各道之间的横行线路大大增加。

唐代前期，除了在西域地区建立安西、北庭两大都护府，下辖各个都督府、州外，并在各地设置"军""城""镇""守捉"等各军事据点。这些府、州所在地和各种军事据点，既是行政和军事要地，也是一些交通中心，它们各自有路，彼此相通，从而形成了一条条纵横交错的路线。尤其是著名的唐代安西四镇安西、疏勒、于阗、碎叶（后为焉耆），更是四通八达、往来无阻的一个个交通中心。北庭都护府的所在地庭州和安西都护府的所在地安西，更是天山南北的交通枢纽。安西曾和弓月城相通，而且这条"弓月道"，是当时丝绸之路上一条相当繁荣的横行道。

总之，在唐代前期，无数南北相通的横行线路，不仅把东西走向的各条干线联结起来，而且组成了东西南北，纵横交错，十分复杂的交通网。

丝绸之路的开通和繁荣对于唐朝的发展以及这一时代的中西文化交流意义十分重大。随着唐朝与西域交通的便利，唐朝在西域经略和势力的增强，西域各国之间的交往也日益频繁，各国纷纷遣使来朝，与唐朝关系密切，形成了自汉以来丝绸之路交通的高潮。丝绸之路畅通无阻，中西商路盛极一时。杜甫诗说"驼马由来拥国门"，《唐大诏令集》说："伊吾之右，波斯以东，商旅相继，职贡不绝"，被称为"丝路的黄金时代"。此外，经由漠北的"参天可汗道"和现在称为"南方丝绸之路"的"中印缅道"，以及经过吐蕃尼泊尔通往印度的道路即"吐蕃泥婆罗道"，也都全面畅通。

唐代前期通往西域的丝绸之路在中西交通中占据主导地位。但到了唐代中期，随着安史之乱爆发，吐蕃乘机北上占据河陇，回鹘亦南下控制了阿尔泰山一带，同时西边的大食亦加强了中亚河中地区的攻势，随之出现了这三种力量之间的争夺与混战。从此，唐朝逐渐失去了对西域的控制，一时丝路上"道路梗绝，往来不通"。杜甫诗中说："乘槎消息断，何处觅张骞"，"数年逆气路中断，蕃人闻道渐星奔"。此后，唐朝与西方的交通，除了走草原之路，主要是依靠海上丝绸之路了，促使海上丝绸之路更为繁盛起来。

由于丝绸之路的畅通，唐代的海外贸易得到前所未有的发展。当时以长安为中心，设置驿路，贯通于全国各地，进一步促进了对外贸易的发展。唐朝的通往西域的陆路交通畅达，每年有大批波斯、阿拉伯等国商人、使节沿着丝路来中国进行贸易。各国商人带着从西方贩运来的香料、药材、珠宝等以换回中国的丝织品和瓷器。安史之乱以后，陆上丝绸之路交通受阻，海上交通与贸易的发展显得更为重要。沿着海上航线，中国和亚非各国的商船，往返不绝。在阿拉伯著名文学作品《天方夜谭》中，航海经商是重要题材之一，其中有不少故事就讲到与中国的贸易。

第四讲

草原文明与丝绸之路

一、草原丝绸之路的开拓

在古代欧亚大陆辽阔的旷原上，生活着许多游牧部族。这些游牧部族"无城郭常处耕田之业"，经常迁徙，在中国古典史学上叫"行国"。

欧亚大陆各地的农牧业出现后，逐渐向其他地区扩散，最后传播到草原地带，形成了一种混合经济。距今 4500—4000 年左右，游牧经济在草原地带获得了主导地位。在这条游牧经济带的北面是狩猎经济，南面则是农业经济。欧亚草原是一个独特的生态系统，从多瑙河到中国长城东西绵延，长约 8500 千米，南北宽 400 千米—600 千米，从北部的森林和森林草原带到南部的丘陵、半沙漠和沙漠带，地理跨度为北纬 58°—47°。

据草原文化考古学研究，欧亚大陆间草原的游牧文明，在公元前 2000 年开始有扩散的现象。由于游牧社会"逐水草而居"的习性或其他自然灾害等方面的原因，一批又一批游牧民族和部落在草原上迁徙，不断接触并沟通了其他地区的民族乃至农业社会。活跃在北方草原的游牧民族，从东到西，数次的大迁徙，数千年不同部族间的交往和贸易，在广袤的大草原上开辟出联通大陆东西的大通道。这条草原之路是在尼罗河流域、两河流域、印度河流域和黄河流域之北的草原上，由许多不连贯的小规模贸易路线大体衔接而成的。这些游牧民族居中西两大文明中间，在古代中西文化交流中起到中介作用。游牧民族是欧亚草原之路的开拓者和先行者。这条大通道的开辟，为后续的民族迁徙和文化交流创造了条件。现在的学者们将这条草原大通道称之为"草原丝绸之路"。

草原之路的存在已经被沿路诸多考古发现所证实。环境考古学资料表明，欧亚大陆只有在北纬 40°—50° 之间的中纬度地区，才是有利于人类的东西向交通，这一地带恰好是草原地带。在北纬 40°—50° 之间，除了天山和阿尔泰山的弧形山区外，几乎整个大陆被草原覆盖着。这条狭长的草原地带，东起蒙古高原，向西经过南西伯利亚和中亚北

北京昌平居庸关，是中原通往北方草原的重要孔道

部，进入黑海北岸的南俄草原，直达喀尔巴阡山脉。除了局部有丘陵外，地势比较平坦。这条天然的草原通道，向西可以连接中亚和东欧，向东南可以通往中国的中原地区。"草原丝绸之路"的主体线路由中原地区向北越过古阴山（今大青山）、燕山一带的长城沿线，西北穿越蒙古高原、南俄草原、中西亚北部，直达地中海北陆的欧洲地区。"草原丝绸之路"东段最为重要的起点是今内蒙古长城沿线，这里是游牧文化与农耕文化交汇的核心地区，是"草原丝绸之路"的重要链接点。

"草原丝绸之路"指的就是以欧亚大陆草原为主线的一条东西向的古代通道。这条通道被认为是"绿洲丝绸之路"出现之前，连接东西方文化的主要干线。东西方人类的最初交往，主要就是通过这个通道实现的。

人类很早就已经在草原通道上往来迁徙。良种马及其他适合长距离运输的动物使用，使大规模的贸易文化交流成为可能。阿拉伯半岛

经常使用的耐渴、耐旱、耐饿的单峰骆驼，在公元前 11 世纪便用于商旅运输，双峰骆驼在不久后也用于在商贸旅行。另外，欧亚大陆腹地是广阔的草原和肥沃的土地，对于游牧民族和商队运输的牲畜而言可以随时随地安定下来，就近补给水、食物和燃料。这样一来，商队、旅行队或军队就可以进行长期、持久而路途遥远的旅行。

草原之路的形成，草原民族持续的大迁徙，对于欧亚大陆的历史变迁都有重要的影响。法国历史学家格鲁塞（René Grousset，1885—1952）认为，生息在欧亚大草原上的游牧民族在历史上是一股巨大的力量。他们的历史重要性在于他们向东、向西运动时，对中国、波斯、印度和欧洲所产生的压力，这种压力不断地影响着这些地区的历史的发展。

中国在历史上一直与北方草原民族保持着频繁的接触。数千年中国社会、中国文化的历史，反复出现的一个情况是，这种与北方草原民族的接触，对于中国社会的变迁、中国文化的发展有着极为深刻重要影响。中原民族与草原民族的贸易、交涉、战争，也对草原民族的文化发展和迁徙流动有着直接的影响，并且间接地引发草原上的民族流动。由于中原与北方游牧民族长期的接触和交涉，游牧民族的草原文化也顺势南下，对中原文化产生了一定的影响。

公元前 7 世纪，中原地区的齐桓公、晋文公、秦穆公在中原称霸，发动了强大的"尊王攘夷"运动，向北和西北方面进攻，阻止了北方游牧民族南下，驱赶原先分布在中国北方和渭水以西的草原民族戎人和部分大夏人向西迁徙，使他们迁居到伊犁河流域与楚河流域。由于他们的西迁，造成欧亚草原民族迁徙的连锁反应，引起中亚各草原民族波浪式地向西迁移。而这些游牧民族的迁徙，又在欧亚大陆引起连锁反应，形成一波又一波的民族冲突、战争和迁徙的浪潮。在经历了这场民族间的大规模碰撞和迁徙浪潮之后，有的民族完全被其他民族所融合，那些仍然保持着原有稳定结构的民族之间也开始了融合的进程。东方和西方的文明在这个过程中彼此借鉴，互相影响。中国国内的纷争，促成了欧亚大陆游牧民族的大迁徙，并间接影响了欧洲的历史进程。

这就是说，在东亚地区发生的农耕文化与游牧文化的冲突，中原政治的变动和对草原民族斗争策略的变化，在很大程度上是草原部落迁徙的原因，而这种动荡一直延伸到欧洲地区，并影响那里社会经济的大变动。这种情况不仅仅出现在先秦时期，实际上，这是在很长时期内经常出现的现象。

公元前3世纪末至公元3世纪初，亚洲东部大部地区都属中国的秦汉王朝的版图。中国的中、南部为汉族和其他农业民族所聚居，北部草原、沙漠地带则是各游牧民族生息活动之地。这是匈奴称雄北方游牧世界的时期，大漠南北蒙古草原都受其控制。匈奴是古代著名的游牧民族，长期活动在我国北方草原上。根据一些文献资料推算，汉初匈奴盛时人口约有200万。匈奴各王驻牧地，东起大兴安岭的乌桓、鲜卑西部边界，西至阿尔泰山脉，绵亘数千公里，遍布大漠南北。到战国末年（公元前3世纪末），各分散的匈奴部落联合起来，形成统一的部落联盟，凭借强大的军事力量，积极扩张，建立起庞大的部落国家。

公元前2世纪，匈奴人驱赶月氏人，造成了一次草原上的大迁徙。自战国时代至汉初，月氏人一直居住在河西走廊这一带，是游牧民族中

大月氏人西迁

比较强大的一支，有控弦之士一二十万。汉初匈奴强盛起来后不断进攻月氏。公元前177—前176年间，匈奴战败月氏，迫使月氏西迁，月氏大部分被迫西迁到天山以北伊犁河上游地区。其地塞人大部被迫南徙，移向兴都库什山以南地区。公元前139—前129年，乌孙首领猎骄靡在匈奴支援下西击月氏，杀月氏王，并夺占伊犁河流域。月氏被迫再次向西迁徙，过大宛，据阿姆河北岸之地。少数月氏人未曾西迁，留在河西走廊，与祁连山地区的羌族融合。西迁的月氏习称"大月氏"，小部分未能西迁的留在昆仑山北，保南山羌，号称"小月氏"。大月氏西迁后，在阿姆河北建立王庭，并于公元前126年吞并大夏，大夏故地也就成了大月氏的国土，随后又把都城南迁到阿姆河南的监氏城（又作蓝城，今巴尔克）。

月氏是第一个见诸我国古代史乘，由我国向西迁出，建国于遥远西方的民族。大月氏的西迁，是草原之路上一次重要的民族迁徙，震撼了整个中亚细亚、中东与南亚次大陆，对这些地区以后数百年的历史产生了深远的影响。在大月氏西迁之初，一步步紧迫着塞人往西迁徙，加给了中亚塞人以很大的压力。这些压力使得中亚的塞人——马萨革泰人、萨卡拉瓦克人、帕喜人（Parsii）等不得不纷纷南下，闯入了安息北部边疆，酿成安息历史上"塞人入侵"的严重事件。而至公元1—2世纪，大月氏人更加兴盛，在阿姆河流域和印度河流域之间建立起强大的贵霜帝国。

匈奴人长期是中原王朝的主要边患。《史记·太史公自序》中说："自三代以来，匈奴常为中国患害。"战国时期，匈奴屡为北方边患，燕、赵、秦三国不得不在北方分别修筑长城，以御匈奴骑兵。秦始皇统一六国后把三国长城连接起来，重新修缮，并向东西扩展，筑成"万里长城"。这条西起临洮（今甘肃岷县），沿黄河北走至河套，傍阴山东去，直至辽东的防御体系，是抵挡游牧世界骑兵的重要屏障。汉武帝时，匈奴在强大汉军的打击下屡屡败北，受其奴役的其他民族遂乘机摆脱控制。至公元前 51 年，匈奴分裂为南北两部，南匈奴呼韩邪单于降汉，迁居塞内，分布于今晋陕北部和内蒙西部地区，转向农耕定居，并逐渐与汉族和其他民族融合。北匈奴留漠北，不敢南下侵略，遂改向北边、西边进攻，北并丁零（贝加尔湖一带），西破坚昆（今吉尔吉斯）、乌揭（坚昆东边的游牧部落），称霸于中亚，建都赖水（怛逻斯水）。这是匈奴的第一次西迁。

公元 73 年，东汉遣窦固等分四路反击北匈奴，深入其腹地，斩获甚众。公元 87 年，鲜卑进击匈奴，斩北单于，大掠而返。此时北匈奴四面受敌，《后汉书》说其"南部攻其前，丁零寇其后，鲜卑击其左，西域侵其右。不复自立，乃远引而去"。这是匈奴的第二次西迁。匈奴西迁是草原之路上一次大规模的民族迁徙。

《后汉书》上只说北匈奴在公元 91 年"远引而去"，但究竟"远引"何处，到了什么地方，产生了什么历史影响，这是后世学术界反复研究讨论的一大问题。据历史学家齐思和考证，北匈奴西迁的历程，大体是从公元 91 年离开漠北单于庭，到 4 世纪 70 年代出现于东欧，其间经历了 280 多年。

西迁的北匈奴人首先奔向西北，占领了乌孙西北的悦般。北匈奴西迁之后，鲜卑人乘虚崛起，据有匈奴故地，并其余众，势力渐盛。公元 2 世纪前半期，鲜卑成为漠北新兴的强大势力。北匈奴受鲜卑的威胁，不得不于 2 世纪中叶放弃驻牧约 70 年的悦般地区，西走康居。北匈奴在约一个世纪左右，至 3 世纪中叶，可能因受贵霜和康居的联合攻击，迫离开康居，西迁至粟特。粟特在康居西北，咸海附近。北匈奴人杀粟特王而夺取政权，占据粟特时期估计在公元 260—350 年间。北匈奴在粟特停留也将近一个世纪，约于 4 世纪中叶（350 年左右）更西迁至东欧顿河流域。

从中国北部西迁的北匈奴人经过了 12000 里的长途跋涉，历 200 多年的时间，于 374 年到达欧洲。继而，北匈奴人征服东哥特人，侵占西哥特人故地，逼走西哥特人，建立起强大的匈奴帝国。匈奴的西迁不仅席卷中亚细亚，而且深入欧洲腹地。受到匈奴西迁压力的其他游牧、半游牧部族，波涛相逐，先后涌入亚欧大陆农耕世界，而欧洲历史也因之进入一个新的时期。

当时欧洲正处在历史大变革的时期，罗马帝国分裂为东西两个帝国，处于衰微败落时期。匈奴人在欧洲东征西战，给已经面临崩溃的罗马帝国以沉重打击，加速了西罗马帝国的灭亡，对促进欧洲历史的大变革过程起到了重大作用。西罗马帝国的灭亡，在西方历史乃至整个世界历史进程中，都是一个极为重大的、具有划时代意义的事件。

由此我们看到，由于中国汉朝对匈奴的抵抗，有效阻止了匈奴南下侵扰，迫使他们掉头西向，经历漫长的西迁过程，竟对欧洲的历史进程发生了影响。中国对丝绸之路的经营和与匈奴的战争，间接地参与了欧洲的历史进程。历史学家翦伯赞曾指出，匈奴人的西迁成为中国历史运动中抛掷出去的一块历史碎片，也就是中国这个太阳系统中的一颗流星。这颗流星降落在欧罗巴的原野，成为 4 世纪西欧历史的动力。

二、回纥道与参天可汗道

随着唐朝对漠北草原的统一，草原丝绸之路得到进一步的发展。贞观年间（627—649），唐朝军队连破突厥、铁勒汗国，漠北草原游牧部落在回纥率领下归附唐朝。唐朝以铁勒、回纥诸部设置六个都督府七州，并给诸部首领玄金鱼符为符信。唐太宗被草原各部尊为“天可汗”。646 年，唐朝从回纥可汗衙帐开始，置邮驿 66 所，以便双方使节通往，并称此漫长驿道为“回纥道”，中原与草原之路的联系畅通无阻。各草原民族的君长来长安朝拜，多走阴山河套一线，所以，这条路线又被称为“参天可汗道”。

回纥汗国的牙帐位于鄂尔浑河上游（今蒙古国哈喇和林西北），参天可汗道就是由唐朝关内道北部军事重镇丰州（治所在今内蒙古五原南）向北通往回纥牙帐的交通要道。参天可汗道大体走向是：

> 由长安北上至丰州，西北行经瞓鶄泉入碛，经廥鹿山→鹿耳山→错甲山→密粟山→达旦泊→野马泊→可汗泉→横岭→绵泉→镜泊至回纥牙帐。

这条道路是经乌兰泊，循翁金河北上至鄂尔浑河流域的道路。通过参天可汗道，不仅加强了漠北与中原之间的联系，而且也开辟了西部与北部边疆往来的通道。此后，西部地区已和广大漠北连成一片，丝绸之路向北获得了扩展。

此外经由居延海和唐朝北庭也有通往漠北草原的道路。"居延海道"从汉代以来就是重要的南北通衢。具体路线是：

> 由甘州北出合黎山口，循张掖河（额济纳河）北上，至居延泽，复北行抵花门山堡，东北行与参天可汗道合，至回纥牙帐。

早在北朝，北庭通回纥汗庭道就是由漠北突厥汗国通往西域及天竺的重要通道，唐朝统一西域地区之后，这条通路的战略意义更显重要。玄宗开元八年（720），以朔方总管王晙自南徂北，奚、契丹率部由东而西，另由拔悉密部从北庭东入，合击漠北突厥牙帐，所行即"北庭通回纥道"。

回纥也称回鹘，是我国北方"逐水草转徙"的游牧民族。汉文史籍中的回鹘族先民可追溯至公元前3世纪北方游牧民族丁零，以及后来的高车、狄历、敕勒，甚至远古塔里木盆地的原始土著居民。唐贞观初年，以薛延陀、回纥为当时草原上最强大的部落。贞观二十年（646），回纥部落酋长击败了薛延陀的可汗，兼并其土地，领土扩展到了贺兰山阙，回纥由此渐盛。回纥汗国与大唐在经济、政治、文化上互有往来，丝绸之路贸易在回纥汗国经济生活中占有重要位置。

安史之乱以后，河陇被吐蕃攻占，河西走廊及青海道都被阻塞，官方使臣、僧侣、商贾往来西域，不得不选择草原之路与西域各国进行经贸和文化交流，即取道回纥，回纥道更成了由陆路通西域的唯一通道。其大致走向为自北庭西出，经蒲类县北行抵北塔山，转而沿山东行，越阿尔泰山，东北行至回纥牙帐，整个行程约 3000 里。

三、辽代草原丝绸之路的繁荣

唐代后期，由于唐朝的势力退出西域，海上的交通越来越重要，海上丝绸之路进入空前繁荣的阶段。但是，这并不是说陆上的丝绸之路就废弃了，阻隔了。相反，在宋代，丝绸之路仍然有交通，占据丝绸之路要冲的西夏政权利用这一有利地理位置，与西域地方保持了比较频繁的贸易往来；辽朝则进一步开拓了草原丝绸之路，而宋朝也努力通过间接的渠道保持与西域国家的陆上往来。

辽朝是由中国北方游牧民族契丹人建立的王朝。辽朝一度十分强盛，疆域辽阔，长期统治中国北方大片区域，称霸于亚洲东部，影响远及欧洲。辽朝是一个开放的帝国，对外交往相当频繁。除了与宋朝保持十分密切的往来和贸易关系外，在东与高丽、日本，在西与喀喇汗国、大食、波斯等都有往来。契丹人原起于东北辽水流域。立国之初，便积极向西北方向扩张。神册元年（916），辽太祖耶律阿保机发动西征，以后又几经征战，打通了经漠北通往西域的道路。统和二十二年（1004），辽朝建漠北三城即镇州、维州、防州，作为辽朝统治漠北的前哨基地，确保了辽对漠北的统治和与西域的贸易路线，一直持续到辽朝末期。

辽朝与西方的往来都要依靠草原之路，同时将草原之路的东向延伸，

山西大同辽墓壁画《出行图》（大同博物馆藏）

因而在欧亚的广阔地域与历史中起到了沟通南北、连结东西的重要作用。大体上说，辽通往西方的草原之路有南北两条干道，其中以南道最为重要：

北线由上京西北上边防河董城（一名回鹘可敦城）、西南至皮被河城、西行至塔懒主城、西行至镇州，途经防州、维州，均在今乌兰巴托西北，经招州（鄂尔浑河西岸，原有古回鹘城），西北行经乃蛮部、辖嘎斯国，再转西南经金山、精河、八喇沙衮，回入阿萨兰回鹘。

南线西起喀什，经叶尔羌、于阗、古楼兰，抵敦煌，东北行穿过阴山山脉，杭爱山支脉，进入东蒙草原，到达上京临潢府。

草原之路基本把辽朝的各个城市连接起来。以上京（今巴林左旗林东镇南）、中京（今宁城县大明城）、东京（今辽阳市）、南京（今北京城）、西京（今大同市）为骨干，构成了北达宝韦、乌古，东北至黄龙府、渤海国、奴儿干城，西北至突厥、吐谷浑，西至丰州、朔州、夏州，南通北宋的道路网络，形成了交通干线上的全方位开放格局，进一步促进了草原地区经济文化的繁荣。西域诸国的商人和使团，带来大批西方珍奇物品进献。契丹的商人也携带着草原和中原地区的商品，沿草原丝绸之路万里跋涉到西域和中亚、西亚各国贸易。当时，宋朝与西方贸易主要走海上丝绸之路，契丹则通过草原丝路与阿拉伯国家贸易，进行各种交流。

辽朝通过草原之路与西域的回鹘建立了联系。早在漠北回鹘汗国时代，回鹘势力即已扩张到以高昌（西州）、北庭为中心的新疆东部地区。唐开成五年（840），漠北鄂尔浑河流域回鹘汗国政权崩溃，出现回鹘西迁浪潮。西迁回鹘诸部主要分为三支：一支奔至吐蕃统治下的河西走廊，后来分别以甘州、沙州为中心建立了自己的政权——甘州回鹘、沙州回鹘；另一支迁往中亚葛逻禄统治区，建立了喀喇汗王朝；第三支入新疆，以高昌、北庭为中心建立了高昌回鹘王国。

辽朝通往回鹘的道路大致有南北两条。其南部的一条，即由辽上京（今赤峰巴林左旗林东镇）或辽中京（今赤峰宁城县天义镇）出发，向西南经鸳鸯泊（今克什克腾旗达里湖）至多伦（锡林郭勒盟东南部）；或由辽南京（今北京）出发向西北至多伦，过辽西京（大同），再沿阴山向西，过居延，穿越西夏，进入高昌回鹘王国，进而向西可入中亚、西亚。北部的一条则自上京出发，向西北经今蒙古乌兰巴托，折而南行，沿黑水至于张掖，与甘州回鹘进行贸易。沿河西走廊继续西行，可经由酒泉、敦煌而入高昌回鹘王国，再西行至于中亚、西亚。

辽朝与高昌回鹘、喀喇汗王朝保持着密切的友好往来和贸易关系，民间的贸易也很活跃。回鹘商人一直活跃在草原之路上，辽上京中设有"回鹘营"，专门接待远道而来的回鹘商人。

辽朝还与波斯、大食（阿拉伯）等国有通使和贸易。11世纪中亚木鹿（Maru）伊斯兰学者马卫集（Sharaf al—Zamān Tāhir Marvazi，1046—1120）在其所著《动物之自然属性》第8章第22节载录有契丹皇帝辽圣宗致伽色尼算端书，书中建议双方通好。伽色尼（Ghazni）王朝是从大食帝国分离出来的突厥人国家。辽圣宗在国书中表示希望修建由辽至伽色尼的道路，以便两国使臣往还。马卫集还记载了从喀什噶尔，经叶尔羌、和田、沙州、可敦城到辽上京的路线。该路线当即大食人东行辽朝之道。后来，辽朝濒亡，耶律大石西迁时，最初就是打算去大食，可见辽朝与大食的关系一贯是很友好的。

在辽朝濒亡之际，有一部分契丹人在皇族重臣耶律大石的率领下，经过万里行程，西迁到中亚地区，重建辽朝。历史上称之为"西辽"，穆斯林和西方史籍称之为"喀喇契丹"（Qara Khitay），意为"黑契丹"。

保大四年（1124）秋七月，耶律大石脱离辽廷，率200骑西北行至可敦城，即位于鄂尔浑河上游的辽朝西北军事重镇镇州，决心另谋建立根据地，聚集力量，待机恢复。耶律大石自立为王，建立起一支新的军事力量，在漠北立住了脚，为以后的发展打下了基础。1130年，耶律大石整旅西行。他们自鄂尔浑河畔出发，借道甘州回鹘，再往西行，至叶密里，征服了当地突厥诸部落。1132年，耶律大石在叶密里称帝，汉尊号为"天祐皇帝"。

耶律大石在叶密里称帝建元后，继续更大规模地向外扩展。在其后的十年中，大石利用有利的国际环境，东征西讨，先后归并了高昌回鹘王国、东喀喇汗国、西喀喇汗国和花剌子模国，以及康里部，建成一个疆域辽阔的帝国。其疆域东起土拉河，西包咸海，北越巴尔喀什湖，南尽阿姆河、兴都库什山、昆仑山，面积不下 400 万平方公里。西辽王朝一度幅员广大，国力强盛，在蒙古兴起前，称雄于中亚，左右丝绸之路形势近百年，推动了当地社会经济文化的发展。西辽的国际贸易相当发达，处于商道的大城怛逻斯，讹打剌等都有专供商队过往食宿的旅店和出售商品的地方。西辽还与东斯拉夫人建立的基辅罗斯公国建立密切联系，中国内地的丝绸通过西辽转卖基辅罗斯。西辽亡国后 8 年，耶律楚材随成吉思汗西征至西辽故地，作感怀诗："后辽兴大石，西域统龟兹，万里威声震，百年名教垂。"

四、元代草原丝绸之路的大畅通

13 世纪上半叶，蒙古在中国北方崛起，蒙古军队先后发动了三次大规模的西征。

1206 年成吉思汗统一蒙古各部落，建立大蒙古国后不久，便把眼光转向更大的外部世界。1218 年，成吉思汗率领大军进行了蒙古的第一次西征。成吉思汗的这次西征，灭亡了花剌子模（里海、锡尔河南），讨伐了钦察（里海西、黑海北）和斡罗思（伏尔加河西莫斯科、基辅一带），征服了康国（里海、咸海北），打开了东西方交通的大道，为日后世界性蒙古大帝国的建立奠定了基础。

成吉思汗死后，继任大汗的窝阔台继承成吉思汗的事业，继续西征。1235 年到 1244 年，拔都和速不台率领 25 万大军，进行了第二次西征，征服欧洲的计划也正式付诸实现。在此期间，还有一支蒙古军向西亚进军。蒙古军队的第二次西征给欧洲各国以极大的震撼，惊恐地称蒙古军队为"上帝之鞭""黄祸"，有大难临头的感觉。

1251 年，蒙古大军开始第三次西征。这次西征主要方向是西南亚地区，头等目标是消灭木剌夷国（Mulahida，在今伊朗北部）。1257 年，蒙军荡平木剌夷之地，并挥师继续西进，攻陷报达（Baghdad，今巴格达），灭亡历时 500 多年的阿拉伯阿拔斯王朝。此后又攻陷阿拉伯的圣地麦加，攻占大马士革，其前锋曾渡海收富浪（即今地中海东部的塞浦路斯岛）。

在近半个世纪中，蒙古帝国以蒙古大漠为中心，通过三次西征，以及对内陆地区包括金朝、西夏以及南宋王朝的征服，把欧亚大陆的大部地区都纳入到蒙古帝国的版图中，形成了从东到西的庞大的蒙古汗国。蒙古帝国全盛时期幅员在 2840 万—3108 万平方公里之间。从东亚的海边一直延伸到欧洲的内陆，跨越了东亚的中国、中亚和西亚的穆斯林以及欧洲的基督教的几大文化版图，将周围诸文明社会整合进一个全新的世界秩序之中，实现了东西方陆上丝绸之路的大畅通。蒙古的都城哈剌和林（位于今蒙古国前杭爱省）和元朝大都（今北京）成了当时世界的政治中心和文化中心，中西交通，以及东西方文化的接触、碰撞、交流与融和出现了前所未有的规模。

在蒙古帝国的各条交通路线中，随着中西交通大开，草原丝绸之路更是出现空前活跃的局面，创造了草原丝绸之路最为繁荣的景象。草原丝绸之路既是政令、军令上传下达的重要通道，也是对外进行商贸往来的主要线路。蒙古以上都（位于内蒙古锡林郭勒盟）、大都为中心，设置了帖里干、木怜、纳怜三条主要驿路，构筑了连通漠北至西伯利亚、西经中亚达欧洲、东抵东北、南通中原的发达交通网络：

> 东道"帖里干道"，起点站为元大都，北上经元上都、应昌路（今克什克腾旗达里湖西岸）至翕陆连河（今克鲁伦河）河谷，再西行溯土拉河至鄂尔浑河上游的哈剌和林地区。
>
> 西道"木怜道"，自元上都西行经兴和路（今河北省张北县）、集宁路（今内蒙古集宁市）、丰州（今呼和浩特白塔子古城）、净州

路（今四子王旗净州路古城）北溯汪吉河谷（今蒙古国南戈壁翁金河）至哈剌和林。

"纳怜道"又称"甘肃纳怜驿"，自元大都西行经大同路东胜州（今托克托县大荒城），溯黄河经云内州至甘肃行省北部亦集乃路北上绕杭爱山东麓，至哈剌和林。

由于哈剌和林地区地处蒙古高原的腹地，草原丝绸之路的三条主干线大多通过这里再向西北经中亚延伸，直至欧洲。

这三条通往欧洲的驿路，构成了草原丝绸之路最为重要的组成部分。阿拉伯、波斯、中亚的商人通过草原丝绸之路往来中国，商队络绎不绝。1271 年，意大利旅行家马可·波罗及其父亲、叔父，从威尼斯出发，进入中亚后，转经丝绸之路的南道进入河西走廊，考察了联系河西走廊与草原丝绸之路驿道上的名城亦集乃路（今内蒙古额济纳旗黑城遗

[元] 刘贯道《忽必烈出猎图》（台北故宫博物院藏）

址），又折回，转经河套进入天德（今呼和浩特），踏上草原丝绸之路的南道，于1275年到上都觐见忽必烈。元朝时期，罗马教廷多次试图与蒙古人接触，柏朗嘉宾（Jean de Plan Carpin，1182—1252）和鲁布鲁克（William of Rubruk，约1215—1270）等人都是经过草原丝绸之路抵达哈剌和林的。

为了保护商旅和有利于传递信件，成吉思汗在西征时就开辟了官道，窝阔台开始建立"站赤"即驿站制度，忽必烈则把站赤制度推行到元廷势力所及之处。站赤的发达标志着元朝国内交通的发达，也标志着元朝对外交往的频繁与广泛。依靠这个发达的站赤制度，元朝出现了"梯航毕达，海宇会同"的盛况。以大都为中心，在四通八达的驿道上，各国使节来往不绝，贩运队商相望于途，呈现空前活跃的局面。驿站不仅是商人、僧侣、使节等各色人往返的歇息之地，而且也是输送东西方文化的传递站，是文化的辐射地和集散地。

元代是中国历史上对外交通最发达的时期之一。交通的畅达、人员的流动，都为元代中西文化的大交流创造了条件。这是一个中西文化大交流的时代，是物质和技术大交换的时代。这一时期，欧亚大陆上出现了前所未有的"流动"的浪潮，有各类人员的流动、物质商品的流动、技术发明的流动、思想观念的流动、文化的流动。蒙古人的征战和统治为创造了广泛的条件和基础，他们本身就是文化交流的载体，他们也在创造大量的可以使更广泛文化交流得以实现的载体。

在这个时代，中国与西方的往来比以往任何时候都更加频繁。元朝的统治者们对于开展对外贸易十分重视。而这一时期的欧洲正处于中世纪的晚期，早期资本主义和商业正在发展起来，地中海区域商业出现了空前繁荣的景象，并对欧洲其后的历史发展进程产生了深刻的影响。到东方寻求财富是欧洲商人的梦想。中国的谷米、茶叶、瓷器、金银、铜钱、金属器皿、日常生活用品和文化用品、药物等都是当时的大宗出口商品，这些商品源源不断地流入世界各地，不仅丰富了各国的经济生活，而且也促进了中国与各国的文化交流。在这一时期传入欧洲的中国文化，最重要的就是四大发明中的印刷术、火药和火器以及指南针和航海罗盘，而另一项重要发明造纸术在唐代的时候已经西传。四大发明的西传，对欧洲的文化变革和社会变迁，以及对影响世界历史进程的文艺复兴运动，起到了至关重要的作用。文艺复兴时期的许多重要事项，比如宗教改革运动、比如大航海和新航路的发现、比如哥伦布发现美洲大陆等等，都间接地与这一时期中国文化的传播和影响有关。

第五讲

海洋文明与丝绸之路

一、早期海上丝绸之路的开拓

中国有着漫长的海岸线，蔚蓝的大海引发人们无限的遐想，也激起人们征服大海，由大海走向世界的愿望。在很久以前，我们的古代哲人就有"乘桴浮于海"的幻想。与此同时，人们逐渐在海上开辟出一条下南海、入印度洋又通往西方的海上商路。

史前的"彩陶之路""玉石之路"是从中原向西走通的路，这条路线就是后来丝绸之路的方向。与此同时，还应该有从中原向南走的路，最远渡海到达东南亚地区。这是最早大陆与东南亚地区的海上交通之路。

大约在距今 5000 年前，东亚大陆地区的一些原始族群开始向东南亚地区迁徙。从中国华南地区的广西、广东以及福建等地，有陆路和海路可以进入中南半岛的越南和东南亚海岛地区。一次又一次的移民浪潮，正是通过这些陆海线路，到达了东南亚。这些新的移民带着原居住地的文化，适应东南亚地区的环境，逐渐成为东南亚新石器文化的主角。其中一些移民与当地的原始居民结合，形成了新的族群，共同创造了当地的文化。

史前大陆族群向东南亚的移民浪潮，说明先民们已经有了最初的航海能力。这些原始族群是海上丝绸之路最早的开拓者。春秋战国时期已经有了海上交通。春秋末期，齐国已经拥有一支强大的海军，有"海王之国"之称。到秦代，我国已经具备了远程航海的能力，关于徐福东渡的故事，说明那时候已经有了大规模的远洋船队。

古代中国与外国交通贸易和文化交往的海上通道，形成于秦汉时期，发展于三国至隋朝时期，是已知的最为古老的海上航线。这条途经南海的航路，就被称为"海上丝绸之路"。海路开辟的时间似比"陆上丝绸之路"要晚些，而持续的时间却比陆路要长得多。到唐朝中期，陆路逐渐失去其重要性，而海路却蒸蒸日上，方兴未艾。它在促进我国和各国的海上交通、经济文化交流、友好往来乃至对各有关国家的历史影响，起过重要的作用。

湖南马王堆汉墓出土的帛画《地形图》，成图时间约在公元前 168 年以前。图的方位为上南下北，左东右西。在图的上部绘出了珠江入海口的南海湾，这是中国现存最早的绘有海岸线的地图（故宫博物院藏）

汉武帝时代，国力强盛。武帝亲自七次巡海，鼓励海洋探险与交通活动。在统一东南沿海，扫清沿海航路后，武帝利用雄厚的航海实力，大力开拓南海对外的交通与贸易活动，从日南、徐闻、合浦通往都元国、夫甘都卢国、黄支国、皮宗国、已程不国等地，扩大汉王朝与海外各国的政治、经济与文化联系。

在班固所撰《汉书·地理志》中记载了一条通往印度洋的远洋航路，这是中国历史上记载的第一条印度洋远洋航路。这条记载是关于我国航海船舶经南海，穿越马六甲海峡在印度洋上航行的真实记录。汉船从南海启航，乘东北季风沿岸南行，在风向转换之时，再由此处穿马六甲海峡，顺西南季风北上。邑卢没国，约在今缅甸南部锡唐河入海口附近的勃固，汉船从新加坡海峡西北行 4 个月，一路基本上顺风或侧顺风。谌离国，约在今伊洛瓦底江中游沿岸，缅甸蒲甘城附近的悉利，为古代东西方交通要冲，汉船溯流顺风北上 20 余日可至该城。夫甘都卢国，约在今缅甸之太公城，即旧蒲甘城。黄支国，约为今印度半岛东岸马德拉斯附近的康契普腊姆，汉船从谌离国续航，稍北行即达孟加拉国湾北端，然后再乘换向而来的东北季风，顺印度半岛东岸南下，航行 2

月余即可达。已不程国，约为今斯里兰卡，即古代所谓"师子国"，是南亚、西亚海上贸易中心地区。皮宗约在今马六甲海峡东头水域中的香蕉岛（Pisang），为扼海峡口的要冲地区，汉船从已不程返航，先沿印度半岛东岸乘西南季风北上，然后乘东北季风沿孟加拉国湾东岸南下，而至马六甲海峡的皮宗岛，最后由此北上航行回国。

这条往返南亚地区的汉使航程，属于一条沿岸渐进的印度洋远洋航路。

当时中国的南洋航海由朝廷遣黄门（即皇帝的近侍内臣太监）执掌，并招募富有远洋航行经验的民间海员一起出航，说明民间的远洋航海活动必早于汉武帝时期。中国商人运送丝绸等物资经海路由马六甲经苏门答腊来到印度，并且采购香料、染料运回中国，印度商人再把丝绸等中国商品经过红海运往埃及的开罗港或经波斯湾进入两河流域到达安条克，再由希腊、罗马商人从埃及的亚历山大、加沙等港口经地中海运往罗马帝国的大小城邦。班固记载，汉船在异域航行途中，"所至国皆禀食为耦"，受到热情接待，还时有外国航海者或使节参加进来，结伴同行，或者还可能有外国海船沿途护送，"蛮夷贾船，转送致之"。

东汉陶船（广州博物馆藏）

汉代海上丝绸之路已经很畅通发达，海外贸易发展繁荣。在三国至南北朝时代，相对北方混乱的地方割据与军事纷争而言，南方的局势比较稳定。南方各政权——吴、东晋、宋、齐、梁、陈"六朝"，积极发展航海事业，扩大与南洋诸国的海上联系。

三国时期，吴国的疆域主要在长江中下游南岸及东南沿海。吴主孙权利用通达外海的地理条件，开创造船业，训练水师，以水军立国，并发展海外贸易，与外通好。东吴时期，不但沿海航行活动频繁，而且与海外的交往也相当密切。

大约在赤乌七年至十四年（244—251），孙权派宣化从事朱应、中郎康泰出使扶南。"扶南"（Funam）是古代中国对位于今柬埔寨境内、朱笃和金边之间的湄公河沿岸的一个王国的称呼。扶南雄峙半岛，威镇海疆，从2—6世纪的400年中，扶南始终是东南亚的势力强大、物产富饶的国家，是称雄东南亚的海上强国。扶南的港口是位于暹罗湾畔湄公河三角洲沿海边缘地区、今越南南部西海岸迪石以北的奥克·艾奥（Oc—èo）。罗马的商船以日南、交趾与此地为主要停泊地通商地。锡兰与印度之商船亦来航，而马来半岛、苏门答腊、爪哇之物产，亦辏集于此。它正位于当时中国与西方之间航海大通道上，处于中国与印度、东方与西方的海上交通要冲，为东西方海上交通的中继站。朱应和康泰在扶南留居数年，探询通往大秦的海路。他们回国后，朱应撰《扶南异物志》，康泰撰《吴时外国传》。东晋时著名医学家和道教学者葛洪（284—364）也曾经到扶南游历。朱应、康泰和葛洪泛海南下，亲历数国，不仅增加了对东南亚风土人情的了解，也对海上丝绸之路的航路有了进一步直观的了解。此后，扶南与中国南朝有长期的官方往来和贸易关系。特别是佛教在印度兴起以后，扶南"为佛教东被之一大站"，扶南成为中印两国文化交流的一座桥梁。

在南海海上丝绸之路形成的过程中，人们也逐步增强了对海上航行及其航路的认识，形成了南海海上航行交通路线图。古代渔民在南海诸岛从事渔业生产的过程中，对那里的自然情况、岛礁位置、航行路线、

渔场分布以及岛礁名称等方面进行了持续的记录。这种航海记录和航海图为远洋航行提供了极大的方便。

在孙吴之后，西晋初时与南海诸国也有频繁交往。由于洛阳与江淮之间的运河畅通，各国使节由水道频至洛阳。西晋王朝初年与林邑、扶南等国皆有官方交往。甚至大秦国人亦通过海路入贡，经广州至洛阳。除了官方交往之外，海上贸易也有所发展。

东晋僧人法显赴印度求法，回国时取海路，从古印度东北部摩梨帝国出海，经师子国，横渡孟加拉国湾，抵达苏门答腊东部的耶婆提国，再北上归国。从法显的记述中可以得知，当时南亚与东南亚、东亚之间的航海交往已比较频繁，200人以上的商船往返于西太平洋与北印度洋已是很普通之事。这时的商人已经熟知"常行时正可五十日便到广州"。从孟加拉湾至斯里兰卡，从斯里兰卡至苏门答腊，从苏门答腊至广州，已有相对稳定的航路与航期；多摩梨国、师子国、耶婆提和广州，都已成为当时主要的海上通航与通商口岸；当时已有横渡孟加拉湾、暹罗湾的较为远程的航路，反映了航海技术有了进一步的提高。

南朝宋、齐、梁、陈各代政权都对发展海外交通采取积极的态度，海外交通相当发达，与许多国家都有交通往来。宋、齐、梁、陈诸朝的对外交往主要是面向可以通过联络的南海国家。梁朝元帝萧绎是很有造诣的画家，曾作《职贡图》，表现了当时外国来使的情况，展现南北朝时期国家间友好往来的繁盛场面。原画所绘有25国使臣，现存此图为残卷，描绘12位使者朝贡时的形象，表现了当时海外交通的盛况。

南朝时，中国航海者不仅与亚洲众多沿海国家和地区有着广泛的航海贸易，而且越过南亚印度半岛，将海上丝绸之路延伸到了阿拉伯海与波斯湾，直接沟通了东西亚之间的海上联系。5世纪中叶以后，中国南部已与印度、锡兰乃至更远的波斯建立起固定的商贸联系。中国船舶自南海、印度洋西航，印度洋沿岸及东南亚国家船只东来。贸易输入的物品，除传统的象牙、犀角、玳瑁、琉璃器外，吉贝（棉花）和香料也日渐增加。出口物品仍以丝绸为主，陶瓷器、铜铁器、漆器显著增加。

总之，从汉朝到南北朝时期，中国在南洋的海上交通已经十分发达。勇敢的航海者们乘风破浪，前赴后继，一代又一代地致力于海上丝路的开拓，把航线延伸到遥远的西方。随着航海技术进步，造船技术提高和东西方航海活动的增多，海上贸易大为发展，宗教传播、文化交流也随之频繁，形成了南海交通发展和繁荣的局面。

二、隋唐对海上丝绸之路的经略

唐代中期安史之乱以后，唐朝的势力退出了西域，吐蕃、阿拉伯人乘势而起，在西域割据争霸，使得唐朝在西北陆路的对外通道基本被阻绝，中西交通转以东南海路为主，促进了"海上丝绸之路"的繁荣发展。

贾耽在《皇华四达记》的"广州通海夷道"中，记述了从广州经越南、马来半岛、苏门答腊、跨越印度洋，至印度、斯里兰卡、直到波斯湾沿岸各国的航线、航程，以及沿途几十个国家和地区的方位、名称、岛礁、山川、民俗等内容。贾耽"广州通海夷道"具体走向为：从广州屯门出发，沿着传统的南海海路，穿越南海、马六甲海峡，进入印度洋、波斯湾；在乌剌国，如果沿波斯湾西海岸航行，出霍尔木兹海峡后，可以进入阿曼湾、亚丁湾和东非海岸，经历 90 余个国家和地区，航期 89 天，是 8—9 世纪世界上最长的远洋航线，也是唐朝最重要的对外贸易海上交通线。

贾耽所记的这条航线，所及地方已不仅仅是东南亚和南亚，而是将东亚、东南亚、南亚、波斯湾与北非、东非都联结起来了。这条航线的航程之长，航区之广，以及所体现出来的航海实力，在当时是许多擅长航海的民族也难以达到的。"广州通海夷道"一头联结海外世界，一头通向中国内地，循着四通八达的水陆交通网络，可以前往长安、洛阳和其他通都大邑。

另外，据学者考证，唐代中国从广州至海外各地的航线，主要有6条：

（1）广州、南海（即东南亚）、锡兰（斯里兰卡）、阿拉伯、波斯之间（此线经阿拉伯海岸入波斯湾）；

（2）广州、南海、锡兰、美索不达米亚（即伊拉克）之间（此线经阿拉伯之南复经亚丁峡、红海）；

（3）波斯、锡兰、南海、广州之间；

（4）阿拉伯、锡兰、南海、广州之间；

（5）锡兰、阇婆（爪哇）、林邑、广州之间；

（6）广州、南海之间。

这些航线，虽然距离远近不一，但都航行至东南亚、南亚甚至西亚地区，因而可知唐代中国与这些地区海上交通是十分便利和频繁的，往来商舶几乎络绎不绝。义净赴印度求法，就是走的海上路线。他在《大唐西域求法高僧传》中记载，西行求法僧人搭乘海舶，或从广州，或从交趾，或从占婆起航，出海后或经室利佛逝，或经诃陵，或经郎迦戍，或经裸人国而抵东印度耽摩立底；或从羯荼西南行到南印度邪伽钵亶那，再转赴师子国；或复从师子国泛舶北上到东印度诸国，或转赴西印度。

据中外史料记述的唐代从广州出发到波斯湾和东非以及欧洲的海上航线，全程约 14000 千米（广州至巴士拉约 10040 千米，巴士拉至马斯喀特约 1200 千米，马斯喀特至桑给巴尔约 3542 千米）。这不仅是当时世界上最长的远洋航线，也是 16 世纪以前世界上最长的远洋航线。

有学者概括这条航线有三个特点：一是中国航船第一次取直线航行，即从广州至九州石至象石到占不劳山、军突弄山至海峡、伽蓝州至狮子国都是取直线航行，不再循岸走弧线，从而缩短了航程，一般 3 个月可到。二是船舶航行与季风和海流方向保持一致，提高了航行速度。当时

位于广州黄埔的南海神庙，建于隋开皇十四年（594）。唐宋时期，中外商船从广州出海前，到这里祈求一帆风顺，海不扬波

广州远洋船舶去程一般是趁每年10、11、12月的最盛东北季风出发，顺着中国北部大陆沿岸海流南下出南海，经越南东海岸航行，十分便利。回程则利用每年4、6、7、8月的强盛西南季风，从马来半岛南部起，利用爪哇海流在流经加里曼丹与苏门答腊海面，继而北上南海之势，径渡暹罗湾，到广州登陆。三是整个航程以乌剌国为中心，前段是沿着波斯湾东岸航行，即"皆沿海东岸行"，后段"其西岸之西皆大食国"，是阿拉伯半岛及其以西地区。

随着海上丝绸之路日益重要和海上贸易的大发展，隋唐两朝都致力于海上丝绸之路的开发与经略。隋朝建立后，致力于与东南亚诸国的交通往来，除接待一些国家的使节通好外，还曾派遣使臣出使南洋。如大业三年（607）常骏出使赤土国，便是人们时常提起的中国与东南亚交通上的一个著名事件。这个赤土国，据考其地约在马来半岛南部，"其地多赤，因以为号"。常骏根据他们的行程撰写了《赤土国记》，丰富了当时和后世关于南海历史、交通的知识。常骏出使赤土国是中国古代见诸记载的一次重要的航海与外交活动，其行程比三国时吴国朱应、康泰更远。

常骏等人出使赤土国，以及各国使臣入隋，扩大了隋对海南诸国的认识，增加了对于南海诸国以及南海交通的知识。由于"海上丝绸之路"的畅通，在隋代发展与南海诸国交通的基础上，唐代与南海诸国的交往有了很大的发展。唐代载籍中对南海诸国的记载，《新唐书》专为立传的南海国有 31 国。在以上众多国家或地区中，林邑、真腊、骠国、诃陵、室利佛逝诸国与唐朝交往较多。

唐高宗上元年间，唐州刺史达奚弘通曾奉使泛海西行，横渡印度洋，便是从赤土出海。他途经 36 国，抵达虔那。一般认为虔那在今阿拉伯半岛南部。达奚弘通西行，应该说是建立在隋时扩大了对海南诸国认识的基础之上的。达奚弘通回国后著《海南诸蕃行记》（一作《西南海诸蕃行记》）一卷。

贞元元年（785）四月，宦官杨良瑶受命率使团，经过海路出使黑衣大食。杨良瑶是我国第一位航海抵地中海沿岸的外交使节。他的航海路线，很可能就是前文提到的贾耽在《皇华四达记》中记载的"广州通海夷道"。贾耽与杨良瑶是同时代人，也是同朝为官。有学者认为，贾耽所记广州至大食一段海上路程十分详细，所取原始资料应当来自杨良瑶一行的亲身经历。

室利佛逝是 7 世纪后半期在印度尼西亚西端兴起的一个新的海上帝国。它控制着马六甲海峡和克拉地峡交通要道，成为东南亚的海上强国和中西交通必经之地。室利佛逝在唐代南海交通中的地理位置十分重要，唐代佛教僧侣西行印度求法，有一些人走海路，其中大部分都途经室利佛逝。唐朝与室利佛逝的交往和贸易关系也很频繁。在唐朝经营海上之路中，室利佛逝是一个重要的中转站和交汇点。它曾是南海上的一大港口，在中国与印度、与大食的交通贸易中起到了居间的作用。唐代对外贸易的复兴很大程度推动了室利佛逝的兴起。室利佛逝对全球贸易起了重要作用，是远东全球贸易的一个中心。唐末中国文献改称室利佛逝为

"三佛齐"。三佛齐在宋朝和阿拉伯的贸易中就起着重要作用。在大食通往中国的"海上丝绸之路"，三佛齐为中国与大食贸易的中转站，无论是大食商人来华，还是宋朝商人去大食，都要经过这里。

在唐代，沿着"海上丝绸之路"航线，中国和亚非各国的商船，往返不绝。唐代的民间对外贸易也很发达，从陆海两途都有大批外国商旅入华从事贩运经营活动，也有中国商队和海船远走异国。这种不以沟通政治关系为目的、专以经商谋利为目的的海外贸易称为市舶贸易。唐文宗时，曾下诏要求沿海各地地方长官鼓励海外商船来中国贸易。

中国古代早期，商业都市差不多全在内地，及唐宋时代，"海上丝绸之路"发达，促进了登州、扬州、明州、泉州和广州等一批以对外贸易为特点的沿海港口城市的繁荣。阿拉伯和波斯的商人，从海路来中国，多从广州等沿海港埠登陆。

秦汉以降，广州就是南方商业、手工业发达的大都会。六朝时期，阿拉伯人、波斯人、印度人、中国人频繁经营着从波斯湾、印度洋到南中国海的远洋贸易，南海—印度洋海上交通空前畅达，广州成为南海贸易的主要港口。在唐代，由于海上交通的发达，广州"地当要会，俗号殷繁"，是唐朝最早设市舶司的地方，有"天子之南库"之称。广州不仅是当时中国最大的港口，也是世界上著名的港口之一。上文引贾耽叙南海航路，起点即为广州港。阿拉伯地理著作如《道里邦国志》《中国印度见闻录》等也以广州为南海诸国航海东方的终点，称广州港为"中国最大的港口"。唐代外国商舶多聚于广州，这些外国商船来自各个地区的许多国家，"舶交海中，不知其数"，呈现出"大舶参天，万舶争先"的壮丽图景。唐大历五年（770），进入广州港的商船竟达4000余艘，每日平均有11艘之多。据估算，开元时期，广州一年之中，来往流动的客商达80多万人次。这个估算数字与实际人数可能有出入，但在一定程度上能够反映唐代广州对外贸易繁荣的景象。

除了广州外，福建沿海也是唐代开展海外贸易的重要地区。泉州处于晋江下游入海处，福州位于闽江入海处，两地都处于江、海交汇之地，地理位置非常重要。浙江沿海对外贸易港口主要有台州和温州、明州等，明州东临大海，地势平坦，航道通畅，自古就属于我国古代造船与航海的发轫地之一。在日本遣唐使时代，明州是东海航线的重要港口之一，即使是停派遣唐使之后，仍是往来于唐朝与日本之间的商船停泊的重要港口。扬州是江苏最重要的港口城市，也是唐时全国最繁荣的商业城市之一。扬州位于长江下游，距离长江入海处很近，而且是南北大运河的枢纽，是长江流域物资的总汇之地，是唐朝庞大的水路运输网络的中枢，由唐朝和外国商船运来的各种货物都要在扬州换船，装入北上的运河船。所以这里也是亚洲各地商贾的聚集之所。繁荣的商业，是扬州最突出的特点之一，张祜的诗句"十里长街市井连"，杜牧的诗句"春风十里扬州路"，都是描述扬州最繁华的景象。

三、宋元时期的海上丝绸之路

宋代在唐代海外交通发展的基础上，与海外诸国的海上交通更为发达。由于造船与航海技术的发展，海上丝绸之路交通呈现繁荣发展的局面。

两宋时，特别是南宋时期，中国的远洋航行空前活跃。宋朝把发展航海事业作为一项既定国策，大力发展海外贸易，远洋航行的通航区域空前广泛，航程通达整个南洋、北印度洋、阿拉伯半岛、东非海岸以及地中海，出现了"东西南数千万里，皆得梯航以达其道路""虽天际穷发不毛之地，无不可通之理"的鼎盛局面。

宋代的主要对外港口是广州和泉州。据有关学者的概述，宋代至东南亚乃至更远通往西方的航路，主要有以下几条：

（1）广州（或泉州）至三佛齐航路。三佛齐即唐代所称的室利佛逝，位于今苏门答腊，是宋代舶商在南洋进行直航贸易的主要口岸。三佛齐至中国的海途十分方便，《文献通考》中说，由三佛齐驶向中国，"泛海便风二十日到广州。如泉州，舟行顺风，月余也可到"。

（2）广州（或泉州）至阇婆航路。阇婆位于今爪哇岛。由广州出发往阇婆，通常可顺风直航；由阇婆来航，则一般经由渤泥、三佛齐中转。

（3）广州（或泉州）经兰里、故临至波斯湾航路。兰里位于苏门答腊岛西北端班达亚齐，故临位于印度半岛西南部著名的马拉巴贸易海岸。中国与阿拉伯世界的海上交通，一般经由兰里和故临中转。这条航路在唐代已经开辟，贾耽在"广州通海夷道"中已记载此航线。

（4）广州（或泉州）经兰里至东非航路。海舶从广州或泉州出发；经南海、兰里、故临至波斯湾，再由波斯湾沿阿拉伯海岸西南行，至亚丁湾和东非沿岸的弼琶囉（今索马里）、层拔（今桑给巴尔海岸一带）等地。

（5）由泉州通往麻逸、三屿航路。麻逸为今菲律宾尼多洛岛，三屿为菲律宾的卡拉棉、巴拉望和布桑加等岛。宋代和元代通往菲律宾的航路，一般都取道南海，经占城，绕道渤泥，然后至麻逸、三屿等地。

宋代的海上交通线，在东海方面，主要通往朝鲜和日本。在南海方面，除驶往东南亚地区外，又过马六甲海峡，直达印度和斯里兰卡；再进入阿拉伯海，经波斯湾抵达阿拉伯。

作为来华贸易主要力量的阿拉伯商人基本上都从海路来宋朝贸易。宋朝政府也鼓励来华商旅使节选择海上丝绸之路，宋太宗曾"诏西域若大食诸使是后可由海道来"，宋仁宗又令各国进奉"今取海路由广州至京师"。所以，至宋代，已经完全实现了对外贸易重心由西北陆路丝绸之路向东南海上丝绸之路的转移。宋朝政府十分重视发展海上交通贸易，对海外贸易采取了许多鼓励措施，鼓励资金雄厚的富商以私商身份打造海船，前往海外经营。海外贸易的发展不仅促进了中国与各国经济和文化交流，而且增进了相互的了解。宋代外国使节的来访，往往搭乘中国商船；许多从事海外贸易的中国商人，还充当了中国与许多国家建立官方关系的联系人。

中国对外贸易重心由西北陆路完全转移到东南海路，亚洲海路贸易从而空前繁荣，促使南海贸易体系最终形成。这个贸易体系是以朝贡贸易体系为基础的亚洲经济圈，随着对中国朝贡贸易及互市贸易等官营贸易及民间贸易的发展形成的亚洲多边贸易网，是以东南亚为媒介连结中国和印度的亚洲区域市场。有学者提出，在18世纪以欧洲为中心的"全球经济体系"出现之前，早在13世纪以前，由于长期的贸易往来以及文化、技术与人口的交流，环印度洋地区已经形成"第一个全球性经济体系"，这个经济体系对当时以及此后很长一段时期世界政治经济格局演变都产生深刻影响。阿拉伯海、印度洋和南中国海已形成三个有联系的海上贸易圈：最西边是穆斯林区域；中间

细密画，描绘阿拉伯海船，选自哈利里《麦卡玛特集》（法国国家图书馆藏）

是印度化地区；最东边是中国的"天下"——朝贡贸易区。这三个贸易圈在宋代已经成为一个整体的贸易体系，有学者称之为"南海贸易体系"。还有学者认为，10—13世纪由于宋朝重商政策和贸易发展的推动，海运贸易繁荣，北至东北亚，南到东南亚形成一个"贸易世界"，东北亚第一次被深入整合到国际贸易网络中，东南亚进入到"商业时代"。

［宋］泉州市舶司遗址碑

元代的对外交通，在草原和西域的丝绸之路畅通的同时，元朝还大力发展海上交通。有元一代，海上丝绸之路的作用和重要性远远超过陆路。在远洋航行方面，元代在宋代的基础上，交通范围比以前更有扩大。元代东南沿海的上海、澉浦、庆元、温州、福州、泉州、广州等都是对外贸易的通商口岸，当时的刺桐港（泉州）是与埃及的亚历山大港齐名的世界两大港口之一。元代近海航运为保证航行安全，在沿线设置了航标船、标旗、航标灯等指挥航行。航标的设置是中国海运史上的重大成就。

元初波斯湾一线的通航，主要是为了加强和伊儿汗国的联系。伊儿汗国是蒙古人第三次西征时在波斯阿拉伯故地建立的政权，与元朝一直保持着密切的交往和联系。元朝为了加强与阿拉伯人之间的交往，还发展了阿拉伯海、红海航线，并由阿拉伯进一步沟通了中国和地中海以及东非之间的联系。1258年阿拔斯王朝灭亡后，阿拉伯人的政治、经济、文化中心便从巴格达移到了开罗。离开罗不远，位于地中海南岸的亚历山大港，与当时中国的泉州，是具有世界性意义的东西方两大海港。元朝的丝绸和陶瓷等商品，不少是从泉州港出海后，经过印度洋及红海到亚历山大港，再从该港输送到欧洲和非洲各地。当时阿拉伯人在海上的势力虽已削弱，但他们仍保持了在印度洋以西的阿拉伯海和红海海上的势力，并在沟通东西方的经济交流中继续发挥重要作用。

元朝时与印度的交往有了很大进展。元朝与印度的交往主要通过海路，印度半岛南部马八儿、俱蓝两国是波斯湾通往中国的必经之地，商船往来较他国尤多。据阿拉伯旅行家伊本·白图泰（ibn Batūtah，1304—1377）记载，当时中印间的交通，多由中国海舶承担，大者至用12帆，可载1000人。

元朝规模空前的统一局面、畅达四方的水陆交通，为中外商旅提供了"适千里者如在户庭，之万里者如出邻家"的优越环境，同时，元朝政府采取了积极开放的对外贸易政策，因此，元代的海外市场颇为广阔，海陆贸易极为发达。

总之，宋元两代远洋航海事业的发达，使中国与海外许多国家建立了通使关系，海外贸易也十分繁盛。而在当时中国的海外交通中，出广州、泉州等港口南下或西行的航路，几乎都途经东南亚地区。因而，在宋元两代，中国与东南亚诸国的使臣往来、贸易关系和文化交流都十分频繁。

四、郑和下西洋：海上丝绸之路的壮丽篇章

郑和下西洋是海上丝绸之路上最壮丽的航行，是中外关系史上的一

件大事，更是中国与东南亚、南亚地区经济文化交流史上的一件具有划时代意义的大事。

郑和下西洋号称"明初盛事"。从1405年郑和率领的庞大船队初次开洋，到1433年最后一次返国为止，在长达28年的时间里，先后共计7次下西洋。在这期间，中国的航海家驾驶着庞大的船队，在东起琉球、菲律宾和马鲁古海，西至莫桑比克海峡和南非沿海的广大区域，定期往返，到达越南、马来西亚、斯里兰卡、印度、沙特阿拉伯等30多个国家。郑和的船队与所到国家建立了友好的关系，加强了中国与这些国家的交流往来，而且进一步开拓了海上交通，促进了海外各地社会经济文化的发展。郑和下西洋，既是海上丝绸之路上的宏伟篇章，又是海上丝绸之路的进一步延伸与开拓，使中国与南海诸国以及更远的国家的贸易和文化交流达到了更高的水平。

郑和下西洋是明朝初期大力发展中国与海外诸国之间友好关系的产物。明初洪武至永乐年间，海内升平日久，国运昌隆，使明朝皇帝更倾心于追溯历代盛世中帝王的治绩。因此，明朝廷与海外诸国以和平方式进行交往，建立以中国为主导的国家间和平相处的体系。建立这一体系就是与海外诸国"共享太平之福"，营造和平环境，既在各国之间消除欺寡凌弱的现象，又使中国免受外患的威胁，发展中国与亚非各国之间在政治、经济、文化诸方面的友好关系。永乐皇帝派遣郑和数下西洋，就是为了贯彻、实现这一构想。

郑和下西洋的船队是一支规模庞大的船队。郑和的船队每次远航，随行者总在二万七八千人。据史料记载，第一次下西洋的人数为27800余人；第三次为27000余人；第四次为28568人；第七次为27550人。其他几次人数阙录不详，但估计也在27000人左右。郑和船队完全是按照海上航行和军事组织进行编成的，在当时堪称一支实力雄厚的海上机动编队。

郑和船队的每次远航，一般由60余艘大、中号宝船组成船队主体，加上其他类型的船只，共"乘巨舶百余艘"。据记载，第一次下西洋时乘船208艘，"维艄挂席，际天而行"，蔚为壮观，是7次下西洋中动用船只最多的一次。

郑和下西洋，先后7次，历时近30年之久，其间又可分为前后两个时期。前期从永乐三年（1405）郑和第一次奉命出使，至第三次下西洋于永乐九年（1411）归国为止。在这一时期中，郑和使团的活动范围，不出东南亚和南亚，而主要往来于东南亚各国之间，主要为解决中国在东南亚和南亚所面临的一系列问题，树立起中国在东南亚和南亚各国中的威信，"重振已坠之国威"，进行广泛的外交活动。后期包括从永乐十一年（1413）到宣德八年（1433）间的第四次到第七次的航行。后期航海的主要任务，是向南亚以西继续航行，通过开辟新的航路，让海外远国，重译而来，"宾服"中国。在后期航海中，郑和船队经过南洋群岛，横渡印度洋，取道波斯湾，穿越红海，沿东非之滨南下，最远到达赤道以南的非洲东部沿岸诸国及马达加斯加岛一带，分航甚至远达西非沿岸。

郑和七次下西洋，所航行的路线略有不同。在航海沿途，船队设立

马来西亚槟城寺庙的《郑和下西洋》宝船壁画

了四大交通中心站和航海贸易基地。这四大交通中心站分别是占城、苏门答剌、锡兰山别罗里和古里。占城和苏门答剌属于中南半岛、马来半岛范围，为郑和船队发展南海及南洋海上交通，与东南亚各国进行航海贸易的要冲之地。别罗里和古里属印度半岛及其附近范围，为郑和船队发展印度洋和阿拉伯海上交通，与南亚、西亚和东非各国进行航海贸易的要冲之地。主船队利用这四大交通中心站，通过惯常的主航线，与亚非各国开展贸易活动。此外，若干分船队，从这四大基地出发，形成几条主要的分船队航线：

（1）以占城新州港为据点，分别向东南的渤泥与西南的中南半岛和马来半岛诸地进发。

（2）以苏门答剌为据点，一支北航榜葛剌，一支西航锡兰山，一次前往印度半岛西南海岸各国。

（3）以古里为据点，一支北航波斯湾直达忽鲁谟斯，或绕阿拉伯半岛经祖法儿、阿丹，深入红海到天方国；一支则北航经波斯湾、亚丁湾，过曼德海峡，沿索马里的北海岸到东北方再经过须多大屿（索科特拉岛）、葛儿得风（瓜达富伊角）和哈甫泥（哈丰角），从而到达非洲东岸各国；一支则经小葛兰径航东非沿岸的木骨都束、卜剌哇、竹步、麻林、慢八撒等地。

（4）以锡兰山别罗里为据点，西南经溜山国直航东非沿岸木骨都束国。

郑和船队以上述 4 大交通中心站为海运的枢纽，在广大的海域内建立起纵横交错的海上交通网络，使船队的远航能力得到了大大的提升。

郑和七下西洋的伟大历史壮举，对扩大明王朝的国际声威，传播先进的中华文明，加强中国与海外诸国之间的相互了解与交流，起到了巨大的推进作用。郑和下西洋的主要任务，是与东南亚、南亚乃至更远的国家开展广泛的交流，加强与这些国家的官方联系。郑和在历次奉使出航中，都认真贯彻明王朝的对外交往方针，致力于发展与各国的友好关系，使明朝的国际威望大大提高，与海外诸国的官方关系更为密切，取得了重大的对外交流成就。由于郑和下西洋的影响，明永乐宣德年间与东南亚、南亚等地区的交通往来出现空前繁荣的盛况。许多国家纷纷向中国派遣使节，以通友好。包括那些位于"绝域"的远方国家，出自对中国的敬慕，沿着郑和所开辟的航路，不远万里，纷纷来宾。

郑和下西洋不仅在发展与海外诸国的官方联系方面取得了巨大成就，而且在向海外诸国传播中华文化、促进当地社会的文明开化和文化进步方面做了大量工作。郑和在亚非各国访问时，本着"王者无外，中天下而立，定四海之民，一视同仁"的精神，努力宣扬文教，"所至颁中华正朔，宣敷文化，俾天子生灵，旁达于无外"，以中国先进的文化和精神文明的成果，来影响海外国家的精神生活，提高其文化程度，使其接受中国的礼仪，改变其落后的习俗。

发展对外贸易，与海外诸国互通有无，也是郑和下西洋的目的之一。郑和船队在海外活动的近 30 年中，进行了广泛的贸易活动。因此，每次出航，都携带大量货物，或作为礼品赠送所到国家国王和头目，或与当地交换物产，进行官方贸易。通过资赐和贸易，将深受国外欢迎的中国彩币、瓷器、名贵药物、铜器等传播于诸国。郑和下西洋时期，明代的海外贸易达到最繁荣、最活跃的时期，不仅马六甲海峡以东的邻近各国，甚至整个印度洋地区国家都纷纷通过官方途径和中国发展直接的贸易关系。

郑和船队在发展与亚非各国的贸易方面取得了巨大成就。郑和下西洋打通了中国和东南亚以及西洋各国的海上贸易通道，不仅把中国和东南亚各国的政治交往推向了高峰，而且建立了当时世界上贸易最为活跃的贸易圈之一——亚洲贸易圈。通过郑和下西洋，亚洲贸易网络逐步形成，在这一网络基础之上，亚洲区域贸易的整合得以实现。下西洋结束以后，在"海上丝绸之路"大开的背景下，民间私人海上贸易蓬勃兴起，东西方贸易进入了一个崭新发展阶段。

郑和下西洋的有关资料没有完整保留下来，今人所见下西洋原始资料有3部基本文献，即马欢《瀛涯胜览》、费信《星槎胜览》、巩珍《西洋番国志》，即郑和下西洋史地"三书"，是当时跟随下西洋的人所著。下西洋三书虽在内容上详略有别、各具特点，却都明确记述了郑和船队"前往海外，开诏颁赏，遍谕诸番""宣布纶音往夷域"的共同使命，同时还记载了万里远航中"浮针于水，指向行舟"的航程；大量记述了海外各国的天时气候、物产之别、疆域之制，更详记了途经各国的地理位置、疆域范围、气候变化，以及矿产、林木、果蔬、禽兽、水产等自然资源，他们还记录了航行沿途的山形水势，及运用罗盘浮针、牵星过洋等航海知识，丰富了人们的地理概念和航海知识，扩大了国人对外部世界的认识。

郑和下西洋留下了一份重要的文献《郑和航海图》。郑和下西洋的同时，进行了科学考察，绘制了20幅40面海图，即《郑和航海图》及其附图《过洋牵星图》。该图制作于郑和第六次下西洋之后，全体下洋官兵守备南京期间。其时正值明宣宗酝酿再下西洋之际，是在继承前人航海经验的基础上，将郑和船队历次下西洋航程进行综合整理，绘制成整幅下西洋全图，是为郑和使团适应下西洋的需要而集体编制。《郑和航海图》上的航区，主要由四部分组成：一是内河航区，起自南京龙江关（今南京下关），止于长江口；二是东南沿海区，止于福建厦门五虎门；三是近洋航区，止于东南亚诸国及印度半岛；四是远洋航区，止于非洲东海岸。该图所示的地域非常广阔，航线众多、漫长。在图中郑和船队所经之地，均有命名，涉及的地区为今天的中国、越南、文莱、柬埔寨、泰国、印度尼西亚、马来西亚、新加坡、缅甸、斯里兰卡、印度、马尔代夫、也门、伊拉克、阿拉伯、索马里、坦桑尼亚、阿联酋、卡塔尔、巴林、科威特、塞舌尔、马达加斯加、科摩罗、莫桑比克等，约500个地名中，外国地名约 300 个，最远的东非海岸有 16 个。还标出了城市、岛屿、航海标志、滩、礁、山脉和航路等。

15—16 世纪是人类走向海洋的时代，是人类的大航海时代。在这大约 100 多年的时间里，中国人与欧洲人先后从欧亚大陆的两端，分别进行了空前的向海洋的大进军，这一场大进军不仅显示了人类征服海洋的勇气、智慧和技能，更重要的是标志着人类从此进入了一个具有根本性意义的历史转折时期：世界各大洲居民相对封闭隔绝的状态，从此渐被彼此密切交往，人类渐成一体的状态所代替，与此相适应，人类的文明发达程度急剧提高，生产力低下的远古时代和中世纪成为过去，高度发展的时代向人们迎面走来。

郑和的远洋航行，正发生在 15 世纪初，他拉开了整个大航海活动的序幕。郑和率领的 200 多艘舰船航行在世界海域上，航线从西太平洋穿越印度洋，直达西亚和非洲东岸。他的航行比哥伦布发现美洲大陆早 87 年，比达·伽马早 92 年，比麦哲伦早

《明代东西洋航海图》，绘于 1566—1620 年，绢本彩绘（英国牛津博德利安图书馆中国文献馆藏）

114 年。郑和下西洋，其船舶技术之先进，航程之长，影响之巨，船只吨位之大，航海人员之众，组织配备之严密，航海技术之先进，在当时的世界上，都是罕有其匹的。对于当时的世界各国来说，郑和所率领的舰队，从规模到实力，都是无可比拟的。

梁启超认为，郑和与欧洲的大航海事业"并时而兴"，是"全世界历史上所号称'航海伟人'"。但"郑君之烈，随郑君之没以俱逝"。明成祖和郑和死后不久，中国船队便绝迹于印度洋和阿拉伯海，中国的航海事业中断了。而哥伦布和达·伽马开辟新航路后，在西欧激起了远洋航海的热潮。

五、大航海：寻找海上新丝绸之路

从 15 世纪中叶开始，西欧诸国掀起了开辟全球性海上新航路的探险热潮。一时间，勇敢的各国冒险家们，乘风破浪，冒险犯难，探险在茫茫的大海上。这些影响人类历史进程的伟大探险航行，都有一个共同的目标，就是：寻访东方。

元代，欧洲一直与东方有着贸易往来。当时，东西方贸易商路主要有三条：一条是陆路，由中亚沿里海和黑海往东，然后与陆上丝绸之路联接。另外两条是海路（或海陆并用），一条是先从海道抵红海，然后再由陆路至埃及的亚历山大港；另一条是由海道入波斯湾，然后经两河流域到地中海东岸叙利亚一带。这两条海路都接续海上丝绸之路。当时，地中海特别是西地中海的贸易主要由意大利商人把持，而地中海东岸一带的贸易则由阿拉伯商人所垄断。无论是陆上丝绸之路，还是海上丝绸之路，都是东西方交通的大通道，往来的商队相望于道。

但是，到了 14 世纪后期以后，中西之间传统的贸易路线受到了严重的阻碍。首先是 14 世纪中叶，帖木儿在中亚地区建立的帝国，隔绝了中西交通。继而是发生在 1453 年的奥斯曼土耳其人攻陷君士坦丁堡，吞并了东罗马帝国的大部分领土，奥斯曼帝国成为地跨亚、非、欧三洲的大帝国，是当时世界上最强国之一。奥斯曼帝国的舰队称霸地中海、红海和波斯湾，控制了红海、波斯湾和黑海通往地中海的交通线，向过境各国商人勒索大量捐税，垄断了欧洲同东方的贸易。此外，欧洲和东方在陆路的商贸往来，长期受制于埃及卡拉米商人和阿拉伯骆驼商队。陆上运输的迟缓、运费的昂贵和缺少安全保证，也已越来越不能适应欧洲市场的需要了。

于是，欧洲人开始寻找通往东方的新途径。于是，有了一系列寻找新航路的海上探险活动。从最初的动机来说，大航海时代的来临，是对海上丝绸之路新航线的探索，就是要寻找更为便捷的沟通东西方的新航线。大航海是丝绸之路在新的技术条件下，新的时代要求的激励下的延伸和发展。但是，这种延伸和发展与古代丝绸之路的意义和作用在本质上完全不同了。因为正是大航海时代的来临，把整个世界联系在了一起，实现了不仅仅欧亚大陆，还包括所谓"新世界"的互联互通，从而开始了真正意义上的全球化时代。

在15世纪，整个欧洲的商人和船员们都在推测和探索去东方的新航路。

在这个时代的海上探险活动中，葡萄牙人充当了先锋。在几十年的有组织的航海活动中，葡萄牙成了欧洲的航海中心，他们建立起了庞大的船队，拥有优秀的造船技术，培养了一大批专业的探险家或航海家。葡萄牙人沿着非洲西海岸，一路向南。在14世纪和15世纪上半叶，葡萄牙的船队已经沿着非洲曲折的西海岸进行了漫长的探索。他们认为，也许再往前一些，海岸会向东转，到印度群岛和契丹的路就会通了。

1487年，葡萄牙航海家巴托罗缪·迪亚士（Bartholmeu Dias，约1450—1500）进行了更远的南航。当他的船队靠近非洲大陆南端时，强大的风暴把船只吹离海岸，滔天巨浪几乎把他们吞没。十几天后，迪亚士掉转船头，先向东，再向北航行，终于在南非的莫塞尔湾靠岸。这时候，他们已经进入了印度洋，绕道非洲南端通往印度的航道实际上已经

葡萄牙人达·伽马从里斯本启程前往印度

打通了。回航途中，通过非洲南端的尖角时，狂风猛烈，天气恶劣，他把它叫作"暴风角"。当他回来汇报他的发现时，葡萄牙国王说，应该把它叫作"好望角"，因为现在他们有了到达"印度"的良好希望了。

那时候欧洲人说的"印度"，实际上就是包括他们所知的南亚和东亚地区。"印度"就是东方财富的象征。

1497年，在迪亚士发现好望角10年后，葡萄牙政府组建和装备了一支舰队，去探索由葡萄牙起绕过非洲前往印度的海上航道。这支舰队由航海家瓦斯科·达·伽马（Vasco da Gama，1460—1524）率领。1497年7月8日，达·伽马率领四艘小型船共计170多名水手，由首都里斯本启航，踏上了探索通往印度之路的航程。他循着10年之前迪亚士发现好望角的航路，迂回曲折地驶向东方。1498年1月，达·伽马一行人的船队抵达了东非的莫桑比克海域。这是人类历史上第一次有史可查的从大西洋直接至印度洋的深度航行。继后，船队逆着强大的莫桑比克海流北上，抵达非洲中部赞比西河河口。4月14日，航行至马林迪，达·伽马在这里找到了一个阿拉伯领航员给他们引路。在这位经验丰富的领航员的带领下，葡萄牙船队于4月24日从马林迪启航，利用印度洋海上每年上半年才有的西南季风，直奔印度海岸。

1498年5月28日，达·伽马率领的葡萄牙舰队抵达了印度西南海岸城市卡利卡特，在附近的一个港口抛下了锚。而该港口正好是半个多世纪以前，中国航海家郑和所经过和停泊的地方。

欧洲人梦寐以求的"印度"找到了！通往东方的海上新丝路找到了！

从此以后，葡萄牙的船只就经常取道好望角驶向东方，回去的时候满载着香料、丝绸和珠宝等贵重货物。他们还占据了锡兰、苏门答腊、爪哇和香料群岛。1517年他们到了中国广州；1542年他们进入日本。

1553年，葡萄牙人获得了在澳门的停留权利，此后以澳门为据点，展开了对中国的大规模贸易活动。同

16世纪葡萄牙大帆船，就是这种船往来于中国和葡萄牙之间

时，把澳门当成同印度和日本贸易的中转站，并由此建立起庞大的东方贸易网络。

葡萄牙人在澳门开辟了几条国际贸易航线，主要有：

（1）广州—澳门—果阿—里斯本航线。这是澳门开辟的多条国家贸易航线中最重要的一条。

（2）广州—澳门—日本长崎航线。

（3）广州—澳门—马尼拉—阿卡普尔科航线。这是维持马尼拉大帆船贸易的主要航线之一。

（4）广州—澳门—东南亚航线，目的地有马六甲、望加锡、越南的东京等。

这些航线都是跨越万顷波涛的远程贸易航线。通过这些航线，澳门成为当时全球海洋贸易体系的一个重要枢纽。

从明末到清嘉庆年间，澳门是东南亚的一个重要的国际贸易中心，是葡萄牙人从事亚洲至欧洲以及至拉丁美洲的国际贸易的中转站和通往世界各地的海运中心。澳门成为欧洲与中国的第一个、也是最长久的一个"交接处"。有的学者指出，直到鸦片战争前夕，澳门仍是当时中国境内东西文化交流的中心。

葡萄牙把"东航的钥匙"牢牢地掌握在自己手中，成了16世纪最强大的海上王国。他们在印度、印度尼西亚、马达加斯加、非洲及其他地区均设有前哨站，建立起庞大的殖民帝国。由于新航路的发现，自16世纪初以来，葡萄牙首都里斯本很快成为西欧的海外贸易中心。葡萄牙、西班牙等国的商人、传教士、冒险家麇集于此，从此启航去印度、去东方财富的梦想。

当葡萄牙人向东寻找一条绕过非洲到印度去的新的全程水路时，西班牙人则开始了向西的航行。这时候，古代"地圆学说"广泛传播，欧

洲人已经普遍接受了地球是圆的观念，并且相信海洋延绕过欧洲和非洲向印度和中国伸展，但是并没有人想到还有美洲大陆横在中间。那么，渡过大西洋向西直驶，也许可以更容易更迅速地到达东方，正是这种想法鼓励着哥伦布（Christopher Columbus，1451—1506）创造了世界探险史上最精彩的一章。

哥伦布远航的计划，和这个时代的探险主旨一样，就是要到东方来。1492 年 8 月 3 日，哥伦布在西班牙国王的支持下，率领 3 艘船和 88 名船员出发了。他随身还携带了一封西班牙国王给契丹大汗的信。到 10 月 12 日，哥伦布经过漫漫的航行，终于登上了美洲巴哈马群岛中的一个岛屿。但是，他绝没有想到这里离印度和中国还十分遥远。他相信他发现了就在亚洲海岸边东印度群岛中的一个岛。他把当地的土人称为"印第安人"（即"印度人"，Indians）。他们从此就一直被称为印第安人。

哥伦布回到西班牙后，向国王汇报他找到了印度群岛。此后他又三次回到美洲，携带了商人和传教士、冒险家和殖民者，并且一直还在寻找日本王国、中华帝国、香料群岛和印度。他探测了加勒比海、委内瑞拉和中美洲沿岸，但哥伦布死的时候还不知道他已发现"新大陆"这一事实，还相信自己环绕世界航行到了亚洲。18 世纪法国一位著名地理学家说，哥伦布以"一个极大的错误导致了一次极其伟大的发现"。

哥伦布发现"印度"（实际上是发现了美洲）的消息大大地震动了整个西欧。它激起了许多人前去探险的愿望。欧洲人渐渐地晓得了"美洲"不是"亚洲"而是一个"新世界"这个惊人的事实。欧洲许多冒险家继续在探索美洲和亚洲之间的航线。1519 年 9 月 20 日，为西班牙政府效力的葡萄牙航海家麦哲伦（Fernando de Magallanes，1480—1521）率领一支由 5 艘旧船和 265 名船员组成的船队，从西班牙塞维利亚城的圣卢卡尔港出发。船队越过大西洋，沿巴西海岸南下。10 月 21 日，船队在南纬52 度找到一个海峡。他们用了 28 天时间通过了这个海峡，进入了浩瀚无边的"南海"。后来人们把这个海峡叫作"麦哲伦海峡"。麦哲伦船队在

"南海"上航行了 3 个多月，一路上风平浪静，麦哲伦便把"南海"改名为"太平洋"。

1520 年 3 月 6 日，船队到达马里亚纳群岛。这是欧洲人从未到过也从未提及过的一个群岛。3 月 16 日，船队抵达菲律宾的萨马岛（三描岛）。在这里，当年麦哲伦在马六甲买的一个奴隶、这次随他远航的仆人，听到了自己的母语。麦哲伦意识到，他已到达了马来语地区。他终于找到了向西航行通向东方的航路，而这是哥伦布和其他许多探险家所未能找到的。他实际上已经完成了环球航行。

这是人类第一次环绕世界的航行，是整个历史中最伟大的航行之一。

以寻访东方、开辟海上丝绸之路新航线为最初动机的海上探险活动，导致了美洲新大陆的发现和新航路的开辟。这对世界历史的发展进程具有特别重大的影响。

新大陆和开辟新航路的发现，是世界历史上最重大的事件之一。

自哥伦布发现新大陆和达·伽马开辟通往亚洲的新航路之后，西班牙殖民势力迅速向海外扩张。它在亚洲据有菲律宾，在美洲攫取了从墨西哥到南美洲的广大地区，建立了地跨南北美洲并远至亚洲的海外帝国。16 世纪初，西班牙拥有 100 艘商船，几乎垄断了美洲、欧洲、北非洲和远东的贸易。1570 年，西班牙人来到马尼拉，在这里建立了自己的殖民地，从此开始了长达两个半世纪的"马尼拉大帆船"贸易。西班牙人开辟了一条横跨太平洋的新航线。这条航线的一端在墨西哥太平洋岸的阿卡普尔科，一端在亚洲的马尼拉。有的史学家评论说，马尼拉是中国与美洲之间海上丝绸之路的中转站，"马尼拉大帆船"其实就是运输中国货的大帆船。从中国到马尼拉再到墨西哥，在太平洋海域建构了一个全球的贸易网络，形成了早期太平洋海域的固定交通航线。

一些现代学者把大航海时代作为早期全球化的开端。从此，整个世界被连成了一片。然而，正是在这一伟大事件的过程中，东方，特别是中国，以它丰饶的物产、灿烂的文化，以及它的神秘的魅力，还有令人们魂牵梦绕的古老的丝绸之路，成为刺激、激励和推动欧洲人去寻访、去冒险、去开辟新航路、发现新大陆的感召性的动力。欧洲人的伟大发现正是在东方魅力的吸引下实现的，正是在古老的丝绸之路精神鼓励下实现的，是在千百年来海上丝绸之路基础上的新开辟和新发展。

第六讲

东方丝绸之路与中华文化圈

一、中国与朝鲜半岛的海陆交通

"丝绸之路"这个概念，最初是指欧亚大陆上的交通网络，即从中国中原地带出发，通往西域的交通体系。后来延伸的"草原丝绸之路"和"海上丝绸之路"概念，所指也是承担中西之间交流的交通通道。丝绸之路的历史涵盖了中西之间的交通史，也涵盖了东方与西方的交流史。

但是，在中国的东面，还有两个邻国，即朝鲜半岛和日本，而且从很早的时候，中国就与它们有着密切的交流往来，有着比较通畅的交通道路。所以，有的学者在谈到丝绸之路的时候，也把与朝鲜半岛和日本的交通包括进去，称之为"东方丝绸之路"。日本和韩国的许多学者都持有这种观点。近年来，又有的学者提出了"东北亚丝绸之路"的概念，进一步把"丝绸之路"的概念扩大到东北边疆地区的交通。

这种观点实际上涉及对"丝绸之路"概念的理解。丝绸之路不仅仅是单一的交通路线，而是一个国际性的交通网络，是一个遍及欧亚大陆及其海域的从东到西而又南北穿插的庞大的交通网络。丝绸之路所承载的和象征的，就是古代世界各民族文明的大交流，丝绸之路是各民族文明的交流与互鉴之路。

中国与朝鲜半岛的交通一直很便利。朝鲜半岛与大陆紧密相联，陆路交通方便，又与山东半岛隔海相望，水路也不遥远。早在史前时代，中国和朝鲜先民们就有了一定的文化联系。商末"箕子走之朝鲜"的故事是中国与朝鲜半岛最初联系的文献记载。

春秋时，位于山东半岛的齐国，航海技术十分发达，是一个海上强国，齐国的商人很早就开始了海洋商业活动，开始了东方海上丝绸之路的开辟和海外贸易，"越海而东，通于九夷"。这条路由齐国沿海的芝罘、蓬莱、海阳、崂山、琅琊、海阳、斥山等港口出发，北渡长山列岛至辽东半岛，再转向东南，沿朝鲜半岛西海岸南下，过济州海峡到达日本。考古资料证实，来自齐国的物品主要发现于朝鲜半岛南部的韩国境内，而在朝鲜半岛北部见到的则主要是来自燕国和赵国的物品，这说明战国时期燕、赵、齐三国与朝鲜半岛交往所走路线是不同的。燕国和赵国多走陆路，经辽东从北部进入朝鲜半岛；而齐国走的是海路，多经庙岛群岛，循海岸线从朝鲜半岛南部西海岸进入今韩国境内，这是一条相对安全又便捷的航路。庙岛群岛位于山东半岛与辽东半岛之间，南北排列了20余个岛屿，相邻岛屿之间最远的距离也不到20海里，都在人们的视线之内。远古时期，简易的航海工具在大海中航行，每次航行的距离不可能太远，庙岛群岛就像一个个驿站，为航海者提供了休息、补充淡水和给养的场所，小小的独木舟也可以安全越过渤海湾，庙岛群岛成为山东半岛和辽东半岛文化的交汇点。

据考古学家王绵厚研究，先秦乃至汉魏通往包括朝鲜在内的东北亚交通，主要有三条海路：

> 一是由山东登莱入海，经庙岛群岛北道海路，至今辽东半岛南旅顺老铁山一带，然后北行灯登陆的古"乌石津"和"沓津道"。
>
> 二是由山东"齐郡"和"东莱郡"入海，东北海行，沿黄海海岸，入自鸭绿江口道"安平道"；再转渡朝鲜湾海域，由大同江或清川江登陆的入"列口"（大同江）和"三韩""日本道"。
>
> 三是由山东"东莱郡"或"渔阳郡泉州"（今天津一带），渡渤海入自"辽口"，然后溯大辽水和梁水至"襄平""辽阳"和"望平""高显"诸道。

唐代中国与朝鲜半岛的交通已经十分便利通畅。贾耽叙述唐与外国交通最重要的7条路线，其中两条与朝鲜有关。一条是陆路，即"营州入安东道"，是隋唐时期通往辽东之陆路干道之一。从营州（今辽宁朝阳）出发渡辽水，经"安东都护府"，继续往"东南至平壤城"，可推知往南走到新罗首都庆州。另一条是海路，即"登州海行入高丽道"，从山东半岛的登州出航，渡渤海，再由辽东南岸西行至乌骨江（今鸭绿江）口，此后，前往朝鲜半岛的港岸。这条沿岸航路，航程较长，但较为安

朝鲜燕行使进入山海关（山海关长城博物馆藏）

全，当为惯常之主要航路。

　　另外还有两条海上航路。一是从山东半岛的登州沿海启航，直接东航（或东北航），横越黄海，直达朝鲜半岛西海岸的江华湾或平壤西南的大同江口。唐代对高句丽的几次海上用兵，其舟师就走过这条快速航线。另一条是从江浙沿海或长江口出发，先沿大陆海岸北上，行至山东半岛成山角附近，再东渡朝鲜半岛西海岸，或者北驶渐进，跨岛沿岸续航至朝鲜半岛。

　　日本僧人圆仁的《入唐求法巡礼行记》指出唐与新罗的海上通道共有4条。该书卷一说："按旧例，自明州进发之船，吹着新罗境。又从扬子江进发之船，又着新罗。"从这两个地方出海的船经黑山岛可至今韩国全罗南道的灵岩。同书卷一又说："登州牟平县唐阳陶村之南边，去县百六十里，去州三百里，从此东有新罗国。得好风两三日得到新罗。"这是最为便捷的道路。此外，该书卷四还提到从楚州山阳县和海州也可入海达新罗。而由新罗至唐则可从新罗汉江口的长口镇或南阳湾的唐恩浦起航到山东半岛，也可从灵岩附近经黑山岛至唐定海县或明州。

由于交通的便利以及历史上两国友好往来的传统，唐朝与新罗的官方交往十分频繁密切。唐与新罗之间的贸易往来相当频繁，规模也相当大。按其贸易的性质来说，唐新之间的贸易主要有两种形式：一种是在国家之间随同外交使节的来往机会进行的国家贸易；另一种是在民间的商人之间进行的私人贸易。在一般情况下，官方贸易占有更重要的地位。唐与新罗的民间私人贸易也很活跃。唐朝为接待新罗的贸易官员和商人，特地在今山东、江苏沿海各州、县，设有多处"勾当新罗所"，所内设有通事，专事翻译。有许多新罗商人到山东、江苏沿海各地从事商业活动，这些地区有大批新罗商人居住，设有"新罗坊"和"新罗院"。

9世纪上半期，张保皋的海商集团是新罗商人的主体力量，他们垄断了中国与新罗的大部分民间贸易活动。张保皋组建了庞大的船队，往返新罗与中、日三国之间，从事利润丰厚的海运和商业贸易。在新罗政府的支持下，往来于黄海的新罗船，一度都在其控制之下。张保皋的海上贸易日益兴盛，形成了以清海镇为大本营，以赤山（今荣成石岛镇）、登州（今山东蓬莱）、莱州（今山东莱州）、泗州（今安徽泗县）、楚州（今江苏淮安）、扬州（今江苏扬州）、明州（今浙江宁波）、泉州（今福建泉州）和日本九州为基点的海运商业贸易网络。张保皋的商团几乎垄断了唐、新、日三国的海上贸易，是当时最大的国际贸易集团。运送的货物包括贵金属、从家具到武器的制成品、瓷器、丝绸、茶叶和人参等商品。张保皋除了进行直接贸易外，还经营造船业和出租船只、水手、艄工等。在中国山东、江苏北部海岸形成了一条船队服务线，为自新罗和日本的人们进行海上服务贸易。而长安、洛阳、扬州、广州也聚集了许多南海、中亚、西亚等地的商人，他们把稀缺的商品香料、织毯等运到中国销售，这样张保皋的海上贸易网络就与中西海上贸易之路联系起来。

中国先进的造船航海技术传到新罗，促进了新罗造船航海技术的发展。新罗商人从事海上运输的很多。新罗商船不仅往来于中国与新罗中间，还航至日本，连通整个东亚海域三国，建立了中国、新罗、日本之间的贸易航线，开展三国之间的国际贸易，新罗商船在日本活动同样频繁。新罗商人从唐朝贩得大量商品，除满足新罗国内市场的需求之外，还常将唐货运至九州大宰府，在日本销售。新罗商人建立了往来于中国东部沿海地区与日本九州岛的固定航线，分别在中日两国设立贸易据点，从事两国贸易的中介经营，起到沟通中日贸易的桥梁作用，形成了后来学者所称道的"东亚贸易圈"。当时参与这个东亚贸易圈的除了新罗商人，还有唐商人、日本商人和渤海商人。

北宋与高丽的交往一直是很密切的。两国交通以海路为主，航路畅通发达。宋与高丽之间的海道北路，主干道是由山东半岛的登州出发，向东直航，横渡北部黄海，抵达朝鲜半岛西岸的瓮津，然后取陆路，经海州、阎州、白州，至高丽国都开城府。北路航线的另一支道，是由密州板桥镇启程，出胶州湾，东渡黄海，直航朝鲜半岛西海岸。这两条北路航线航距短，仅一海之隔，顺风一宿即可抵达。

宋与高丽之间的海道南路，从明州、泉州、杭州、广州都可至高丽，但对高丽的主要贸易港口是明州和泉州。两宋时期，明州是长江以南的基本出发港，航行季节多在夏、秋，利用东南季风渡海。循南路航线赴高丽，从明州出发，往东北航行，抵达朝鲜黑山岛，再往北行，经朝鲜半岛西南海岸的众多岛屿，到达礼成江口。徐兢撰《宣和奉使高丽图经》详细记录了北宋宣和五年（1123）出使高丽的经历及所见所闻。徐兢一行就是走南路海道。据他的记载，他们自明州出发，达定海招宝山出海，经沈家门，入白水洋（蓬莱山及其以北浙江近岸水域），过黄水洋（今浙苏淮河入海口附近水域），继而离岸东驶，横渡黑水洋（今江苏以东、山东半岛之南与东以及朝鲜半岛西岸之西的黄海水域），到五屿，达群山岛，然后沿朝鲜半岛西海岸北上，经紫燕岛、急水门、分岭等，"随潮至礼成港"，登陆进高丽首都开城。

北宋前期与高丽的海上交通主要取北路航线，登州是两国使节、商人来往的主要港口。但是后来，辽国军事威胁加剧，北路航线发生危机。

所以，自 1074 年以后，宋与高丽的交通主要利用南路航线，明州成为两国航路宋一侧的最主要港口。除明州外，泉州也是南路对高丽贸易的重要港口。交通的畅达，以及两国官方频繁的通聘往来，为北宋与高丽之间的文化交流，为高丽大规模引进和学习宋文化创造了便利条件。

南宋前期，与高丽关系一度疏远。到宋孝宗以后，南宋朝廷恢复了与高丽政府的往来，互遣使臣。有时赴高丽的宋商也充当政府使者，沟通两国关系，南宋与高丽之间通过海道的联系并未完全中止。庆元（明州）为南宋与高丽交往的唯一港口，所行航路，为北宋后期以来传统南路。但无论是两国交往的密切程度还是交流的规模，都远远不及北宋时期了。

二、中国与日本的海上之路

中国与日本的交通，最早是秦代徐福两次率大规模船队东渡，就是从山东半岛启航到朝鲜半岛，再由朝鲜半岛南下至日本列岛。可以认为，徐福的船队航线就是春秋时期开辟的东方海上丝绸之路。

徐福东渡是经过精心组织和策划，并且进行了充分的准备，徐福带领的是一支人员配置齐全、装备精良的庞大的队伍。《史记》记载，徐福两次东渡，每次至少几千人，以每船百人以上计，大体有几十艘，所以徐福东渡应是一支庞大的、浩浩荡荡的船队。

关于徐福东渡日本的航线，学术界有"北行航线说"与"南行航线说"两种意见。"北行航线说"认为，徐率船队从琅琊出发后，沿辽东半岛南、朝鲜半岛西的海岸线，穿过对马海峡，到达日本北九州和歌山等地。这种说法实际上和东方海上丝绸之路的航线大体一致，所以有人把徐福看成是东方海上丝绸之路的先驱者和开辟者。"南行航线说"有两种意见：一是从山东半岛的青岛或成山头或之罘横渡大海，经朝鲜半岛南部到达日本九州等地；二是从苏北沿海诸港口（出发港意见不一）横渡

日本阿须贺神社徐
福宫

黄海，或至朝鲜半岛穿过济州海峡抵达日本九州，或直达日本。

　　古代中国人去日本，都是要从陆路去朝鲜半岛或沿朝鲜半岛海岸航行，然后再由朝鲜半岛南端渡日本海而达日本列岛。日本同朝鲜之间，很早就有了航路，往来相当频繁。古代朝鲜与日本之间两条主要航路。一是从古时的辰韩到达日本山阴、北陆地区的一条航路，即"日本海环流航路"。在日本海有一向左流动的环流。这条航路，虽是利用海流的，也可以说是半漂流性的航路，而且只能单程航行，但正因为它是利用海流的自然航路，所以在造船和航海技术都还不发达的远古时代，它是从朝鲜航行到日本的最方便的航路。也正因为"日本海环流航路"是自然航路，所以很早就通航了，大陆上的民族经由这条航线三三两两地抵达日本。另一旅路是从弁韩、辰韩地区，中经对马、远瀛（冲之岛）、中瀛（大岛），到达筑前的胸形（宗像）一线，称为"海北道中"或"道中"。日本很早就称朝鲜为海北，所谓"海北道中"就是到朝鲜去的"道中"的意思。这是一条往返的交通线，它的开通可能稍迟于"日本海环流航路"，但却是一条连结日韩之间最重要的交通线，可能是大陆上的民族前往日本的交通干线。

　　在东方海上丝绸之路上，最壮丽的篇章是日本的遣唐使船持续二百多年的航行。日本的遣唐使们，在茫茫的大海上，不畏艰险，乘风破浪，前赴后继，上演了波澜壮阔的中日文化交流的历史活剧。遣唐使以他们的满腔热情和血肉之躯，在茫茫大海上架起一座中华文化全面向日本传播的大桥，为促进日本文化的繁荣做出了突出的贡献。所以，在日本文化史上，遣唐使也是日本民族深刻的文化记忆。

日本第一次正式派出遣唐使是在 630 年（唐太宗贞观四年，日本舒明天皇二年），从这时起一直延续到 894 年（唐昭宗乾宁元年，日本宇多天皇宽平六年）停止派遣，前后历日本 26 代天皇，达 264 年之久。在这期间，日本朝廷共任命遣唐使 19 次。不过，在这任命的 19 次中，因故中止的有 3 次，实际入唐的共计 16 次。

在初期遣唐使时，每次都由两艘使舶组成，每舶搭乘 120 人左右。后来，随着使团人数的增加，每次分成 4 艘使舶，故在日本和歌中称遣唐使舶为"四舶"。这些遣唐使舶都是利用风力航行的帆船，但在难以利用风力时，便摇橹驶船，因而需要很多水手。

遣唐使的往返航路在不同的时期也有所变化。主要有三条航路：

日本遣唐使船抵达中国港口

《吉备大臣入唐绘卷》（局部一），作于 12 世纪（美国波士顿美术馆藏）

北路：循筑紫、对马、百济（后经新罗）横渡黄海，在山东半岛的登州、莱州登陆，再由陆路循青州、曹州、汴州（开封）、洛阳而达长安。

南岛路：从筑紫的博多起航，沿九州的西岸南下，从萨摩循种子岛、屋久岛、奄美大岛前进，在此附近横渡东中国海，指向长江下游，多在明州（宁波）登陆，然后经由扬州，通过大运河至汴州，西进而达长安。

南路：从博多出航，抵平户或值嘉岛（五岛列岛）暂泊，等待顺风，横渡东中国海，指向长江口岸或杭州湾附近，在楚州（淮安府）、扬州、明州等地登陆。

初期的遣唐使多走北路。北路是沿朝鲜半岛西南海岸北上，经辽东半岛渡黄海至山东半岛，基本上是沿遣隋使开辟的路线航行，相对来说还比较安全。但 8 世纪中叶以后，由于朝鲜半岛局势的变化和唐"安史之乱"造成的藩镇割据，使北路受阻，所以，便改走南岛路。南岛路航线虽短，但所经海面变幻莫测，所遇风险远远超于北路。后来又新开辟了一条航路即南路，先从筑紫的博多出发，到达值嘉岛，在那里一旦遇

《吉备大臣入唐绘卷》（局部二），作于 12 世纪（美国波士顿美术馆藏）

到顺风，就直接横渡东中国海。此航线虽最短，但所遇风险也最大。不过，遣唐使的航海技术也日益提高。沿南路，只要顺风，用不了 10 天时间就可抵达中国海岸。因此，南路航线长期为后代日本人所沿用。

日本派遣唐使来华，兼有官方贸易的使命。除官方贸易外，唐代中日民间贸易也有所发展。后来，中日之间的官方往来减少，而民间的经济文化交流却趋于频繁，唐人和新罗人的船只不断往返于唐日之间。民间商船往来于两国之间，成为晚唐时期中日交流的主要纽带。中国商船不仅将大批中国货品运往日本，传播中国的文明成果，而且为遣唐使中止后日本学问僧赴唐提供了交通便利。

在唐代中日海上交通发展的基础上，宋代与日本的海上交通已经十分方便。日本京都东福寺塔头栗棘庵珍藏着一幅南宋的拓印《舆地图》，该图显示中国居中，大陆的东面标有"东海"，日本位于长江口的正东方海上，与大陆之间标有"大洋路"三个字。在日本的正北方突出着"高丽"，长江口与高丽间的海面，标着"海道舟舡路"。这幅南宋拓印《舆地图》告诉我们，从宋代开始有了双桅海船与罗盘针后，开拓了横渡东海大洋直航日本与高丽的两条新航路。航路名称，前者强调"大洋"，后者强调"海道",显示出与过去沿循岛屿航海的传统航路有了本质上的区别。大洋路的针路就是明代郑若曾《筹海图编》上称之为"间道"的太仓使往日本针路。从江苏太仓开航,经吴淞过宝山、南汇出海后,南下到舟山群岛双屿港南方洋面,取"九山"方向,然后向东过洋二十七更(约3昼夜)可到日本港口,若从乌沙门开洋起算则需7日方可到日本。

北宋时期的中日交往,是以民间贸易商船的往来为主要纽带的。中国商船频频东渡,掀起了民间对日贸易的又一次高潮。北宋商船大都从江浙一带出发。特别是明州,一直是宋日贸易的主要集散地。它们横渡东中国海,到达肥前的值嘉岛,然后到达太宰府的所在地博多。也有些商船驶进日本海,到达越前(今福井县)的敦贺。福建也有比较固定的开往日本的航线。到了南宋时期,中日两国的经济和文化交流比前代有了很大的发展,中华文化东传日本出现了继盛唐之后的又一高潮。南宋时期日本商船赴宋贸易者日益增多,改变了过去单独由中国商船承担中日贸易的现象。

明朝与日本的交流,以开展勘合贸易为主要载体。勘合贸易是一种"朝贡贸易",负责押送勘合贸易船的日本官方代表,明人通常称之为"日本朝贡使",而近代以来有些史学家因勘合贸易而称之为勘合贸易使,也有人称之为"遣明使"。自1401年始派至1551年废止,150年间,日本共派出19次遣明使,与从前日本朝廷任命的遣唐使次数恰好相同。遣明使可以说是遣唐使的延续和发展,都是日本派往中国的和平友好使者,都为巩固和发展中日交往,扩大和加强两国经济文化交流做出了卓越的贡献。不过,遣唐使虽也兼有来华贸易的任务,但更重要的是外交和学习任务,而遣明使后来渐以贸易为主要任务。就使团规模和往来密度而言,遣明使也远远胜过遣唐使。

勘合贸易是两国之间的官方贸易,除此之外,民间贸易也一直没有中断。勘合贸易和民间贸易,不仅加强了两国的经济联系,同时也极大地促进了两国间的文化交流。在人员交往方面,日本入明僧和渡日明僧均搭乘勘合贸易船和民间商船而成行,贸易船成为沟通文化交流的桥梁。

三、东北亚丝绸之路

东北亚丝绸之路，陆路一般是指从河西走廊经漠南至东北亚的交通路线，海路是指从中原经阿什哈达、松花江、黑龙江到鞑靼海峡至库页岛和日本北海道。但是，和"丝绸之路"这个概念一样，东北亚丝绸之路也并不是单一的交通线路，而是被广泛应用于联系东北地区的国际交通网络。

中原与东北地区很早就有交通。周武王时，东北肃慎人曾来到中原进贡过"楛矢石砮"。鸭绿江、松花江自帝舜起就是当地先民前往中原朝献所走的古道。汉魏时期，东北的夫余国与中原存在商业贸易的往来。

东北亚丝绸之路最重要的时期是在唐代。渤海国是唐代东北地区的一个以粟末靺鞨族为主体，联合一部分高句丽遗民建立的地方政权。唐武则天圣历元年（698），粟末首领大祚荣建立靺鞨国，自号震国王。唐玄宗开元二年（713），唐玄宗册封大祚荣为渤海郡王，统辖忽汗州，加授忽汗州都督。从此"去靺鞨号，专称渤海"，以"渤海"为号，成为唐朝版图内的一个羁縻州。762年，唐廷诏令渤海为国。从此，渤海国全面效法大唐文明，开疆拓土，创造了"海东盛国"的辉煌。渤海国疆域东临日本海，西至吉林省乾安、长岭和双辽县，南至朝鲜龙兴江，北抵黑龙江省依兰，定都于上京忽汗城（今黑龙江省宁安县东京城）。后唐高宗天成元年（926）为辽国所灭，传国15世，历时229年。

渤海国在长达200多年的发展过程中，始终履行包括朝贡、朝觐、贺正、质侍在内的各项义务，与唐朝之间在政治、经济和文化等各个方面保持着频繁的来往和密切的联系，同内地贸易岁岁不绝，向中原派遣的朝贡使团、王公贵族子弟数以万人计，学习中原文化，学习先进的手工技艺，效仿中原礼仪，逐渐形成"车书一家"的局面。当时的渤海国使用的车乘、文字、语言，文书交流等都与中原相同。据统计，渤海国共向唐朝朝贡140余次。此外，还向后梁、后唐朝贡了10次。渤海国向唐朝进献的贡品中，有人参、虎骨、熊皮、貂鼠皮和昆布等物产。昆布，即是褐藻门海带目的别称，模式产地就是日本的北海道与本州北部地区。原产自日本的昆布，经渤海国的中继贸易，通过渤海国朝贡道进入中原。

唐朝也非常重视渤海国的殷勤臣服，为渤海国等东北亚地区的使臣设置了接待官员。唐朝对渤海使臣，不仅有在上朝时根据其品级给以衣冠袴褶的恩典，而且还加授官职。这既促进了渤海地区的社会发展和进步，也加强了东北地区与中原内地的紧密联系，因而事实上成为唐朝版图内一个重要组成部分。

渤海以上京龙泉府为中心，开辟了通往唐朝以及邻族、邻国的五条交通道，《新唐书》卷二百一十九《北狄·渤海》记载，即"龙原东南濒海，日本道也。南海，新罗道也。鸭绿，朝贡道也。长岭，营州道也。扶余，契丹道也。"其中，以"鸭绿朝贡道"和"长岭营州道"在东北亚交通中最为重要，唐朝道使节和渤海的贡使在这两条路上往来频繁。

从727年第一次访日到919年的最后一次出使，渤海访问日本34次，日本访问渤海13次。渤海访日的使团，最少的由22人组成，最多的达359人，以105人组成的使团为多，计8次。如771年渤海使团由壹万福带队，325人乘17艘船，编成船队，浩浩荡荡。至今，在日本的奈良、福井县敦贺市、金泽市户泽町等址，还有渤海国使团来往留下的遗迹。

渤海至日本的交通统称为"龙原日本道"。龙原即渤海"东京龙原府"，故址在今珲春县八连城。渤海国使者从上京龙泉府即今黑龙江宁安渤海镇出发，沿着马连河南下，穿过岗峦起伏的哈尔巴岭，越过长岭子山，达今俄罗斯滨海边疆区渡谢特湾的惟一天然良港毛口崴（摩阔崴，即波谢特）。渤海国使者从这个港口弃车登舟，向东横渡日本海，在日本的出羽、能登、加贺、越前等地靠岸。登陆以后，经过近江、山城到达首都平城京或平安京。渤海航海家们由于掌握了日本海域的季风与海流的规律，懂得顺应季节和海流，总结了冬往夏归的成功经验，大大减少了海难的发生，使其所开辟的"日本道"成为当时相对安全的海上道路。

渤海国上京龙泉府宫城遗址

有学者把渤海国通往日本的交通路线称为东北亚海上丝绸之路。

日本与渤海国的航海交往，对加强日本与唐朝政府之间的关系，还有着某种中介作用。乾元二年（日本天平宝字三年，759）二月，日本天宝年间入唐的大使藤原清河，在唐遭"安史之乱"，使其久留不能回国。淳仁天皇对此十分的忧虑，于是派高元度为遣唐使，借道渤海国到大唐，来迎接藤原清河返国。在9世纪中叶日本停派遣唐使之后，渤海人仍穿梭于唐朝和日本之间，并事实上成为两国间继续进行接触和开展经济文化交流的主渠道。日本访唐的僧人如永忠、戒融等，都是取道渤海，往来于日本和唐王朝之间。

在渤海国与日本的经济文化交流过程中，渤海国使者把光辉灿烂的盛唐文化、独具特色的渤海文化带到日本，又把日本的优秀文化带回渤海。同样，日本访渤使者也起了这种文化桥梁纽带作用。渤海国在历史上存在时间虽然比较短暂，但中日交往中起到的作用却是不可低估的。

第六讲 东方丝绸之路与中华文化圈

四、丝绸之路与中华文化圈

东方丝绸之路，无论是东方海上丝绸之路，还是东北亚丝绸之路，都是强调中原地区与东北方向的交通和交流。在历史上，由于地理位置的关系，中国古代对东方的交流重点在朝鲜半岛和日本。数千年的交通往来，一大批大陆移民迁徙到朝鲜半岛和日本诸岛，朝鲜和日本也有许多人员到大陆出使、参访和经商，出现了一波又一波文化交流的高潮。在这些文化交流高潮中，大陆的先进文化持续传播到朝鲜和日本，促进了当地文化的繁荣发展，形成了以中国本土为中心的中华文化圈。中华文化圈是东方丝绸之路发展的最重要的成果。

丝绸之路在唐代得到了充分的发展，是丝绸之路的黄金时代。唐帝国疆域广大，国力强盛，文化辉煌，在当时的世界上占据举足轻重的地位。特别是在亚洲的历史舞台上，唐朝担当着领衔主角，具有极大的感召力和巨大的国际威望，各国争相与唐朝通聘往来，发展友好关系。

当时的亚洲实际上是以唐朝为中心。中国周边国家以"天可汗"来称谓中国皇帝，表示对唐朝的臣属关系。在中国东北、西北边外的各国，"可汗"是国家领袖的尊号，等于中国内地历来所称的皇帝或天子。而唐代自太宗时起，一方面为中国的皇帝，而同时又受中国以外的周边国家拥戴为"天可汗"。这所谓"天可汗"，就是诸国向化的可汗。这种"天可汗"的观念，不是以武功造成的，是当时各国心悦诚服地表现出来的。

这样，在当时的东亚和中亚地区，就形成了一种以唐朝为中心的国际政治秩序和文化秩序。也有的学者称之为"东亚世界体系"。

这种建立在"天可汗"观念上的国际关系和国际秩序，开始于唐太宗贞观四年（630），直至玄宗天宝十四年（754），持续了125年。"安史之乱"以后，唐朝放弃了对中亚地区的经略和控制，使其脱离了中华文化的势力范围。而以后在中华文化圈中，只包括中国本土和朝鲜、日本、越南等东亚和东南亚国家。凡此东方诸国，其与唐帝国的关系，政治上为册封体制，文化上模仿中国。工艺方面，也是如此，却又发展出自己的特色。例如朝鲜的织锦、日本的冶炼产品。朝鲜与日本的儒学与佛教，发展十分迅速，既承袭中国的传统，又发展出自己的传统。

由于这种原因，东亚地区的国家关系，在政治层面上，形成了以中国为中心的"册封关系体系"或"朝贡体系"。这种"册封关系体系"或"朝贡体系"是当时世界主要国际关系模式之一。册封体制本身，最早是中国王朝的国内秩序，即以皇帝作为顶点和由这个顶点与贵族、官僚之间所形成的君臣关系秩序。因此，中国与周边国家之间所形成的册封体制，体现的乃是这种国内秩序的外部延伸。中国对于册封关系的国家要求臣服和礼敬，显示了中国王朝的权威；周边诸国家要求中国的册封，则有利于通过册封来确立其统治者在其国内的权威。

以中国为中心的朝贡体系最早开始于汉代。在这时期的朝贡体系中，中原政权和其他诸国以"册封"关系为主。即各外国需要主动承认中原政权的共主地位，并凭借中原政权的册封取得统治的合法性。中原政权对各地方政权往往直接封为"某某国王"，如"汉委奴国王""南越武王""疏勒国王"等。各受封国对中原政权按照不同的要求负有进贡和提供军队等义务。早期的这种朝贡册封关系比较简单，但从宋代开始，朝贡的性质发生了很大的变化。一方面，朝贡关系仍然保持着原来的政府之间的关系；另一方面，随着政府对贸易的重视，朝贡逐渐变成了一种贸易手段。到了明清以后，朝贡体系越来越具有贸易的性质，因而有"朝贡贸易"之说。朝贡体制或朝贡贸易，成为物质文化交流的一种形式。

东方丝绸之路发展的最重要成果是在东亚地区形成以中华文化为中心的东亚文化秩序，形成了中华文化圈。东亚的"文化秩序"即是中华文化圈内的"文化秩序"。这些地区高度发达的文明及基本的文字体系都渊源于古代中国，从这种意义上，可以说东亚就是"中华文化区。"这个共同体是以内在的相互确认的基本因素连接在一起的。文字系统、宗教信仰、观念意识、生产方式等相互关联、联结在一起，构成了古代东亚文明共同体。

一般说来，世界范围的文化交流是个别地区的交流活动扩展而成的。

在某一比较广阔的地区内，由于内部的和外部的原因，某一国家或民族的文化发展的水平比较高，因而对周围的一些国家和民族发挥了较大的影响，逐渐形成了特定的文化圈。文化圈的形成与发展是在历史中完成的。文化圈也有明确的时间范围。庞大帝国的出现往往意味着文化圈的发展达到鼎盛，文化圈内各文化的同质性程度最高。在盛唐文化这个时期，在欧亚大陆的文化发展、传播和交流的过程中，从西而东形成了四大文化圈，即基督教文化圈、伊斯兰教文化圈、印度文化圈和中华文化圈。这些文化圈在非常辽阔的地区内，在相当长的历史时期中，对文化圈内的国家都产生了较大的影响。

中华文化圈的范围包括朝鲜和日本等东亚地区。在19世纪西方殖民主义势力进入东亚地区以前，日本、朝鲜以中国为文化母国，大规模地吸收和融合中华文化，并在此基础上构建起具有本民族特性的文化体系。当时的东亚世界，在地理上以中国本土为中心，在文化上以中华文化为中心，从而形成了区别于其他文化圈的中华文化圈。

中华文化圈的形成，首先与地理环境有关。中华文化圈所表达的首先是特定区域的文化概念。中国位于欧亚大陆的东侧，北部大漠浩渺，西部高原壁立，东南则濒临浩瀚无际的太平洋。这样的地理环境犹如一道道天然屏障，把中国与其他文明区分割开来。当然，中国先民很早就致力于开辟与域外诸国诸民族的交通，特别是汉代以降，海陆两途交通都繁盛通达，中国与各国的经济和文化交流都很活跃。但是，在当时的交通条件下，毕竟是困难重重，道路艰险，对文化交流的广泛性和普遍性都有所限制。不过，在太平洋的东亚海域，在中国大陆、朝鲜半岛、日本列岛、琉球群岛之间构成了一个不甚完整的内海，有人将其称作"东方地中海"。自古以来，东亚人民沿着"日本海环流路"等自然航道，借助季风，往返于中国大陆、朝鲜半岛、日本列岛之间，"东方地中海"也就成了以中国大陆为内核，以朝鲜、日本为外缘的中华文化圈的交通走廊。另外，朝鲜与中国本土接壤，陆路交通方便，而日本与朝鲜仅有一海峡之隔，这也为中华文化圈的形成提供了方便的地理条件。

中华文化圈形成的另一条件是东亚各国都是传统的农耕文明区域。中国古代的生活方式、观念礼俗、政治制度乃至以儒家为代表的思想体系，都反映了当时的农业生产方式，而朝鲜、日本也是长期以农业生产方式为主，是进行农耕的民族，因而对于反映农业生产方式的中国文化比较容易接受和认同。

中华文化圈的形成经过了长期的历史过程。在文化发生期，东亚诸国的先民们就有所往来和交流。汉朝在朝鲜半岛北部设置郡县，实行直接统治和控制，以及中国王朝与朝鲜三国、日本的通使往来，都加大了中华文化传播的力度，为中华文化圈的形成奠定了基础。但是，作为中华文化圈的总体形成，却是在公元7—9世纪的隋唐时代。一方面，在这一时期，中华文化显示出一种阶段性的集大成的灿烂风采和恢弘气势，具有极大的文化辐射力和感召力。另一方面，这一时期的朝鲜半岛和日本列岛先后形成了较为强大的封建中央集权国家，其社会文化系统具有向中华文化学习的需要以及吸收、兼容中华文化的有效机制。正是在这样的总体背景下，盛唐文化以前所未有的规模和力度在东亚各国传播，朝鲜、日本等国以前所未有的热情和规模学习、吸收和兼容中华文明，从而深刻影响和改变了东亚的文化面貌。

所以，中华文化圈不仅仅凝聚着中华民族的智慧，也是东亚各国人民的共同创造。在中华文化圈中，中华文化是一种高势能文化或优势文化。按照文化传播理论，高位文化向低位文化的传播和流注，是一种必然的现象。但是，中华文化与东亚国家的交往，绝不仅仅是高位文化向低位文化的强制流注，而且是东亚诸国对中华文化主动摄取的过程。同时，东亚国家对中华文化还具有一种主体性的选择与受容，实现中华文化的本土化。在中华文化圈内，每一国家和民族都有其自己的特点。它们将中华文化作为模式和仿效、学习的样板，只能从其本身的民族传统和文化特性出发，加以吸收消化，然后再创造出具有其自身特点的文化。因此，不能把中华文化圈内的某些国家和民族的文化，就看作是中华文化，只能说，它们是以中华文化为范本，受中华文化影响后而派生出来的。实际上，东亚国家在大规模吸收中华文化的同时，都十分注意保持着主体的选择性，而不是全盘"华化"或"唐化"。

文化圈内各国的文化交流不是单向的输出。虽然在很长的历史时期中，中华文化向东亚国家的输出是主要的，但东亚国家在接受中华文化的同时，还将经过吸收、消化、再创造的文化因素逆输回中国，从而对中华文化在本土的发展产生一定的影响。这种情况在宋代以后逐渐显著起来。实际上，任何文化交流都是相互的。中华文化在泽被东亚地区的同时，也从东亚各国中吸取了许多有益的文化要素，丰富和促进了自身的发展。

中华文化圈是一个多样统一、有机组合的文化世界，是地理上以中国本土为中心、文化上以中华文化为中心的东亚文化结构秩序。这种文化秩序自唐代形成以后，直到19世纪中叶，一直延续了千余年，始终是东亚地区的基本文化秩序，规范着东亚各国文化发展的趋向和历史轨迹。19世纪西方殖民主义势力侵入东亚地区，是对中华传统文化的严重挑战和冲击，东亚各国都经历了历史性的巨变。作为与中华文化圈同构的东亚文化秩序便逐渐瓦解。东亚文化秩序和中华文化圈已成为一个历史的范畴。但是，中华文化圈的文化影响，并没有也不可能随着东亚文化秩序的解体而湮灭。因为中华文化的一些基本要素已经成为朝鲜文化、日本文化的组成部分。在中国和这些国家走向现代化的道路上，中华传统文化影响的痕迹依然随处可见。

第七讲

丝绸之路联通世界

一、丝绸之路与印度

丝绸之路，通向西域，同时也通向了更广阔的世界。丝绸之路是中国人走向世界的大通道，是中华文明与世界文明相遇的大通道。

中国和印度是近邻，在文化上有着漫长的直接交流的历史。在古代，中印两国通过相互之间的，人员往来，官方交聘，商贸交流，僧侣弘法，使印度文化持续在中国传播，特别是佛教在中国的传播和发展，成为人类文化交流史上的一个奇观。佛教以及其他印度文化在中国的传播，给古代的中国文化以广泛的影响，在宗教、哲学、文学、科学知识、医药学以及日常生活等许多方面都留下了深刻的印记。

中国和印度的交通很早就已开辟。先秦时期，经过塔什库尔干的克什米尔—于阗一道已经成为中印交通的一条重要通道，到西汉时发展成为"乌秅罽宾道"。

"乌秅罽宾道"是中印交通的捷径，但行程艰难，不利于商旅通行，所以中印贸易往来大多经过塔什库尔干出明铁盖山口沿喷赤河上游西行，再由昆都士或巴尔克南转旁遮普，这条路可以称为"中印雪山道"。巴克特里亚是印度和两河流域、阿姆河流域交往的必经之地，也是汉代中印贸易的重要中转枢纽。月氏贵霜王朝兴起后，此路对于中印交通日益重要。《后汉书·西域传》说："从月氏、高附国以西，南至西海，东至盘起国，皆身毒之地。"

"乌秅罽宾道"和中印雪山道，从中原内地出发，都是先经过西域的丝绸之路，再转向进入印度。在中印交通史上，在汉魏南北朝期间，中国与印度之间的陆路通道主要是经由丝绸之路绕道西域，来华传道的印度僧人，西天取经的中国僧侣，往来的商旅，大多都是这样走的，即先到河西走廊，再往西直达西域，然后转向南边抵达印度。所以，西域就成了中原通往印度的通道，成为中国和印度之间的中转站。东晋的法显、唐代的玄奘西行取经，也是由玉门关，经中亚诸国，然后向南进入印度。

中印交通除了雪山道外，还有"中印缅道"，由四川、云南经伊洛瓦底江流域通达印度。这条古道现在人们称之为"西南丝绸之路"或"南方丝绸之路"。

张骞出使西域时，在大夏看到中国"蜀布"和"邛竹杖"在市场上出售，很觉奇怪。"蜀布"又叫"黄润细布"，是一种精致的麻布，轻细柔软，是为贡品，价格昂贵。"邛竹"是临邛至邛都沿古施牛道一线山上生长的"节高实中"的竹。用邛竹为杖，叫

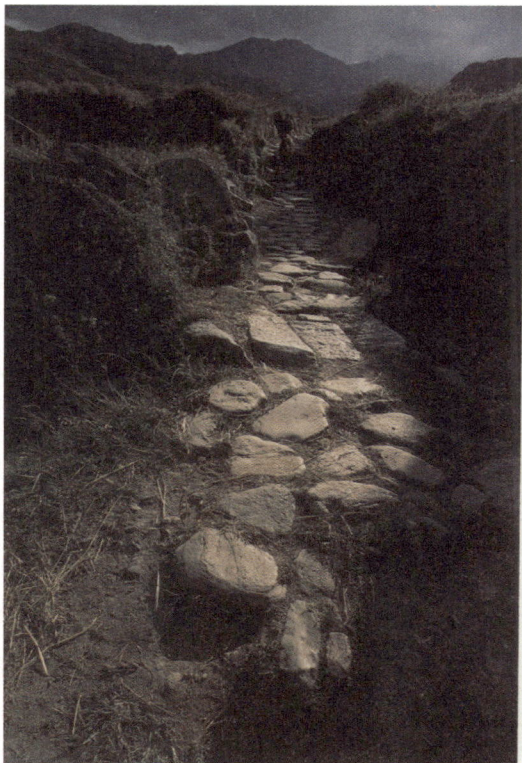

西南丝绸之路上的古道

"邛竹杖"，是一种名贵的手工艺品，很有名气。张骞一问商人，得知是从身毒买来的。由此可以得知，至迟在公元前2世纪时，中国四川的物产已经输入印度，并且从印度运到大夏。可见中国和印度的交通当时已经有了一定程度的发展。张骞事实上已清楚地知道，在四川和印度之间，通过云南和缅甸有一条商路。张骞估计从蜀走身毒到大夏，必是快捷方式。据此，张骞向汉武帝建议，遣使南下，从蜀往西南行，另辟一条直通身毒和中亚诸国的路线，以避开通过羌人和匈奴地区的危险。

汉武帝从张骞的报告中得知四川和印度之间的这条"宜径"。但这条古道的具体路线，当时的汉朝官方并不很清楚。从元狩至元封年间（前122—前105），西汉王朝历时十余年，苦心经营西南，寻求"通蜀、身毒

第七讲　丝绸之路联通世界

国道"，结果只打通了成都地区至洱海地区的川滇道路。直到东汉明帝永平十二年（69），占据云南靠近缅甸边境的哀牢人归附，东汉王朝建置永昌郡（治所在今云南保山）。中印缅道由此打通，汉武帝孜孜以求的"通蜀、身毒国道"全线畅通。

中印缅道的开通和发展，是中印两大文明接触、交往的结果和见证。这条"通蜀、身毒国道"，即古代西南丝绸之路，在中国境内由三大干线组成，其线路由灵关道、五尺道和永昌道组合而成，全长2000多千米：

> （1）五尺道，以四川成都为起点，经宜宾、昭通、曲靖、昆明、楚雄、南华、云南驿至大理；
>
> （2）古旄牛道，从成都南出发，经邛崃、雅安、灵关、西昌、姚安至大理，此条又称灵关道；
>
> （3）上述两条汇合后西行，经漾濞、永平、保山、腾冲出缅甸，到达缅甸境内的八莫。从保山至缅甸段称为永昌道。

成都是西南丝绸之路的起点，邛崃是南方丝绸之路西出成都第一站，腾冲是西南丝绸之路的最后驿站。从八莫出发有水陆两途到印度：陆路自八莫出发，经密支那，越过亲敦江和那加山脉，沿布拉马普特拉河谷到印度平原；水路从八莫顺伊洛瓦底江航行出海，经海路到印度。

这条"古道"本质上是一条民间商道。开辟古道的是经商的人和马帮，古道上流通的是各地的商品。蜀地商队驱赶着驮运丝绸的马带，走出川西平原，踏上了崎岖的山间小道，翻山越岭，跨河过江，进行着最古老的中印商业贸易业务，从而开辟了这条我国通往南亚、西亚以至欧洲的最古老的商道。虽然汉武帝时几次都未打通西南国际商路，但官方使者不能通过并不意味着商人不能通行。各部族阻挡汉朝使者通印度，主要原因可能就是为了垄断贸易。

2世纪初，罗马人由海上进一步向东扩展，到达孟加拉国湾东岸，由缅甸经永昌郡进入中国境内。永宁元年（120），掸国国王雍由调向汉廷遣使贡献乐器和幻人。这些幻人"自言我海西人，海西即大秦也"。汉廷由此知道"掸国西南通大秦"。这条消息至少说明两点：一是汉时从掸国（缅甸）可以直达内地，有便利的交通道路；二是大秦（罗马）已经通过海路到达印度，然后再经缅甸从陆路进入中国内地。

东汉魏晋时，这条西南通道见于僧传者渐多，一些印度高僧来中国弘法，赴印度求法的中国僧人，也通过这条道路往返。约在 4 世纪后半叶，冀州僧人慧睿自蜀地向西进入印度的道路，就是汉武帝搜寻多年未果的西南通道。入唐以后，随着与古代印度交通的发展，西南丝绸之路更加繁荣，记载也明显增多。官方地理书中也正式记载了这条道路的情况。贾耽在《古今郡国县道四夷述》之"安南通天竺道"中，也详细记录了这条道路的情况。

西南丝绸之路或中印缅道在古代中国和印度的交通以及文化物质交流中起到了重要作用。西南丝绸之路是一条文化传播的纽带，它联结中原，沟通中印，它为中原、西南、印缅文化互相交流、互相融合创造了条件。这条通道要经过缅甸抵达印度，因此缅甸成为了中印交通的一个中转站。

东汉时期，由于贵霜帝国的建立和海上丝路（中印之间海路）的开通，中国与印度交往的范围扩大了，交往的途径也由陆路变为海陆并行。在两晋南北朝时期，中国与印度的往来更是频繁。北天竺、中天竺、南天竺都有使臣来华，有的国家，一年之内竟然有多次遣使。可见交往之密切。

在唐代，随着吐蕃的兴起和对外交往的发展，新开辟了一条由西藏经尼泊尔（泥婆罗）至印度的通道，称"吐蕃泥婆罗道"。641 年，唐朝与吐蕃和亲，文成公主入藏，使得从甘肃经青海到西藏的道路（即吐蕃泥婆罗道北段）畅通。这样，从长安到拉萨再到加德满都到中印度的"中印通道"全线畅通。此后，中印通道成为中印双方使节往还的主要途径。

据记载，这条道路大体走向是由河州北渡黄河，经鄯州→鄯城→青海湖，转而西南行，大致经都兰、格尔木，越昆仑山口、唐古拉山口，进入西藏，进而经安多、那曲，进抵拉萨，再由拉萨西南行，经日喀则进入尼泊尔，并进而抵达中天竺。在西藏日喀则地区吉隆县县城以北约 4.5 公里处阿瓦呼英山嘴发现的摩崖石刻《大唐天竺使出铭》，明确记载"显庆三年六月"左骁卫长史王玄策经"小杨童之西"出使天竺的经历。这是王玄策第三次出使印度。《使出铭》印证了吐蕃泥婆罗道的出山口位置。

在道宣所著《释迦方志》中，曾对此道有较详细记述，称其为当时中国僧侣游历印度的东道，并详细记载了从河西，经青海，由西藏进入尼泊尔的具体路线，且置于唐朝由陆路通印度的三条通道之首。《佛祖统记》也列出了由唐朝通往印度的各条道路，并在"尼（泥）婆罗"下注称"其国北境即东女国，与吐蕃接。人来国命往还，率由此地。"两处都特别声明，唐朝官方使臣往来天竺是由吐蕃泥婆罗道。

这条道路在贞观年间成了唐朝与天竺交往的一条最重要的通道。"近而少险阻"，是唐朝初年官方使臣选择这条道路的最主要的理由。唐使王玄策前后 4 次出使天竺，大部分是取吐蕃泥婆罗道。除了官方使臣之外，唐朝初年前往印度求取经像的唐朝僧人，也大多选择这条道路。较之跋涉沙碛、翻越天山的西域道，新开辟的吐蕃泥婆罗道确实是一条便捷、安全的通道。

中国与印度的交通，

印度商队通过陆路前往中国

除了上述几条路线外，海上交通也很重要。实际上我们说的海上丝绸之路，在大多数情况下都是以印度为终点的，然后再从印度通往阿拉伯和地中海地区。《汉书·地理志》记载通往印度的海路，这条航线从雷州半岛乘船出发，最后西行至印度南端的黄支，再转到斯里兰卡，从此回航。

印度的海外贸易以沿海地区为中心。在那里，由于各国的商人云集，逐渐在沿海地区形成了一些海港城市。海港城市里不但有印度人，而且有西亚人、东非人、欧洲人，还有中国人、菲律宾人等在那里活动。印度是东西方海上贸易的交汇处。印度的海路有两个出口，一个出口在印度河的入海口处，由这个入海口向南偏西，经过印度洋、波斯湾、红海，可直接抵达阿拉伯、埃及和地中海。另一个出口在恒河流域下游，也即现今孟加拉国一带，这条海上通道可以通往马六甲、菲律宾、南中国海。印度东海岸的居民很早的时候就活跃在孟加拉湾的海面上，开辟了与斯里兰卡以及更远的印度支那半岛、马来群岛之间的交通线。印度商人的船只从印度东海岸出发，横过孟加拉湾后，进入马六甲海峡。唐朝时已有海船在广州和天竺国之间定期往返。《新唐书》记载了广州通南天竺、西天竺的航程、日期。斯里兰卡、印尼等地，都是中国通往印度的海上中转站。唐高僧义净赴印度求法，就是走的海上路线。他撰写的《大唐西域求法高僧传》记载，中外西行求法僧人搭乘海舶，或从广州，或从交趾，或从占婆起航，出海后或经室利佛逝，或经诃陵，或经郎迦戍，或经裸人国而抵东印度耽摩立底；或从羯荼西南行到南印度那伽钵亶那，再转赴师子国；或复从师子国泛舶北上到东印度诸国，或转赴西印度。

二、丝绸之路与波斯

伊朗古称波斯，是亚洲大陆上的一个文明古国。波斯居于欧洲和中国之间的重要位置，是丝绸之路的必经之地和重要地段。

公元前 550 年建立的阿里门尼德王朝（Achaemenids），是横亘欧亚大陆，东至印度河，西至地中海的幅员广阔的强大国家。大流士一世（Darius I the Great，前522—前486在位）时，打通了东起西亚、印度河，西到波斯湾、红海、里海、爱琴海、东地中海乃至非洲的通道，而且将亚洲的道路，跨越博斯普鲁斯海峡，向西延伸到了欧洲。大流士一世以帝国的4个都城（波斯波利斯、苏撒、埃克巴坦那和巴比伦）为辐射中心，在原来道路的基础上，修筑了覆盖全帝国的驿道网（The Imperial Roads）。其中最大最著名的干线是帝国西部的"王家大道"（The Royal Road）。这条大道从小亚细亚沿岸的以弗所经撒尔迪斯，通过美索不达米亚的中心地区，到达帝国首都苏撒城，全长2400多公里。沿线还有通往各行省的支道。这条"王家大道"即是那个时代的"高速公路"，其沿线各段设立了驿站，现在已经有22个驿站被考古所确认。古希腊希罗多德（Herodotus，约前484—前425）说，波斯道路完美，驿递组织严密，驿道被分成"帕拉栅格"（约5公里），每20公里设置一个驿站并有旅馆，每站都有备用的马匹和信差，可将国王的诏书一站接一站地快速传递下去，甚至夜间都传递不止，"跑的比仙鹤还要快"。

在波斯帝国的东部，也修筑了一条大道作为帝国的主要交通干线。这条大道是沿着古老的美索不达米亚—米底之路修建的。这条大道从巴比伦起，经贝希斯敦悬崖旁，穿越扎格罗斯山，到另一都城埃克巴坦那，然后穿越伊朗高原北缘到巴克特利亚和印度的边境，最终到达帝国的东部边陲。为了保证驿道的畅通和安全，沿途各地险关要隘、大河流口与沙漠边缘，皆修筑防御工事，并派兵驻守。此外还有一条道路从伊苏湾到里海南岸的希诺普城，横切小亚半岛，把爱琴海地区同南高加索、西亚北部连接起来。大流士一世还开通了埃及二十六王朝法老尼科未完成的连接尼罗河与红海的运河。

这样，在大流士统治时期，东至印度河、巴克特里亚，西至爱琴海岸、埃及，广泛的文化交流获得了前所未有的便利条件。如果从中国出西域，至中亚地区和印度北部，便会与波斯开辟的通往西方的大道接上头。而在实际上，大流士一世开辟的这些驿道就成了丝绸之路的西段。

波斯古城伊斯法罕，正是由于繁荣的东西方贸易，造就了这座城市的辉煌

公元前249—前247年，帕提亚人（Parthia）建立了阿萨息斯（Arsakes）王朝，罗马人称为帕提亚，中国人称为安息。公元前2—前1世纪是安息帝国的盛世，全盛时期的疆域西至幼发拉底河，北自里海，南至波斯湾，东自大夏、身毒，抵阿姆河，成为当时西亚一带最大的国家。在这几百年的世界历史舞台上，安息帝国与中国的汉王朝、印度贵霜王朝、罗马帝国同为影响最大的四大帝国。安息地处欧亚大陆中部，位于四大国之间的中心位置，扼丝绸之路要道，更突出了它在东西方文化交流中的桥梁作用。

安息在古波斯交通的基础上，也建立了自己的交通网络。安息人允许罗马商人进入巴比伦尼亚地区，但禁止他们加入那些打算横穿波斯、直达河中地区和丝绸之路通往中国的商队。有一位叫伊西多尔（Isidore）的希腊人曾为罗马人收集帕提亚的情报，他提供了一份被称作《帕提亚驿程志》的文献，绘制了一条进入帕提亚的路线。这份古文献提供了一条从罗马—叙利亚边界穿过波斯到东部边界的路线。这条路线是：沿着幼发拉底河进入巴比伦，然后穿过伊朗高原，到达阿拉霍希亚（阿富汗南部）的帕提亚管辖区的东部边界。这也就是丝绸之路经过伊朗地区的一大段路线。

安息地处欧亚大陆中部，位于罗马帝国与汉朝中国之间，扼丝绸之路要道，与中国有着比较密切的往来。中国史籍对安息多有记载，说明当时的中国对安息的地理位置、民俗、物产以及交通、经济发展都已经有所了解。

中国与安息的早期文化接触主要依赖于丝绸之路。丝绸之路有一大地段要通过安息。安息人在很长时间里垄断了丝绸之路上的国际丝绸贸易，将从中国运来的丝绸转手贩卖给欧洲，从中大获其利。过境贸易在安息的国家经济中具有重大意义。丝绸之路对当时安息的国际关系和国内社会生活也产生了重要影响。

丝绸之路开辟之后，中国和安息之间可能就有了民间交往，有明确记载的两国之间的正式官方往来则始于张骞出使西域之时。张骞第一次出使西域时就已听说了大月氏以西的安息国。张骞再次出使西域时，曾遣副使到达安息国都番兜城（赫康托姆菲勒斯 [Hekatompylos]）。汉使返国时，安息也派使者随之来华，于元鼎五年（前112）到达长安。汉朝与安息的官方往来和民间贸易经丝绸之路联系而兴盛，双方使臣、商贾不断往来。中国的锦绣丝绸等特产越来越多地运送到西方，通过安息商人之手而远达罗马。同时西方的产品如珠玑、琉璃、象牙、犀角诸珍奇异物，以及葡萄、苜蓿种子等也源源不断地输入中国。

公元226年，安息帝国被萨珊波斯帝国所取代。萨珊王朝和中国北朝几代政权都有通使关系。太平真君年间（440—450），北魏派遣使者韩羊皮到达萨珊波斯。这是史籍记载中北魏政权派遣使者首次到达萨珊王朝的记录。隋代时，炀帝曾派云骑尉李昱出使波斯，波斯随即遣使和李昱同来，与隋朝进行通好和开展贸易。唐初与波斯的往来也很频繁。萨珊朝时，中国与波斯的交通主要还是依靠陆路的丝绸之路。但两国之间的海上交通也已开辟，也有中国帆船到过波斯。波斯的航海事业也比较发达，有波斯船只驶往东方。从4世纪到7世纪初，中国的史料把交趾半岛、锡兰、印度、大食以及非洲东海岸等地的产品统统称为"波斯货"，说明这些物品是从波斯运到中国的。在广州出土过萨珊朝的银币，可以看作是当时中国和波斯海上交通的物证。

7世纪初，阿拉伯人在西亚崛起，中国史籍称阿拉伯为"大食"。不久，大食人开始大举入侵波斯，把波斯纳入阿拉伯帝国的版图，使波斯改信伊斯兰教，历时数百年的萨珊波斯帝国最终灭亡。波斯王卑路斯（Firuz Perozes）避居波斯东境，在吐火罗的支持下建立流亡政权。由于大食频年东侵，卑路斯在西域无法立足，最后整个王朝迁移到唐朝避难，形成了一个比较大的移民集团。

除了这些上层贵族组成的移民集团外，还有相当数量的波斯商人活跃在唐朝。即使在波斯亡国后，唐朝与波斯人的经济和文化交流仍然很活跃。当时旅居在唐的"商胡"，其相当一部分是波斯商人。波斯商人活跃在中西贸易的舞台上，分布在长安以及洛阳、扬州、广州等大都市，甚至深入民间社会。中国与西方的海上贸易，其中也有相当大的部分是通过波斯商船进行的。

三、丝绸之路与阿拉伯

在阿拉伯帝国兴起之前，中国与阿拉伯民族已有所接触。张骞通使西域时，曾得知在安息以西有条枝，并遣副使前往。东汉班超派甘英出使大秦，便是到条枝后折而复返。汉时的"条枝"和唐时的"大食"皆是波斯称呼阿拉伯人的同一个词的译音。所以，可以认为，汉通西域，已与阿拉伯人有所接触和往来。

另外，丝绸等中国产品沿丝绸之路，经安息西传，也早已输入阿拉伯人生活的地区。在叙利亚东部沙漠地区曾出土汉字纹锦，是1世纪的丝织品，它的纹样和织入的汉字与在新疆楼兰等地发现的丝织品相同或相似，都是汉代的绫锦、彩缯。在萨珊波斯时期，中国货物通过海陆两途输往两河流域。632年，阿拉伯人在建立帝国的过程中，攻陷了底格里斯河口附近的乌剌港（乌布剌），后来的一些阿拉伯作家在记述这一事件时曾说，乌剌是一个"中国港口"。可见当时中国与西亚往来的密切关系。

随着萨珊波斯灭亡和大食帝国扩张，大食人逐渐取代波斯人，在中国古代东西交往的历史中占据重要的地位。唐朝与阿拉伯帝国的直接交往开始于高宗永徽二年（651），这年大食使者初次来到长安。自此以后，大食使者频频到访，开创了唐朝与西域交往的新阶段。在阿拔斯王朝时代，中国与阿拉伯的文化交流达到最兴盛的时期。

唐玄宗天宝十载（751），阿拔斯王朝的呼罗珊总督阿卜·穆斯林（Abū Muslim）出兵中亚。唐朝的安西四镇节度使高仙芝应中亚诸国之请而领兵去帮助他们抵御大食的侵略，双方会战于怛逻斯（今吉尔吉斯共和国奥利·阿塔北面）。怛逻斯战役是当时世界上的两大帝国唐朝和阿拉伯阿拔斯王朝（黑衣大食）之间的一场大战，在这场大战中，一贯英勇善战的高仙芝却因盟军背叛，腹背受敌以及指挥失误而打了败仗。唐军损失惨重，两万人的安西精锐部队几乎全军覆没，阵亡和被俘大约各为一半，只有千余人得以生还。自此以后，阿拉伯势力在中亚地区取得了优势，而中国的势力逐渐退出这一地区。在这次战役中有大批唐兵被阿拉伯军所俘，其中有不少技术工匠。他们被带往阿拉伯地区，因而也就把中国的科学技术文化传播开来。可以说，正是怛逻斯战役促成了中国阿拉伯之间的第一次较大规模技术转移。例如造纸技术就是在这时由被俘的中国工匠传入阿拉伯世界并进而西传欧洲的。造纸业的发展，纸的推广和普遍应用，推动了阿拉伯科学和文化事业的进一步昌盛和繁荣。830年，阿拔斯朝首都巴格达建立了"智慧宫"，由科学院、图书馆和译学馆联合组成，系统地和大规模地开展翻译事业。撒马尔罕和巴格达造纸厂生产的轻便的纸，为翻译事业的发展提供了便利的条件。在怛逻斯战役中被俘的唐代著名史学家杜佑的族侄杜环，后来辗转归国。在他的回忆录中，曾提及中国工匠传授阿拉伯人造纸的史实。

杜环还提到在阿拉伯活动的其他如金银匠、画匠、织匠、络匠等中国工匠。特别是那些中国织匠、络匠，他们把中国的丝织技术带到西亚，使当地的织造锦缎（dībāj）等高级丝织品的手工业迅速发展起来。伊朗、叙利亚等地的穆斯林很快取代拜占庭而执掌丝织业的牛耳，并操纵了对欧洲的丝绸贸易。

在恒逻斯战役中，被俘的唐军士兵绝大多数没有能够返回故乡，而是在各地漂流，埋骨异乡。而杜环是幸运的，他不仅最终返回故乡，而且在历史上留下了他的名字。杜环从陆上丝绸之路随军西征到西域地方，在大食境内飘流10年之久，宝应元年（762）又从海上丝绸之路乘商船回到广州。杜环根据他在大食境内流寓的经历及见闻写了《经行记》，留下了中国与阿拉伯交往的最早和可靠的记录。《经行记》记载了13国，即：拔汗那国、康国、狮子国、拂菻国、摩邻国、大食国、大秦国、波斯国、石国、碎叶国、末禄国、苫国。这些都可能是他到过的或者听闻的地方。《经行记》中保留了关于早期阿拉伯风俗和伊斯兰教教义的最早的汉文记录，翔实地反映当时中亚各国和大食、拂菻、苫国的情况，又提到了锡兰、可萨突厥、摩邻国。

恒逻斯之战并没有使唐朝和大食的关系交恶。唐天宝十一载（752）十二月，亦即恒逻斯战役的第二年，阿拔斯王朝便遣使中国，唐朝给予隆重接待。"安史之乱"时，阿拔斯王朝还应唐肃宗之邀，派兵援唐，平定叛军。

唐与大食的官方往来密切而频繁，两国民间的贸易关系也显示出前所未有的盛况。特别是8世纪以后，中国和阿拉伯之间的贸易往来空前活跃，陆路和海路两途，往来商旅络绎不绝。在陆路，由于阿拉伯帝国雄踞西亚和中亚广大地区，所以在其境内，东西交通的丝绸之路畅通无阻。通过丝绸之路，大批阿拉伯商人，包括波斯商人，成群结队地来到中国从事贸易活动，进入甘陕一带，有的甚至深入四川，东下长江流域。伊本·胡尔达兹比赫（Ibn Khurradadhbih，约820—912）的《道里邦国志》中有一节"通向中国的道路"，在对中国的诸港口、河流、物产以及海上航行等情况有较为具体的记述，其中记载，沟通中国与阿拉伯世界的干道是著名的"呼罗珊大道"。这条大道从巴格达向东北延伸，经哈马丹、赖伊、尼沙布尔、木鹿、布哈拉、撒马尔罕、锡尔河流域诸城镇而到达中国边境，与中国境内的交通路线相联结。这条呼罗珊大道的路线，就是古代丝绸之路在葱岭以西最主要的一大段路线。

8世纪以后，海路的重要性逐渐超过陆路。越来越多的阿拉伯和波斯商人取道马六甲海峡北上交州、广州。这些来华的波斯和阿拉伯商船大都从阿曼的苏哈尔（Suhār）或波斯湾北岸的尸罗夫起航，沿着印度西海岸，绕过马来半岛，来到中国东南沿海。苏哈尔和尸罗夫都是古代海湾地区的商业重镇，长时间内是"通往中国的门户"。据10世纪麻素提（Abu-l-Hasan Ali-el-Mas' ud，？—957）的记载，苏哈尔和尸罗夫的海员跑遍了中国海、印度海、也门海、埃塞俄比亚海等广阔海域。伊本·胡尔达兹比赫在《道里邦国志》中也记述了从波斯湾海道到中国和新罗的实际航程：从西海中的凡哈出航，取道凡莱姆到红海，再从红海出发航行在东海上，抵达伽尔和吉达，再至信德、印度、中国。若走陆路，从安达卢西亚或者法兰克出发，航海至远苏斯，再至坦佳、再至阿非利加，再至米昔儿（埃及），经西奈半岛、两河流域、伊朗、印度，最后到中国。这条航线全程需时87天。

成书于851年的《中国印度见闻录》中记述了阿拉伯商人苏莱曼（Sulayman）在印度、中国等地行商，回国后述其东游见闻。《中国印度见闻录》第一部分介绍了他的航海历程，航线走向是：从西拉夫出发，经马斯喀特岬角、巴努—萨发克海岸和阿巴卡文岛至苏哈尔，再往东航行约一个月，抵达故临，进入海尔肯德海，经朗迦婆鲁斯岛航行约一个月，至箇罗，再航行10天，至潮满岛，又10天至奔陀浪山；再10天至占婆，又10天至占不牢山，穿越"中国之门"，进入"涨海"，约一个月到广州。这条航线大约需要120天，在穿越马六甲海峡之前与贾耽所记不同，不是直穿孟加拉湾，而是沿着该湾海岸航行，穿过海峡后，航线与贾耽所记相同。书中还介绍了从波斯湾经印度和马六甲海峡到中国的航线上，有哪些地方可以泊港，需要航行多少天，在何地补充淡水；而且还涉及浅滩和礁岩、强风和龙卷风、吃人族居住的岛屿，等等。还记载了各地的土特产以及当地的货币和交易方式。因此有人认为，对于当时的阿拉伯商人，此书"堪称是一部通俗的南海贸易指南"。

8 世纪时，地中海的西部、南部和东部海岸，红海和波斯湾的整个海岸以及阿拉伯海的北部沿海地区，全都掌握在阿拉伯人的手里。阿拉伯人成了欧洲与南亚、东南亚以及中国进行贸易的中间人。9 世纪中叶阿拉伯文献指出："当时从伊拉克去中国和印度的商人络绎不绝。"

在当时中国与阿拉伯的航海贸易中，除了往返的阿拉伯和波斯商船外，还有相当一部分中国商船参与其间，往返于漫长的海上航路之上。当时的中国商船已出没于波斯湾。贾耽所记"广州通海夷道"，记载了从广州出发而至大食的航线，其航程在经过印度半岛南端后，继而沿印度半岛西岸东北行，通过霍尔木兹海峡到达波斯湾头，然后上溯底格里斯河至阿拉伯首都巴格达。贾耽还记载了从波斯湾复出霍尔木兹海峡，沿阿拉伯半岛南岸西航，至红海口而南下至东非海岸的航线。阿拉伯人与

13 世纪印度洋的阿拉伯船只

波斯人在南亚以东的航行，大都喜欢搭乘中国海船进行。苏莱曼《中国印度见闻录》提到，阿拉伯商人把货物"从巴士拉、阿曼以及其他地方运到尸罗夫，大部分中国船在这装货。"当时有许多阿拉伯和波斯商人乘中国船来华贸易，也有部分阿拉伯水手在中国船上工作。

宋朝与大食间的交通，和唐代一样，有陆路和海路两条。在天圣元年（1023）以前，大食入贡北宋也可有陆路到达京城，其路线是由沙州历河西走廊，下渭州，或经秦州，然后到达汴京。后来，北宋为了遏制西夏势力的发展，禁止大食经过西夏境内。禁令的实行无疑会对陆路丝绸之路贸易产生巨大影响，但这并不意味着陆路的完全断绝，因为大食与西夏、辽朝之间也有频繁的贸易，需借道陆路丝绸之路，大食入贡宋朝还可以经由熙州（今甘肃临洮）而往。但大食与宋朝的贸易，越来越依赖于海路。宋代与阿拉伯海上交通的繁荣、官方往来的频繁和经济贸易的发展，加强和促进了双边的文化交流。中国发明的指南针在这时传入阿拉伯，并已为阿拉伯海船所应用，对阿拉伯航海事业的发展起到很大作用。火药和火器技术也大约在同时传入阿拉伯。

1253—1260年，蒙古人又发动了第三次西征推翻了阿拉伯帝国阿拔斯王朝，建立了伊儿汗国。伊儿汗国的版图以伊朗为中心，包括今天的土耳其、伊拉克、阿塞拜疆、亚美尼亚和格鲁吉亚等地，建都城于今伊朗北部的大不里士。

在名义上伊儿汗国保持对元朝蒙古大汗的臣属地位。伊儿汗与元朝之间的官方使节往来频繁。使臣往来，都兼营贸易。伊儿汗国地处丝绸之路要道，过境贸易一直是汗国的重要的财政来源，而汗国内的商人又是当时中西贸易中的活跃力量，所以有元一代，伊儿汗国与元朝的贸易往来也很频繁，双方使臣兼做官方贸易，而民间的贸易往来也很广泛。在伊儿汗国的统治下，西亚地区经济文化都很发达，伊儿汗的首都大不里士成为这一时期亚洲西部主要的商业中心，具有浓厚的国际化都市色彩。各国的商人、教士、学者、使节云集于此，其中包括许多中国人。在大不里士和元朝的和林、大都之间，每年都有定期的商队往还，沿途遍布繁华城市。

四、丝绸之路与古希腊罗马

在古希腊时代，地中海边上的希腊城邦与东方的中国，相距十分遥远，很难通达信息。所以，在那个时代，希腊人很少能够获知远方中国的情况。但中国的丝绸很可能经过斯基泰人，已经运抵希腊城邦。在雅典西北陶工区的墓葬中，有一座雅典政治家阿尔西比亚德斯（Alcibiades，前450—前404）家族的墓葬，在发掘中找到了6件丝织物和一束可以分成三股的丝线。经鉴定，这些丝织品是中国家蚕丝所织，时间在公元前430—前400年之间，相当于中国战国的初期，发生在伯罗奔尼撒战争前后。

在古希腊女神的雕像中，在绘画和其他雕塑艺术作品中，也若隐若现地看到中国丝绸的影子。许多考古资料证明，早在公元前5世纪，经过丝绸之路，中国的丝绸已经越过阿尔泰山，来到了中亚地区。那么，也有可能沿着那时已经开辟的草原丝路，由希腊人所称之为斯基泰人的商队将中国的丝绸运抵希腊，成为希腊人所喜爱的一种珍贵的衣料。

古希腊时代，虽然与东方相距遥远，很难有直接的交通。但希腊人一直关注着东方，把东方作为他们一个想象的异邦。公元前5世纪的学者希罗多德在《历史》第四卷中曾论述过草原之路。希罗多德根据公元前7世纪一位旅行家和诗人普罗康涅斯的阿里斯泰（Aristaeus）所写的题为《阿里玛斯波伊人》的诗，记载了约有10种独立的民族或部落，并叙述了他们的习俗。阿里斯泰曾经跟随斯基泰商队，从希腊出发，穿越了7个民族和地区，到达阿尔泰山脚下"阿尔及巴埃人"的市场。在那里，他见到了伊塞顿商人（大约是居住在伊犁河流域的塞人），然后跟着返回的伊塞顿商人沿着阿尔泰山南麓继续东游。在天山山口和阿尔泰山山口，北风怒吼，飞雪漫舞，山后面是难以逾越的崇山峻岭和沙漠戈壁。他听当地人说，在崇山峻岭的那边，北风之外，是一个温暖的天地，居住着一个幸福宁静的民族，他们就是希佩博雷安人（Hyperboreans）。其家乡一直到大海之滨，那里土地富饶，人民定居务农，海水永不结冰。"希佩博雷安人"的本意是指"居住在比北风地更遥远地区的人"。希罗多德提到住在海边的"北风之外的人"。有的研究者认为，汉族人确是居住在"北风之外"，意思是说他们居住在中亚严冬达不到的地方，享有比较温暖的气候。所以希罗多德对于东方的论述中或许已暗知中国。不过，他所知道的也不会太多。

根据希罗多德的记载，公元前7世纪时，自今黑海东北隅顿河河口附近，经伏尔加河流域，北越乌拉尔岭，自伊尔的什（Irtish）而入阿尔泰、天山两山之间的商路，已为希腊人所探索。就希罗多德提到的几段行程推断，总路程可能要走四五个月以上。现代学者根据希罗多德笔下草原居民驻地的分析，作出如下大致的推测：西从多瑙河，东到巴尔喀什湖，是宽广的草原之路，中间需要越过第聂伯河、顿河、伏尔加河、乌拉尔河或乌拉尔山。希罗多德描述的这条草原之路又被学术界称为"斯基泰贸易之路"。广义的斯基泰人活跃在公元前7—前3世纪，这也就是相当于中国的春秋战国时期。在欧亚草原民族迁徙的大背景下，随着斯基泰人的迁徙，形成了一条沟通欧亚大陆间的草原之路。斯基泰人充当了中西方之间交通和交流的媒介，充当了中国丝绸最大的中介商和贩运者。

希罗多德《历史》说的这条东西交通道路，是从西往东，斯基泰商人绕里海、咸海之北，横过中亚，来到阿尔泰山地区。希罗多德《历史》关于斯基泰族的记载，代表了当时的希腊人对于东方以及东方交通路线的知识。

公元前334年，即相当于中国的战国时期，希腊马其顿国王亚历山大大帝（Alexander the Great，前356—前323）开始了远征东方的行动，建立了一个地跨欧、亚、非三洲的帝国，其疆域东自费尔干纳盆地及印度河平原，西抵巴尔干半岛，北从中亚细亚、里海和黑海起，南达印度洋和非洲北部。亚历山大东征及其帝国的建立，在古代东西方文明交流史上具有划时代的意义。亚历山大的东征，开辟了东西方贸易的通路。

他在东方建立的几十座城市，都逐渐发展成为商业中心。

亚历山大的东征，为西方人打开了亚洲，开辟了进行贸易交流的新道路。亚历山大东征所建立的希腊化世界，实际上形成了以西亚为中心，以地中海和中亚印度为两端的交通体系。当时的东西方商路主要有 3 条：

（1）北路连接巴特克里亚与里海，从中亚的巴特克里亚沿阿姆河而下，跨里海，抵黑海。

（2）中路连接印度与小亚，有两条支路：一条是先走水路，从印度由海上到波斯湾，溯底格里斯河而上，抵塞琉西亚；一条是全走陆路，从印度经兴都库什山、伊朗高原到塞琉西亚。至此，水陆两路汇合由此向西再到塞琉古国的首都安条克、小亚的以弗所。

（3）南路主要通过海路连接印度与埃及，从印度沿海到南阿拉伯，经陆路到佩特拉，再向北转到大马士革、安条克，或向西到埃及的亚历山大里亚等地。

这些商路实际上与后来的丝绸之路西段的走向大体吻合。亚历山大东征及其遗产希腊化世界的建立，实际上使后来称为丝绸之路西段（帕米尔以西）的道路得以开通。有的学者说，亚历山大的远征，实际上是丝绸之路开通的序曲。

丝绸之路的西段所经西亚地区，依次为伊朗高原、两河流域、地中海东岸各地。自美索不达米亚地区迄于地中海东岸，可以称作是一个"交通网络"。因为丝绸之路西段到了这里，四通八达，畅通无阻，可以通向东西南北任何一个方向。这个地区位于地中海、红海、黑海、里海与波斯湾之间，被称为"五海之地"。

公元前 2 世纪中叶以后，罗马人迅速崛起，征服了希腊本土，成为地中海周围的鼎盛霸国。公元 1 世纪时，罗马帝国的疆域扩大到最大版图，其领土横跨三大洲，东起美索不达米亚，西至西班牙、不列颠，南达非洲、埃及，北迄莱茵河、多瑙河一线。大陆两端，汉和罗马，分别代表着当时古代世界文明的最高辉煌成就。

汉和罗马两大文明之间由于双方距离遥远，难以进行直接的交流。但商贸的往来，已使两大帝国之间建立起间接的联系和沟通。罗马帝国在很长时期中是丝绸之路的西端终点，是西运的中国丝绸的主要消费国。通过大量精美的中国丝绸和贩运丝绸的商旅，罗马人逐渐得知东方的产丝国家；中国人也间接地知道在遥远的西方有一个可与华夏神州相比的大帝国。汉代中国人把罗马当作泰西之国，公元初的罗马作家也把那个"丝国"赛里斯当作亚细亚极东的国家。东方与西方，中国与罗马在欧亚大陆两端遥遥相望，并且通过丝绸之路和西运的丝绸，建立起早期的贸易关系和文化联系。

纯丝绸制品价格昂贵，并非人人都穿得起。罗马人一般不直接消费中国高档的提花丝织品，而是将成本相对较低的素织物拆开，取其丝线，再分成经线和纬线，在其中加入亚麻或羊毛使得纤维更多一些，再重新纺织，织成适合当地的轻薄半透明的织物。罗马博物学家普林尼（Gaius Plinius Secundus，23—79）在《博物志》中说过，进口的丝织物被拆解成丝线，重新纺纱、织造、染色，制成轻薄半透明的织物，再染色、绣花、缕金，以适应罗马市场的需要。罗马的丝织业正是依靠来自中国的丝织品和生丝，也借鉴于中国丝织技术，纺织出他们的刺金缕绣织成金缕屩、杂色绩和黄金涂的丝衣。

中国丝绸在罗马赢得了广泛的赞誉，风行于罗马宫廷和上层社会，给罗马世界带来了不可估量的影响。输入罗马的丝绸风情万种，生丝雪白纤细，受到罗马人的普遍欢迎，来自远方的中国丝绸，参与创造了罗马的浮华、奢侈、追求时髦的社会风尚。

美丽的中国丝绸令罗马人产生无限的遐想，对遥远的东方产生无尽的向往。但是，由于安息垄断了丝绸之路贸易，为罗马人走向东方造成了巨大的障碍。罗马人一直努力冲破安息的阻碍，直接与中国进行交往。为此，罗马人从海陆两道探索绕开安息而到达中国的道路。《魏略·西戎传》说："大秦道既从海北陆通，又循海西南，与交趾七郡外夷通。又有水道通益州永昌。"这里涉及我们现在所说的丝绸之路的三条主干线，即陆上丝绸之路、海上丝绸之路和西南丝绸之路。第三条是经过海路抵达印度，然后"通益州永昌"。

在陆路，罗马人从里海直至西伯利亚南部而达天山北路，从那里的游牧部落取得中国丝货。有的人还进入中国内地。罗马地理学家马利努斯（Marinus of Tyre）在《地理学导论》一书中记载了

古罗马壁画身着丝绸服装的女神梅娜德

罗马商人到洛阳进行丝绸贸易的经过。有一位名叫马埃斯·蒂蒂安努斯（Maês Titianos）的希腊商人，他是公元1世纪左右与遥远东方的中国从事丝绸贸易的希腊人之一。公元99年，他委托代理人组成商队，从马其顿出发，经过达达尼尔海峡、幼发拉底河上游汜复城（今叙利亚北部门比季），进入安息西境的阿蛮城（今伊朗西部哈马丹）。沿里海南岸行至安息国都和椟城（今伊朗达姆甘）、安息东境亚里（今阿富汗西境赫拉特）、木鹿城（今土库曼斯坦南境马里），其后进入贵霜境内，到大夏国都监氏城（今阿富汗瓦其拉巴德），再沿喷赤河东行至葱岭最高点休密人居地，然后下山，经瓦罕走廊，进入中国境内。当时正是班超驻守西域，商队被带到班超的营地，他们被同意前往洛阳。此后，他们沿塔什库尔干河北行至无雷（今新疆塔什库尔干县境内），在此顺塔什库尔干河转向东行，经德若、西夜至莎车，其后东行至于阗、精绝（今新疆民丰县境内），穿大漠直抵罗布泊西岸的楼兰，再经山国、敦煌，最后在永元十二

年（100）十一月到达洛阳。这支罗马商队受到了汉和帝的接见，并赐予"金印紫绶"。这支商团在返回罗马时贩运了大批中国丝绸和其他手工业品。他们回到罗马后，给马埃斯提供了一份报告书，汇报了他们的冒险经历，而马埃斯就此写了一份报告给他的商务伙伴。一些罗马学者读过这份报告书，其中就包括马利努斯。英国考古学家斯坦因（Marc Aurel Stein，1862－1943）认为，马利努斯的著作是一部在公元1世纪前记载"通往丝国之路"的书。所以，"丝绸之路"这个名称应该是马利努斯首先提出来的。

罗马地理学家托勒密（Claudius Ptolemaeus，约90—168）在《地理志》中曾援引马利努斯的这段记载，并复原了商队的行走路线。托勒密详述了自幼发拉底河口，经美索不达米亚、安息、木鹿、大夏等地进入中国的路线和方位。托勒密说，赛里斯国紧靠粟特国的东部，从石城到赛里斯国首都"丝城"需要7个月的行程。外国商人们一拥入丝城，便抢购丝绸。从丝国首都出发，又有两条交通要道：一条是经石城而通向大夏；另一条通向印度。

罗马人东来更多的是走海路。自公元74年发现利用季风航行以后，罗马的航海家们利用季风知识，发展与印度的贸易，形成了埃及与印度之间的定期航线，进而通过印度把贸易延伸到印度洋、东南亚和中国。罗马商人以印度

1世纪古罗马壁画《爱与美之女神维纳斯》，她的右手拈着透明的薄纱

西海岸各港口为航行的终点，但有少数船只绕过科摩林角，从科罗曼德尔海岸再次利用季风横越孟加拉国湾，在大海上航行，首先抵达伊洛瓦底江和萨尔温江的各港，然后到达苏门答腊和马六甲海峡。最后绕过马来半岛，古罗马商人就发现了一条直抵中国，即当时是中国领土的东京（交趾）的全海运的路线。1世纪中叶，有一位住在埃及的希腊水手写了一部《爱脱利亚海周航记》，记述了西方商船往来于红海、波斯湾和印度东西沿岸的航线。"爱脱利亚海"意为"东方的大海"，指的是今天的红海、阿曼海乃至印度洋部分海域。《爱脱利亚海周航记》着重介绍了当时的4条重要的海上航线：

（1）顺着红海的非洲海岸航行到卡尔达富角的南端；

（2）从红海海岸出发，绕阿拉伯半岛直至波斯湾深处；

（3）沿印度海岸航行；

（4）通向中国的航路，但这条航线不是很明确。

《爱脱利亚海周航记》还说，大量丝绸从中国运到巴克特里亚，一些大捆的丝绸顺着印度河和恒河而下，被运到印度的各个港口，然后被装上罗马帝国来印度的船舶。帕提亚商队会收购运抵巴克特里亚的其他丝绸，他们将携带商品从陆路横越波斯，前往泰西封与古代巴比伦尼亚各大主要商业城市。然后，叙利亚商队将这些丝绸和其他东方商品从巴比伦尼亚运到地中海东部海岸。

这样，欧洲人乘船从海上西来，中国积极开拓海域，双方开辟的航线在南亚一带交汇，便形成了东西海上交通的大通道，成为古代中西物质文化交流的大动脉。在它的西端，以地中海为中心，其触角延伸到西非、西欧和北欧各地；在东端，从中国的广州等东南沿海各城市，向东亚、东南亚各国延伸。这条海上丝绸之路与中国至地中海东岸的陆上丝绸之路，形成了早期世界的国际贸易网络，共同担负起世界经济文化交流的任务。

东汉安帝永宁元年（120），大秦国幻人随掸国王雍由的使者来到中国。所谓"幻人"，即从事杂技艺术的表演者。这条记载明确说明来华的"幻人"是罗马人，他们从海路到达缅甸，然后随缅甸使团而来。

东汉恒帝延熹九年（166），有罗马遣使入华一事。大秦使者自日南入华，说明他是由海道经印度、越南而来中国的。日南的卢容浦口，即现在顺化附近的大长沙海口，是当时中国南方的第一大港。大秦使者在卢容浦口登岸走陆路而至洛阳，所以引起中国朝廷的重视。其中提到的大秦王安敦，与当年在位的罗马皇帝马可·奥勒留·安东尼（Marcus Aurelius Antoninus，121—180）之名相符。有研究者认为这次大秦使节并非国家正式派遣，而是大秦商人假托政府名义进行的私人探访。不过，无论如何，这些"使节"或商人是有记载的进入中国的第一批西方"使臣"。这则关于大秦使节入华的记录，标志着中国和罗马东西两个大国的交往，在当时已有可能达到建立正式官方往来的水平，也标志着横贯东西的海上丝绸之路的最终形成。他们所做的贡献是很重要的。

以"安敦使团"入华为标志，2世纪以后，中国与罗马的直接交往日渐扩大，海上交通贸易更加繁盛。就在"安敦使团"来华60年之后，又有大秦商人来中国而见诸记载。281年，罗马派使臣出使西晋王朝，经海路来到广州，并至洛阳。

或许可以说，当时在中国和罗马帝国之间担当直接沟通和文化交流角色的，主要是两国的商人。随着陆海两途的畅通，两国之间已有直接的通商关系。罗马（包括其属国）的商人经陆路过天山，或经海路至日南，直接与中国商人交易，也有中国商人远足至西方，把中国丝绸贩运至罗马。正是这些商人为中国与罗马的直接交流开辟了道路。

正是在罗马时代，开通了中国和欧洲直接交往的商路。通过这些商路，中国和西方之间进行物品和思想的交流。

东汉和帝永元九年（97），班超任西域都护、经略西域之时，派其属下甘英出使大秦。甘英已经通过安息到达波斯湾头的条支。安息人没有向甘英提供更直接的经叙利亚的陆路，而是备陈渡海的艰难，婉阻甘英渡海。于是甘英乃止步而还。这件本应在中西交流史上留下巨大影响的行动，竟以"望洋兴叹"而告夭折。几乎所有的研究者都认为安息实际上在中国与罗马之间起到了阻隔的作用。安息国扼丝绸之路要道，是汉朝与大秦交易的中转点，将汉朝的丝与丝织品与大秦交易，从中获取垄断的暴利。也许是考虑到若汉朝直接开通了与大秦的商路会损害其垄断利益，所以阻止甘英西行。不过，甘英此次出使也并非全无结果。实际上，甘英的西行，在丝绸之路的历史上，是中国人的又一壮举。甘英虽然没有到达原定的目的地，但他的行程之远，在当时是空前的，他也是最有成效的丝路使者。他亲自走过了丝绸之路的大半段路程，已经到达了与大秦国隔海相望的条支国，在此逗留其间，他调查了大秦国的种种情况，也了解到自安息从陆路去大秦国的路线，还了解到从条支南出波斯湾，绕阿拉伯半岛到罗马的航线。甘英西使的主要成果是丰富了汉人关于西方世界的见闻。正是根据甘英的记述，中国人才得以充分了解到过去所一直不清楚的极西地方的情况。因此，在《后汉书》中对大秦国的记载，就要比《史记》《汉书》中的记载充分、具体多了。

4世纪末，罗马帝国分裂为东西两个帝国。东罗马不仅保持了原本属于古罗马帝国的领土，而且还进一步囊括了中东和希腊地区，据有地中海周围的欧洲、亚洲和非洲的大片区域，近代学者称之为"拜占庭帝国"。在长达1000多年的时间里，拜占庭帝国曾是欧洲和地中海世界的政治、经济、文化和宗教中心，对西欧、东欧、西亚各国产生过巨大的影响。

拜占庭帝国的复兴，使帝国在地中海东部的贸易活动重新活跃起来。拜占庭首都君士坦丁堡位于东西交通的要冲，具有地理上的优越地位，东与波斯、印度、中国，西与西欧，北与北欧都保持着贸易关系，它控制了通向东方的商路，全部的地中海贸易都与它密切相关。

拜占庭人一直致力于向东方发展。但当时的国际形势是，复兴的拜占庭帝国还没有达到鼎盛时期罗马帝国的强大国力，而波斯萨珊王朝却比此前的安息王朝更为强大，因此，在传统的丝绸之路贸易上，拜占庭帝国无法打破萨珊王朝的绝对垄断地位。但拜占庭商人，尤其是红海北部水域埃及地区的拜占庭商人，并未放弃直接前往东方经营的努力。

在魏晋南北朝时期，南朝和北朝都分别与拜占庭有所来往，中国人对拜占庭也有所了解。到了唐代，有多次拜占庭使臣入唐。当时，阿拉伯势力的兴起是拜占庭帝国面临的最大难题。由于此时阿拉伯人封锁了通过伊朗高原的丝绸之路的交通，拜占庭使节只能从北部欧亚草原之路东行，即跨越里海、咸海北岸、天山南麓、哈密、到达长安。这条道路正是6世纪下半叶拜占庭帝国与西突厥互派使节时两国使节往返的道路，也是裴矩在《西域图记》做过逆向描述的道路，即"经蒲类海、铁勒部、突厥可汗庭，度北流河水，至拂菻，达于西海"的路线。

拜占庭最初以突厥为媒介与中国进行间接联系。6世纪中叶，西突厥占据的中亚领土正处在东西交通的枢纽地带，无论是横贯波斯的传统的丝绸之路，还是贯穿欧亚大陆的草原之路都经过这一地区。在唐朝击败了西突厥之后，突厥人有一支系西迁至里海和黑海之间，建可萨汗国（the Khazars）。可萨汗国的崛起得益于其沟通东西交通的地理位置。在中国与拜占庭的关系上，可萨突厥人曾经充当了居间的角色。拜占庭帝国努力使经过中亚而不受阿拉伯人控制的北方商路开放，后来逐渐采用了另一条更北的北方商路。这条路线自印度和中国，沿阿姆河顺流而下，到咸海，绕里海北岸，过乌拉尔河口的萨拉坎谷，达伏尔加河河口的伊铁尔，从那里上至萨来，下行顿河到亚速夫海的罗斯托夫。这条路不受阿拉伯人的控制，能避免遭遇山区部落，并且几乎全部是水路。随着越来越多的商队来往于这条北方路线上，拜占庭、阿拉伯和犹太商人们成群结队地到可萨的都城伊蒂尔，伊蒂尔成为繁荣的国际商业城市，商业税收成为可萨汗国最重要的财政收入。裴矩《西域图记》记载的通西域北道即"拂菻道"，可萨正处在从敦煌到拂菻（拜占庭）的北道上的重要中转站。

除了官方的联系外，唐朝和拜占庭之间的民间贸易也一直不断，有大批中国丝织品输往拜占庭。而中国的养蚕缫丝和丝织技术，也是先传到拜占庭，进而传到欧洲的。

第八讲

丝绸之路上的人物故事

一、长路漫漫，艰辛旅程

丝绸之路是一个包罗万象的诗一般的名称，具有十分浪漫的色彩，令人们产生无尽的遐想和向往。在作家和诗人的笔下，那茫茫的草原，连绵的群山，万里的晴空和成群的牧羊，迷人的异域风情，以及对于远方的奇异想象，都具有诗一般的意境。然而，这也是一个容易引起误解的名称。现实中的丝绸之路，并非鲜花铺路，一马平川，而是充满了艰难险阻，是一个极为艰辛的旅程。茫茫的戈壁，飞沙走石，热浪滚滚，巍巍的雪山，冰雪皑皑，寒风刺骨，大漠流沙，激流险滩，都挡在旅行者的途中。法显与同伴跋涉流沙，"上无飞鸟，下无走兽。四顾茫茫，莫

石门水，古丝绸之路的必经之地

测所之。唯视日以准东西，望人骨以标行路耳。"

　　玄奘在《大唐西域记》里这样记述："沙则流漫，聚散随风，人行无迹，遂多迷路，四远茫茫，莫知所指，是以往来聚遗骸以记之。"唐太宗在《大唐三藏圣教序》中说到玄奘的艰难行程："往游西域，乘危远迈。杖策孤征，积雪晨飞。途间失地，惊砂夕起，空外迷天。万里山川，拨烟霞而进影；百重寒暑，蹑霜雨而前踪。"唐代西行求法高僧义净说西行之路，"实由茫茫象碛，长川吐赫日之光；浩浩鲸波，巨壑起滔天之浪。独步铁门之外，亘万岭而投身；孤漂铜柱之前，跨千江而遣命。或亡餐几日，辍饮数晨，可谓思虑销精神，忧劳排正色，致使去者数盈半百，留者仅有几人。"

　　走海上丝绸之路也同样十分危险。法显从师子国回程时，曾两次遇到海难，船失方向，随风飘流，几乎九死一生。归国后，他自己回忆说："顾寻所经，不觉心动汗流。"义净记载并州僧常愍及弟子"冀得远诣西方，礼如来所行圣迹"的事迹，他们坐商船从广东出发，走海路辗转去往印度。中途遇到风暴，商船破损漏水，所有人都纷纷逃逸。常愍看到大家急于逃生，就把所有机会都让给了身边的人。船舱里人没有醒的，遇到困难爬不动的，在禅师的帮助下，都安全离开了大船，而禅师自己已是精疲力竭。眼看海水逐渐没过腰身，法师欣慰地看着已经安全的大众，开始合掌念佛，一句一句的佛号，一声一声地往下沉。逃了命的人也跟着念起了佛号，也有很多人让法师跳到小船上，但他害怕压沉了别人的小船，只是坚持念佛，直至沉到水底。

　　甚至到了 17 世纪的大航海时代，海上交通也并不安全。其路程遥远，时有海盗洗劫或海难发生。明清时，以耶稣会士为代表的来华传教士，其来华的路途实际上是一个充满风险和艰难险阻的旅程，也是一个极为悲壮的旅程。据意大利耶稣会士杜奥定（Agustin Tudeschini，1598—1643）回忆，他于 1626 年 9 月从欧洲启程东行，同船的有 35 名会士，还有其余教士 600 余人。"舟行海中，多经风浪，苦难尽述。"后遇风浪触礁，船毁人亡，幸存者仅剩 200 余人。他们不得已在荒岛上留居，直到 1631 年他才到达中国，前后用了 5 年时间。1657 年，耶稣会士卫匡国（Martino Martini，1614—1661）从里斯本返回中国，同行的还有南怀仁（Ferdinand Verbiest，1623—1668）等 17 人。他们从欧洲启程来中国时，途中遭遇海盗抢劫，钱物尽失，所幸保住了性命。后再度搭船东来，又遇到狂风暴雨，有的人在途中患病，甚至病死，还有的人精神失常，最后只剩下 5 人。当他们一行于 1658 年 7 月抵达澳门时，前来迎接的传教士柏应理（Philippe Couplet，1623—1693）等人不禁感叹说："他们浑身污垢，衣衫破烂，必是历尽了千辛万苦。"

1680 年，柏应理返回欧洲，在此期间他曾致力于估计从欧洲各地出发前往中国的耶稣会士人数。他发现已有 600 人登船前往中国，但仅有 100 多人达到了目的地，其他所有人都在途中因病或翻船而结束了一生。1692 年 3 月，柏应理从里斯本出发返回中国，同行的修士有 15 人，而安抵中国的仅有 5 人，包括柏应理在内的其他 10 人则遇大风暴身亡。经欧洲动员选拔并奉命登上开往东方远洋航船的传教士，实际上应在 2000—2500 人。

所以，真正走在丝绸之路上，无论是陆路还是海路，都充满了不可想象的艰难险阻。

然而，尽管道路艰险，前路茫茫，千百年来，漫漫长路上，行走的人何止成千上万，但在历史上留下名字的只是极少数。而正是在这极少数人的故事中，我们看到，有络绎不绝的商旅，肩负国家使命的使臣，怀揣信仰的宗教人士，负笈远行的学子，远征戍边的武士，以及旅行家、航海家、艺术家，他们或经过大漠流沙，或翻越崇山峻岭，或踏破惊涛骇浪，不畏牺牲，历经艰辛，以自己的热血和忠诚，以自己的梦想和情怀，走出了奔向远方的路，开辟了各民族文化交流的路。

丝绸之路的历史首先是这些人的历史，是这些人的故事，这些开辟着和行走在丝绸之路上的人，都是全人类的文化英雄。

不同民族之间的文化交流与传播，是通过多种途径进行的。文化交流的前提条件是交通。而道路是人开辟的，是要有人来走的。文化交流最主要的形式是人员的往来。文化传播都是通过人的接触和交流进行的。历朝历代行走在丝绸之路上的行人，是文化交流的重要贡献者，是向中国传播各民族文化的重要载体。他们的事迹，都涉及各民族之间、各种文化之间的相遇、交往、交流、融合，是世界文化大交流、大碰撞、大融合。在千百年的丝绸之路上，民族的大迁徙，物种的大交换，产品的大交换，技术的大转移，宗教的大传播，艺术的大交流，上演了一幕幕威武雄壮、丰富多彩的文化大戏。通过这样的大交流、大融合，各民族文化彼此接近、了解、各自丰富和发展。

我们讲述丝绸之路的故事，讲述行走在丝绸之路上那些人物的故事，去体会前辈先贤对于丝绸之路的文化情怀和寄托的梦想。我们向他们致敬，是向人类文明的历史致敬，也是要从前辈先贤的事迹中吸取智慧，为古老的丝绸之路赋予新的时代内涵，并使其再获新的生机，为中华文化的繁荣发展，为世界文化的繁荣发展，贡献出新的智慧和力量。

二、国家使臣

在历史上行走在丝绸之路上、为文化交流做出贡献的人员中，往来的使臣是一个重要的群体。我们说张骞正式开通了丝绸之路，因为他是汉王朝的官方代表，他走通丝绸之路，意味着丝绸之路从此纳入中国中原王朝的视野和经略范围。

与域外国家建立外交关系，互派使节，是文化交流的一个重要渠道。官方使节的往来，除了解决国家之间的争端，密切双边关系外，还增进了彼此的了解和认识。从西汉张骞出使西域开始，中国历代王朝逐步与许多国家建立起官方的联系，互通使节往来。人们对于张骞的贡献给予

了相当高的评介，因为他不仅打通了与西域地区的正式交通路线，还通过实地考察，对西域的政事人情、风俗文化都有了直观的、详细的了解，并给汉武帝提供了一份内容详实的出使报告。这是中国人第一次对西域有了比较准确的知识。

此后，不断有出使外国的官方使节回国后提供出使报告，或撰写游记等。历史上最大的官方使团是郑和下西洋，郑和船队到访很多国家，带回丰硕的"西洋"方物和关于当地风土人情的知识，马欢等撰写的"郑和三书"对此有相关的记载。明清两朝多次向琉球派遣册封使，他们回国后撰写了相应的出使报告，详细记载了初始经过和琉球的风土人情、历史文化。

在古代，作为出使国外的外交使臣，不仅路途遥远，备尝艰辛，而且还会遭受来自敌方的危险。张骞出使西域时，往返路上都曾被匈奴人俘获。特别是在去的路途上，刚到陇西地区，就被匈奴军队抓获，被押送到位于今内蒙古呼和浩特附近的匈奴王庭，被扣押十多年。这些并没有动摇张骞完成通西域使命的决心，史书说他"不辱君命""持汉节不失"。这和广为人知的"苏武牧羊"的故事十分相似。苏武也是汉武帝时代的汉朝使臣，出使匈奴时被扣押，在北海（贝加尔湖）边牧羊19年，不改其志，直到汉昭帝始元六年（前81）方才回到汉地，归汉时"须发尽白"。后来，张骞一行从匈奴那里逃脱出来，并没有返回长安，而是继续向西而行，去完成自己的外交使命。他们这一路极为艰苦。大戈壁滩上，飞沙走石，热浪滚滚；葱岭高如屋脊，寒风刺骨。沿途人烟稀少，水源奇缺。加之匆匆出逃，物资准备又不足。张骞一行，风餐露宿，备尝艰辛。不少随从人员或因饥渴倒毙途中，或葬身黄沙、冰窟。张骞西使，出发时是百余人的队伍，前后共历13年，回来时仅他与随从堂邑父二人。而正是经过这样艰苦的旅程，才有了"凿空"丝绸之路的伟业。

这些出使外国的使臣，为发展各国的友好关系和文化交流，做出了重要贡献。例如，张骞第二次出使西域时，分别派遣副使到大宛、康居、大月氏、大夏、安息、身毒、于阗、扜罙（策勒）及其邻近国家。他们回国时带回了许多所到国家的使者。西域许多国家都和汉朝有了正式外交往来。在明代郑和下西洋的同时，明朝与东南亚、南亚等地区的交通往来出现空前繁荣的盛况。许多国家纷纷向中国派遣使节，以通友好。包括那些位于"绝域"的远方国家，出自对中国的敬慕，沿着郑和所开辟的航路，不远万里，纷纷来宾，有的国家是国王携妻带子与陪臣一同入朝。郑和每次返航时，都有海外诸国使者随船来华。第一次下西洋返国时，有苏门答剌、满剌加、古里等国的使者随行；第五次下西洋返国时，带回了 17 个国家和地区的使者；第六次下西洋返航时，出现了暹罗、苏门答剌等 18 国 1200 余名使臣同时来华的盛事。由于郑和下西洋的影响，明永乐宣德年间与东南亚、南亚等地区的交通往来出现空前繁荣的盛况。

在大批的外国使节来到华方面，如在唐代，最著名的是日本派出遣唐使十多次。遣唐使的规模之大，次数之多，历时之久，冒险犯难、艰苦牺牲之巨，都为世所罕见。遣唐使一行一般在华居留一两年。他们身处文化荟萃的长安，与各界人士广泛接触交游，并经常参列宫廷的各种仪式，他们还利用各种机会，游览参观，耳濡目染，深深感受到大唐文化的灿烂辉煌。遣唐使团实际上是一个大型的观摩学习团，他们承担的主要是一种文化使命。遣唐使以满腔热情和血肉之躯，为促进日本文化的全面繁荣做出了突出的贡献。其他国家如新罗等国也多次向唐朝遣使，唐代新罗共向唐遣使 126 次。李氏朝鲜时期向明清两朝派遣的"燕行使团"，每年数次，每次都有几百人，其中包括一些著名的学者随行，《燕行录》完整地记录了他们的出使过程，以及与中国官方、民间和文人学士之间的友好交往交流。明代还有日本派遣的遣明使，其规模远远大于遣唐使。

各国使节入华，亲沐华风，领略中华文化的辉煌和风采。中国朝廷还通过这些使节向外国赠送丝绸、瓷器以及其他中国物品，有时还赠送图书、历书等等。中国使节出使各国时也都携带大批礼品。中国与各国频繁的使节往来是中外文化交流的重要途径。

三、旅行家

行走在丝绸之路上的还有各国的旅行家，如马可·波罗、伊本·白图泰、鄂多立克等等，他们把在中国的见闻笔录成书，成为外国人了解中国、了解中华文化的重要资料。

在这些旅行家当中，威尼斯人马可·波罗是最著名并且是影响最大的一位。马可·波罗（Marco Polo，1254—1323）是威尼斯人。马可·波罗的父亲尼哥罗（Nicholo）和叔父玛菲（Maffeo）都是有名的威尼斯商人，经常奔走于地中海东部地区，进行商业活动。1260年，尼哥罗和玛菲携带货物从威尼斯出发到达君士坦丁堡，几经周折，约于1265年，到达元朝上都，朝觐忽必烈，受到热情接待。忽必烈派他们充任访问罗马教皇的专使，因为当时教皇去世而新教皇尚未选出，他们等待多时，直到最后将忽必烈的信件送达新教皇，然后于1269年回到故乡。尼哥罗和玛菲在威尼斯住了两年，于1271年再次启程前往中国，年仅17岁的马可·波罗随父亲和叔父同行，开始了他一生中长达24年的漫游东方的历史行程。

1271年11月，马可·波罗一行由威尼斯启程。他们乘船渡过地中海，到达小亚细亚半岛，经巴格达而到当时商业繁荣的霍尔木兹。他们穿越荒无人烟的伊朗高原，继而东行，翻越险峻的帕米尔高原，沿着古老的丝绸之路，经喀什、莎车、和阗，再经敦煌、酒泉、张掖、宁夏等地，经过3年半的跋涉，于1275年夏天抵达了元朝上都。

马可·波罗一行抵达上都后，受到忽必烈的接见。马可·波罗年轻聪明，善于学习，很快熟悉了东方的风俗和语言，很受忽必烈器重和信任，留他以客卿身份在朝中供职。大约在 1277—1280 年，马可·波罗离开京城到云南游历访问。他从北京出发，经由河北到山西，过黄河进入关中，逾越秦岭至成都，西行至建昌，并到过西藏地区，最后渡金沙江，到达云南昆明和大理地区。此后，马可·波罗又游历了江南一带。他的游记中没有明确的行程记载，但却记载了淮安、宝应、高邮、泰州、扬州、南京、苏州、杭州、福州、泉州等南方城市。马可·波罗可能不止一次游览江南地区。据说，还曾在杭州城任职，这个说法没有中国文献佐证，但在现在的杭州，西湖边上仁立着一尊马可·波罗的塑像。1292 年，马可·波罗趁奉命护送蒙古公主阔阔真嫁到伊儿汗国之便，和父亲、叔父离开中国。他们一行先到波斯送阔阔真公主，然后继续西行，于 1295 年回到故乡威尼斯。

马可·波罗在中国生活了 17 年，遍游大江南北与长城内外，对中国情况的了解远远超过当时的欧洲人。他回国后向乡人介绍东方见闻，引起人们的极大兴趣。而作为商人，他与其父、叔在中国各地经商多年而成为巨富，回国时带回大批珍宝，人称"百万马可"。

马可·波罗回国后，在比萨作家鲁思蒂谦诺（Rrsticiano）的帮助下，将在中国的见闻著成《马可·波罗游记》，赞颂中国地大物博，文教昌盛，系统地介绍了中国的辉煌文化，向西方世界展现了迷人的中国文明。《马可·波罗游记》是欧洲人撰写的第一部详尽描绘中国历史、文化和艺术的游记，被称为"世界第一奇书"，马可·波罗被誉为"中世纪的希罗多德"，不仅是中世纪的最伟大旅行家，而且是有史以来世界上的"最伟大旅行家之一"。《马可·波罗游记》极大地丰富了欧洲人对中国和东方的认识，也大大开阔了欧洲人的地理视野，引起他们对于东方的浓厚兴趣。有人说，寻找东方是欧洲大航海事业的"意志灵魂"，而这种"意志灵魂"正是在《马可·波罗游记》中培育和锻造的。

在马可·波罗那个时代，从丝绸之路上走来的另一位传教士更为著名，叫鄂多立克。他更是以一位旅行家著称于世。他和马可·波罗、伊本·白图泰、尼古拉·康蒂一起，被誉为"中世纪四大旅行家"。

鄂多立克（Odoric de Pordenone，1265—1331）是意大利人。和马可·波罗等人不同，他不是从陆路走来，而是从海上丝绸之路乘船来到中国。1318年，他开始长达十几年的东游旅行。他先乘船离开威尼斯，渡海至君士坦丁堡，进入大亚美尼亚（Armenia the Greater），经今土耳其之埃尔祖鲁姆（Erzurum），越萨尔比萨卡罗山（Sarbisacalo），来到大不里士。由大不里士来到里海南岸的伊朗之苏丹尼耶（Sultanieh）。鄂多立克可能在此地住了一段时间后，随一群旅伴来到指波斯古都波斯波利斯，再向西进入巴格达。他又顺底格里斯河南下到波斯湾，抵达忽里模子（Ormes）。约1321年夏，鄂多立克由忽里模子乘船东航，经过29天抵达印度西岸之塔纳（Tana）。由塔纳沿印度西岸南下，抵达印度东南端之马八儿（Mobar）和锡兰。由马八儿和锡兰继续东航，渡过大洋海，抵达在苏门答腊岛，最后抵达占婆。又东航大洋海若干天，终于到了中国南方。大约在1322年到达中国的广州。鄂多立克记载的他东来的行程，即为当时海上丝绸之路的航线。

鄂多立克到广州后，稍作停留就继续东行，至福建的泉州、福州，北上经三省交界的仙霞岭，至杭州和南京。再从扬州沿大远河北上，最后约在1325年到达元朝大都，受元泰定帝接见，并在大都留居3年，于1328年启程回国。返程取道天德军（河套），经陕西、甘肃，又南至吐蕃，然后经中亚、波斯，返回意大利。

鄂多立克是从海路先到广州以及中国南方地区，然后到达大都，再由西北陆路返回欧洲。他对中国与欧洲之间的海陆两道丝绸之路交通都有了亲身的经历。这与马可·波罗相似，但行程相反，马可·波罗是从陆路进入蒙古和大都，然后从海路返回欧洲的。

鄂多立克回国后，见闻口述，即流布于世的《鄂多立克东游录》。此书一经问世，就受到人们的重视，以后陆续有拉丁文、意大利文、法文、德文等各种语言抄本达76种之多。

鄂多立克东行游历十几年，足迹几乎踏遍整个亚洲，特别是在中国，从南到北，远达西南、西北诸省，所记甚为详细，他的游记被称为"关于中国的最佳记述"。他对中国各大城市的印象极为深刻，认为中国城市的雄伟壮丽，决非欧洲诸城可比。他被广州密集的人口、繁荣的经济以及港口众多的船只所震撼，他说广州是一个比威尼斯大三倍的城市，该城有数量极其庞大的船舶，整个意大利都没有这一城的船只多。他说刺桐（泉州）是世上最好的地方之一。他特别描绘了杭州城，说它是世上最大的城市，是"天堂之城"。

另一位同样被称为"四大旅行家"之一的伊本·白图泰（Ibn Battūta，1303—1377）是生于西北非洲摩洛哥的阿拉伯人。其他几位旅行家的行程都是有明确的目的地，肩负着宗教或外交或商业上的任务。伊本·白图泰则不同，游历就是他的目的。他是名副其实的"旅行家"。

1325年，白图泰离开家乡，取道陆路前往埃及的亚历山大城，从此开始了他的游历生涯。他用了26年的时间，行程12万余公里，游历了半个世界，足迹遍及亚、非、欧三洲的大地。1349年，白图泰经过多年的旅途生活，回到故乡，来到马林国首都非斯。他因拥有关于世界的渊博知识因而受到非斯苏丹阿布·伊南（Abù'Inān）的赏识，召他入宫任职，并委派他出国去完成外交使命。他再次回国后，阿布·伊南命他回忆在世界各地旅行的情形，笔录成书，1355年12月最后完成。

伊本·白图泰的游记原名为《异域奇闻揽胜》。在这部著名的游记中，白图泰详细介绍了他游历世界各地的见闻，描绘了阿拉伯、突厥、印度和中国文明的生动图景。其中有很大篇幅记载他在中国游历的见闻。关于白图泰的中国之行，也颇为复杂和富有传奇色彩。1339年，他从中亚地区进入印度，到达德里，被德里苏丹留住宫廷8年，充任德里马立克教派总法官。当时德里苏丹统治着全北印度地区。1341年，元顺帝遣使德里，要求重建喀拉格里山麓萨姆哈里的佛寺，供中国佛教徒顶礼。苏丹授命白图泰率领使团前往中国答谢。1342年7月，白图泰率领的使

泉州海外交通史博物馆伊本·白图泰塑像

团离开德里，由坎代哈尔登舟，不幸发生海难，使团失散，白图泰流落马尔代夫群岛、锡兰、孟加拉等地，历尽风霜，饱尝艰辛，最后于1345年春由爪哇搭乘驶往中国的海船，在刺桐（泉州港）登陆，踏上中国的土地。白图泰在中国先到广州，又从泉州走水路到杭州，然后沿运河北上大都。据他自述，由于战事发生，白图泰没有见到元朝大汗，便被护送回印度，从泉州登上去印度的中国船。

白图泰在中国游历了许多地方，到过中国许多大都市，对中国都市的繁荣景象和恢宏气势有很深的印象。他对行在（杭州）的繁华和宏大极为赞叹，还记述了广州、泉州等他所到过的城市，在他看来，说泉州为世界上最大港口也不过分。

无论是马可·波罗的游记，还是鄂多立克、伊本·白图泰等人的叙述，都给欧洲人展现了一个新的世界，一个完全新奇等奇异之邦，因此刺激了西方世界对东方这一神秘、虚幻之地的兴趣。这在随后欧洲对东

丝路文明十六讲

方的想象和知识建构中起到了相当重要的作用。

中国古代，除了官方使节和商人外，以旅行家身份游历海外人不多，只有杜环、周达观、汪大渊等数人，他们的足迹有的远达西亚和非洲，他们在国外游历、与各国人民接触中，获得了许多外国文化的信息，他们回国后撰著的游记等资料，也是中国人了解外部世界的重要文献。

四、移民

移民是文化交流传播的重要途径之一。特别是在古代，人类的各种形式的迁徙活动是传播文化信息、文化成果的主要渠道。比如在远古时代，欧亚大陆上的文化传播主要是通过各民族的迁徙活动实现的。西方有学者提出了"离散社群"的概念，对于理解移民在文化交流上的重要作用很有积极意义。按照西方学者的论述，"离散社群"作为嵌入居住国的特殊文化集团，既要保持自己原乡的文化，以确定自己族群的文化认同，又要学习当地的文化，以便融入当地的社会生活。这样，"离散社群"就成为具有两种文化要素的特殊人群。他们在文化传播和交流中发挥了重要的作用，成为沟通原乡文化与居住地文化的桥梁。

中国自古就不断有外国人进入中国活动，甚至定居。自从汉代到南北朝时期，就不断有"胡人"的记载。到了唐代，更是全面的对外开放，大批外国人到中国来传教、经商和从事其他文化活动。唐代的外国移民数量是很大的，当时除了日本人和朝鲜人外，文献上都称之为"胡人"，有"胡姬""酒家胡""胡医""商胡"等，主要是粟特人、波斯人、阿拉伯人等。波斯王朝在被阿拉伯人灭亡后，整个王室逃亡到中国，在长安定居，成为一个很大的移民集团。这些移民在中国的广州等地建立了"番坊"，成为中国最早的外国人居住区。

元代是另一个全面对外开放的时代，大批外国人来到中国，形成了又一次文化交流热潮。在蒙古大军的三次西征中，有大批蒙古军士兵驻扎在征服占领的广阔领土上，同时也有相当数量的蒙古族人和汉族人从中国迁至中亚、波斯、阿拉伯地区乃至欧洲。另一方面，也有大批的西方人迁徙到东方。每次战争结束后，蒙古统治者都将大批阿拉伯人、波斯人和中亚各族人迁徙到东方，他们中有被签发的军士、工匠，被俘掠的妇孺百姓，还有携带家属部族归附的上层人士，东来经商的商贾。来华的外国移民有西域人、波斯人、阿拉伯人甚至欧洲人，形成了"色目人"阶层。他们入居元朝后，"乐居中土，皆以中原为家""不复回首故国也"。这些移居中国的西方人有的从事农业、手工业生产，有的充当职业军人，担任传教士，或者从事贸易，还有少数人在元朝当了官。

总之，从战国末年经秦汉至南北朝时代的几百年中，不断有中国人经陆路或海路进入朝鲜半岛。他们把大陆先进的生产技术和物质文明，以及中国的典章制度、精神文化带入朝鲜半岛，对于推动当地经济社会发展和文化繁荣起到重要作用。中国的许多金属工具、丝绸、漆器以及汉字、儒学、佛教等都是在这一时期传入朝鲜的。

秦汉时代又有大批"秦人""汉人"移居日本，最著名的是秦末徐福东渡。从汉到南北朝这一时期，仍不断有许多中国人移居日本。这一时期的中国移民在数量上相当可观，在当时日本的经济、政治和文化生活中发挥了重要的作用，对日本的技术和文化发展做出了突出贡献，为后来的飞鸟文化的形成，奠定深厚的基础。

宋元之际和明末清初，为躲避战乱，出现了两次向海外移民的高潮。历代移居海外的中国人与当地居民杂居相处，把中国的先进生产技术、生活方式、宗教信仰乃至吃苦耐劳、艰苦奋斗的民族精神带到那里，把中华文化播撒到世界各地，为中华文化在海外的广泛传播做出了重大贡献。

五、宗教人士

宗教热忱是人类历史上，促进各大文明交往的主要动力和方式之一。汉唐时期中国僧人负笈西行，取经求法，成为丝绸之路上极为壮丽的景观。与此同时，也有许多来自印度和西域的僧人来到东方，传播佛教，翻译佛经，为佛教东传做出了很大贡献。宗教的传播不仅仅是一种信仰，还包含了其他多种文化要素，是一个巨大的"文化丛"。宗教的传播也成了多种文化要素传播的媒介。佛教东传的过程，就包含着西域文化、印度文化诸多内容在中国的传播。中国化佛教在朝鲜、日本的传播过程中，中国的建筑、雕塑、绘画、音乐等艺术形式，以及中国的工艺技术、饮食习俗、医药之学、文学和哲学思想，也随佛教的传播而传播。中国宋代理学最初就是附着于禅宗佛教传入日本的。朝鲜、日本历代都有许许多多的佛教僧侣来中国巡礼、请益，回国后不仅模仿中国佛教建制，传播中国佛教宗派，还将大批汉文佛典以及其他中国典籍、书法绘画作品和工艺品等携带回国，成为传播中华文化的一座桥梁。

佛教在中国的初传时期，陆续有一些西域或印度等地的僧人，来到中国。他们向中国人介绍了印度佛教的文化信息，携带来一批佛教经典并且将之汉译，使中国人有了对佛教初步接触的文本，他们还把佛教僧团和寺院的仪轨介绍过来，使中国有了最早的出家僧侣和最早的佛事活动。到了两晋南北朝时期，佛教在中国的传播形成了高潮，更吸引了大批西域和印度的高僧挟道东来，他们为佛教典籍的汉译、为佛教思想和宗派的传播，以及佛教艺术文化在中国的推广，都做出了重大的贡献。

这些来华的高僧，分别来自西域的大月氏国、安息国、康居国、于阗国、龟兹国、罽宾国、印度、师子国、扶南国等国。他们大部分是通过丝绸之路经西域进入中国内地的，也有少数人如师子国人、扶南国人和部分印度人是通过海上丝绸之路在交趾、广东沿海登陆再进入内地的。隋唐以后，仍然陆续有许多印度僧人来到中国传教。

鸠摩罗什在库车的塑像。

后秦时到长安的鸠摩罗什是西域来华高僧中贡献最大的一位。鸠摩罗什是著名的佛经翻译家，又是一位阐释、宣传佛学的佛学家，在佛学上有很深的造诣。他最大的贡献是进行了大规模的佛教经典汉译工作，他在佛经汉译的历史上具有重要的地位，被称为中国佛教史上的"四大翻译家"之一。此外，他还影响了大批佛教弟子，从周边及全国各地来到长安向鸠摩罗什求学的僧人达到5000多人。当时，鸠摩罗什门下弟子人才辈出，他们大多是以学问、禅修著称的杰出佛学知识分子，他们对中国佛教发展的很有影响。

唐代来华的印度僧人中，以所谓"开元三大士"最为著名。这"三大士"是善无畏、金刚智和不空。善无畏又称无畏三藏，是中印摩揭陀国人。善无畏80岁左右依着师教东行弘法，携带梵本，于开元四年（716）到达长安，被礼为国师，先住兴福寺南塔院，后迁西明寺；玄宗并敕内廷道场，尊为教主。开元十二年（724），他随玄宗到洛阳，译出《大毗卢遮那神变加持经》等3种。开元二十三年（735）卒于洛阳大圣善寺，年99岁。金刚智是南天竺人。金刚智乘船出海，经师子国、佛室利逝国，前后经过3年的航行，在开元七年（719）到达广东。次年初，金刚智到洛阳，又到长安，居慈恩寺，后移至大荐福寺，"所住之刹，必建大曼荼罗灌顶道场"。金刚智弘传密法，在资圣寺组织翻译了《瑜伽念诵法》4卷。后来在大荐福寺译出《金刚顶经曼殊师利菩萨五字心陀罗尼品》和《观自在如意轮菩萨瑜伽法要》各1卷,《金刚顶经瑜伽修学毗卢遮那三摩地法》1卷和《千手千眼观世音菩萨大身咒本》1卷等经。不空是北天竺人,师事金刚智,随师来到中国。开元二十九年(741),玄宗诏许其师徒回天竺和狮子国寻访密教经典。但金刚智从长安到洛阳时就患病不起,不久圆寂。不空三藏尊师遗命,取道广州法性寺(今光孝寺),与弟子

[唐]《行脚僧图》(英国伦敦大英博物馆藏)

含光等泛海经爪哇、锡兰,到达五天竺,遍寻密藏和各种经论。天宝五年(746),他携带500多部密藏经典回到长安,先后住鸿卢、净影、兴善诸寺,从事翻译和灌顶。也时常被请到宫中内道场作法,受到玄、肃、代三朝帝王的崇敬。

为了前往汉地传经,西域僧人们在碛天荒漠中孑然独行,往返一次,几乎就已耗尽了一生的年华。《病僧二首》称:

竺国乡程算不回,病中衣锡遍浮埃。
如今汉地诸经本,自过流沙远背来。

空林衰病卧多时,白发从成数寸丝。

[元]赵孟頫《红衣西域僧图卷》（辽宁省博物馆藏）

西行却过流沙日，枕上寥寥心独知。

这首诗反映了传经僧人异乡染疾的幽苦情状和思念乡土的孤寂心怀。

在西域和印度的高僧纷纷来华的同时，也有中原人士开始西行求法。历代西行求法的中国僧侣不绝于途。在早期赴西域求法的中国僧人中，最著名的是东晋高僧法显。东晋高僧法显是我国僧人到"西天"（印度）研究佛学的第一人。《续高僧传·玄奘传》说："前后往天竺者，首自法显。"他是有记录的第一位沿着陆路丝绸之路西行，后乘海船从海上丝绸之路回到汉地的取经高僧。像法显这样海陆两道丝绸之路都走过的，还有元代来华的旅行家马可·波罗和鄂多立克，他们的往返行程也分别通过陆路丝绸之路和海上丝绸之路。后秦弘始元年（399）春天，法显同慧景、道整、慧应、慧嵬4人一起，从长安起身，向西进发，开始了漫长而艰苦卓绝的旅行。法显出行时，已是年届63岁的老人，比28岁时西行取经的玄奘大了35岁。法显前后共走了30余国，历经13年，回到祖国时已经76岁了。法显以年过花甲的高龄，完成了穿行亚洲大陆又经南洋海路归国的远途陆海旅行的惊人壮举。法显西行对中国佛教文化产生了深远的影响。在法显之前，虽然已有朱士行往西域求法，但他未到天竺的印度，并且未返汉地。汉人西行求法，有去有回，并带返大量的梵本文献的第一位汉僧，乃是法显。法显带回大量佛经，并亲自参与翻译工作，为中国戒律学、佛性论思想和毗昙学的发展作出了杰出贡献。法显《佛国记》对其亲身经历的往程与归程的情况，作了较为详细的记载，成为人们研究中国古代陆上丝绸之路和海上丝绸之路的珍贵的资料。

法显像

到了唐代，西行求法运动得到进一步发展，玄奘、义净是其中的代表人物。唐贞观三年（629），28岁的玄奘走出了长安城，踏上了西去取经的漫漫旅程。玄奘孤身涉险，一路上历尽了艰辛。玄奘以超人的意志，越沙漠，翻雪岭，顶风雪，九死一生。他心中只有一个信念："去伪经，存真经，不至天竺，终不东归一步！"玄奘游学于印度17年，至贞观十九年（645）回到长安，跋涉5万余里、周游参学100余国。回国时，他从印度携带回来大批佛教经典。这些佛教经典大大丰富了我国佛教典籍的宝库，也为唐代的译经事业的辉煌成就提供了梵本基础。他先后译出的经论典籍共有75部，共1335卷，计有1335万字。玄奘译经事业及其弘教活动，对我国佛教的发展和隆兴作出了巨大贡献。玄奘的译经事业规模宏大，成就显著，为我国佛教经典宝库增添了极为珍贵的文献珍藏，也为中华文化典籍的丰富做出了巨大贡献，被后人尊为一代伟大的翻译家。玄奘的翻译活动是在译场中进行的，他把译经和讲法结合起来，培养了大批弟子，创立了自己的佛教学说，成为唯识宗创始人。他撰写的《大唐西域记》在佛教史学及古代西域、印度、中亚、南亚之史地、文化上，乃至于中西交流史料上，均富有极高之价值。

玄奘不畏艰险西行取经的壮举，给后代的佛教学者们以极大的鼓舞。所谓"玄奘西征，大开王路，僧人慕高名而西去求法者遂众多"。在玄奘之后，又陆续有中国僧人赴

玄奘三藏像（东京日本国立博物馆藏）

印度开展求法取经活动，其中以义净最为著名。咸亨二年（671）的年末，义净从广州登船，到达了南海中的室利佛逝国，于咸亨五年（674）的五月往中印度，最后到达中印度摩揭陀国的那烂陀寺。义净在那烂陀寺学习佛教，前后停留近 12 年。然后又从海路，在室利佛逝国逗留后回国。义净为追求佛教真谛，不远万里，西行求经，长达 20 余年。回国后，十几年如一日译经不止，硕果累累。义净留下《大唐西域求法高僧传》和《南海寄归内法传》两部著作，是可以与法显《佛国记》、玄奘《大唐西域记》相媲美的佳作。

义静在《大唐西域求法高僧传》一书中记载了几乎同一时代 50 多位

僧人在印度和南海求法取经的事迹。书中所记的这些僧人，年长者已近70岁，年幼者仅17岁，他们同是为了一种对佛教的虔诚信仰，在印度各地努力求学，备受艰苦磨炼，始终不悔，其中竟有27位病亡于印度或回国的海上而未能成就宿愿。从义静书还可以看出，当时佛教东传的浪潮蓬勃发展，不仅中国僧人，而且一些其他国家的僧人也相继加入去印度求法的行列。

佛教传入中国后，经过中华文化的改造、剪裁和本土化，变成中国化佛教，成为中华文化的一个组成部分。继而，中国化佛教又传至朝鲜、日本等国，并得到广泛流传和发展。

朝鲜僧侣以探询佛法义理的热情和对中华文化的向往仰慕之心，搏击沧波，舍身西渡。如《海东高僧传》所说："西入中国，饱参而来，继踵而起。"近600年内，朝鲜僧人入华求法请益可稽考者达200多人。在这些入华请益僧中，有许多精通佛法的高僧。他们为中国化佛教的传播和推动朝鲜半岛佛教的兴盛发展做出了重大贡献。

日本入唐的僧侣有两种名称，即"学问僧"和"请益僧"。学问僧是来唐学习佛法的僧侣；请益僧则是已在本国学有专长，带着疑难问题来唐质疑问难的僧侣。日本僧人入唐求法的时间，少则一二年、三五年，多至十几年、二十几年，甚至有的长达30多年。学问僧们在中国潜心钻研佛教义理，广泛搜集佛教经籍，为中国佛教文化的在日本的传播做出了重要贡献。日本入唐学问僧中还涌现出许多杰出的唐文化的传播者，其中自日本奈良朝至平安朝时期即9世纪上半叶的最澄、空海等"入唐八家"最有影响、贡献最大，是日本入唐学问僧的杰出代表。

唐代以后，一直到明清时期，在朝鲜、日本僧人纷纷入华的同时，也陆续有一些中国高僧赴朝鲜半岛和日本传播佛教，同时也为传播中华文化做出了贡献。其中最著名的是鉴真和尚率弟子东渡日本。唐玄宗天宝元年（742），鉴真已年55岁，应日本方面的邀请，他开始了史无前例的历时12年的6次东渡之壮举。鉴真东渡可谓一波三折，困难重重，先后

鉴真坐像（日本奈良唐招提寺御影堂藏）

五次东渡计划都告失败。由于长期的奔波劳顿和酷暑的折磨，鉴真双目失明。迎请鉴真东渡的日本僧人荣睿和决心相随的弟子祥彦也先后在途中病逝。但这些打击并没有动摇鉴真东渡弘律之志。直到天宝十二年（753）十一月，鉴真率弟子38人随日本遣唐使舶东渡，最终踏上日本国土。

鉴真一行受到日本天皇和僧俗各界的热烈欢迎。他在奈良建立了著名的"唐招提寺"，专心在唐招提寺传法。鉴真被称为日本律宗之初祖，唐招提寺相应被尊为日本律宗祖庭。鉴真东渡时，随他同行的有弟子24人。他们都在传播中国佛教和文化艺术方面发挥了不同程度的作用。

鉴真一行不仅对日本佛教的发展做出了重大贡献，而且还把当时唐代先进的建筑、绘画、雕塑、医药等文化技术介绍给日本，被后世称为

"日本文化的恩人"。有日本学者说，鉴真是站在奈良文化最高峰的人，同时也是平安文化开道之人。

明清之际，西欧基督教会派遣大批传教士来华，他们前赴后继，不绝于途，同时采取"学术传教"的策略，也带来了西方的文化、艺术与科学，成为这一时期中西文化交流的主渠道。他们通过书信、翻译中国典籍和撰写有关中国的著作，向欧洲广泛介绍中国的儒家学说、政治制度、生活礼俗，为中华文化在欧洲的广泛传播起到了重大作用，对欧洲启蒙运动也产生了很大的影响。

最早来华的传教士是意大利耶稣会士利玛窦（Matteo Ricci，1552—1610）。1582 年，利玛窦乘坐葡萄牙的大帆船，经过漫长的海上航行，来到了澳门，踏上中国大地。这一年他刚满 30 岁。利玛窦在中国生活了 28 年，直到在北京逝世。再也没有回到自己的祖国。利玛窦开辟了在中国的传教事业，取得了一定的成功，并与中国的士大夫们建立起广泛的友谊，也为西方文化在中国的传播作出了重要贡献。他与徐光启合作翻译《几何原本》，对中国科学文化发展有很大影响。他的回忆录《利玛窦中国札记》一经面世，立即引起了广泛的注意，迅速在欧洲各国传播开来。《利玛窦中国札记》在当时是一部最有权威的全面介绍中国文化的力作，对于欧洲人了解中国起到了重要作用，是"欧洲人叙述中国比较完备无讹之第一部书。"

在利玛窦之后，德国传教士汤若望（Johann Adam Schall von Bell，1591—1666）是最重要的耶稣会士之一。汤若望在华 40 余年，经历了明、清两个朝代，是与利玛窦、南怀仁并列的耶稣会在中国传教史上最为杰出的三人之一。还有人说，汤若望名业与利玛窦相并，堪称耶稣会之二雄。汤若望在徐光启主持历局编纂《崇祯历书》的工作中，做出了重大贡献。汤若望又受明廷之命以西法督造战炮，并口述有关大炮冶铸、制造、保管、运输、演放以及火药配制、炮弹制造等原理和技术，由焦勖整理成《火攻挈要》2 卷和《火攻秘要》1 卷，为当时介绍西洋火枪技术的权威著作。明清易代后，汤若望向朝廷进献新制的《舆地屏图》和浑天仪、地平晷、望远镜等仪器，将《崇祯历书》压缩成《西洋新法历书》103卷进呈，清朝从1645年开始，定名《时宪历》颁行天下。我们现在用的农历就是这部《时宪历》。

明清之际来华的欧洲传教士有几百近千人之多，其中有许多都是那个时代的才智之士。他们在承担传教使命的同时，还广泛介绍文艺复兴时代发展起来的近代欧洲科学文化，为西学东渐做出来很大贡献。同时，他们通过书信、翻译中国典籍和撰写有关中国的著作，向欧洲广泛介绍中国的儒家学说、政治制度、生活礼俗，为中华文化在欧洲的广泛传播起到了很大作用。在17—18世纪，传教士们成为中西文化交流的重要桥梁。

第九讲

丝绸之路上的物种大交换

一、文明早期的物种交流

在早期人类文明的交往和交流中，物种的交流，是相当重要的内容。作为农作物的植物和作为家畜的动物，是早期人类在生活生产的长期实践中逐渐对野生物种驯化的结果。不同的民族面对不同的自然条件，所接触和驯化的动植物并不相同，但通过早期的交流，逐渐成为各民族共同的财富，满足和丰富了不同民族的生活。

有学者认为，距今4000—5000年前，起源于中国的粟传播到了欧洲，中国起源的水稻传播到日本、朝鲜和东南亚；西亚起源的小麦传播到了中国。《荀子·王制》说："万物皆得其宜，六畜皆得其长，群生皆得其命。"中国自古讲究"五谷丰登"和"六畜兴旺"，作为生活富足和社会繁荣的基本条件。"五谷丰登"和"六畜兴旺"是我们的先人与欧亚大陆其他民族交流的结果。

粟是欧亚大陆最古老的谷物之一，中国被公认为粟作起源中心。黄河流域是最早栽培粟和黍的地方。根据最新研究结果，在距今8000年前后的兴隆洼文化时代，小米已经成为当地人日常食用的谷物。在不晚于距今6500年的仰韶文化时代，小米成为中国北方人口的主粮。

粟在北方被驯化后即向中国南方在内的各个地方传播，对中华文明历史进程产生了影响深远的重要农作物之一。粟从我国北方向南传播，最迟在距今4000年时便到了南亚和东南亚地区。早期粟作在向华南、西南及东南亚传播的过程中，对于当地生产方式的变化发挥了重要作用。黍粟也向西传播。中国、英国和美国的学者通过合作研究，揭示出黍和粟的向外传播，在史前时期便已到达欧洲和印度。我国的小米主要是从草原通道，经过畜牧民族世世代代的接力传播，进而到达欧洲。

黍和粟经山东半岛或辽东半岛传入朝鲜和日本。在朝鲜和日本新石器时代文化遗址中亦发现了以粟、黍为作物的"杂谷"农业文化遗存。日本在绳纹文化末期弥生前期已经栽培粟，粟是当时主要的粮食作物。水稻传入后，粟的地位开始下降。西部日本的旱地农耕与中国大陆的旱地农耕有着密切联系，大分县大石绳纹文化遗址所发现的石磨盘、石磨棒之类粮食加工工具与中国东北等地区所见者形制相似。

中国长江流域下游是亚洲稻作农业的发源地。浙江余姚河姆渡发现了距今近 7000 年的丰富的稻作遗存。浙江还相继发现了数量较多的新石器时代早、中期遗址，年代在距今 8000—11000 年，这些新石器时代早、中期遗址中都发现稻遗存。

水稻在我国推广种植后，很快传到了东亚近邻国家。朝鲜半岛发现距今 3000 年以前的稻作地点 20 余处，这些稻作遗址在朝鲜半岛南北均有分布。学术界普遍认为，朝鲜半岛的水稻农业是中国水稻农业传播的结果，传播路线应是自胶东半岛至辽东半岛，再东至朝鲜。在水稻传入朝鲜的同时，伴随稻作文化而来的有段石锛、半月形石镰，它们的最早原型都出在中国东南沿海的河姆渡文化遗址。中国的一些铁制农具，如铁镰、铁锹、铁制半月刀也传到了朝鲜。

据考古资料表明，中国的水稻和稻作技术早在公元前 6 世纪春秋末期传入日本。这要比传入朝鲜的年代晚了许多个世纪。日本早期稻作遗址都在九州岛地区，同处远古时代中日海上通路的端点，显现出中国稻作传播的轨迹。有学者认为，中国水稻栽培技术是直接从中国江南一带横渡东海传入日本九州岛，进而扩大到近畿遍及全日本各地。稻作文化出现在日本从绳纹文化到弥生文化的过渡时期。日本弥生文化的一个重要特点是从采集经济向农耕经济转变，特别是水稻栽培的普遍推广。稻作文化是弥生文化的一个重要内容。根据附着在陶器上的稻谷痕迹，以及从遗迹中出土的炭化米、各种农具、水田遗迹等丰富的考古材料，可以想见这一时代农耕经济已经比较发达。日本列岛的自然条件非常适宜水稻种植，温暖的气候、丰沛的雨量，以及到处都有可供开成水田的低湿的土地。

在弥生文化时代，传入日本的不仅有水稻及稻作技术，还有其他农作物一起传播过来。从弥生文化时期遗址发掘来看，当时关东等丘陵地带豆类和杂谷的种植非常普遍。此外，杂谷的其他栽培植物，如桃、杏、

第九讲　丝绸之路上的物种大交换

171

柑橘、葫芦、甜瓜、构树、芋头、菱角、白苏等等，可能也是在这一时期前后传入日本的。这一时期从中国内地传入日本的栽培植物大约有 40 余种，被日本学者称之为"太古大陆渡来"的植物。

起源于中国的稻作文化，对于日本列岛（也包括朝鲜半岛）的民族生存和文明发展起到不可估量的巨大作用。水稻农耕作为典型的生产经济方式，取代了以狩猎、捕捞、采拾为主要形式的自然经济，由此产生的结果不仅推动了生产方式的革命，而且从根本上改变了日本列岛的文化性质。

新石器晚期，以植稻为中心并具有相同特征的文化，不仅已较普遍地分布于我国南方各处，而且以这一历史时期民族迁徙和民族文化交流为背景，稻作文化也渐次传播入东南亚地区，甚至南洋各岛屿也开始出现了水稻的种植。

在中国原生的水稻和粟向外传播的同时，起源于西亚的小麦也在大约距今 4500 年前传入中国黄河中下游地区。

小麦是重要粮食作物之一，起源于亚洲西部。学者们认为，小麦从西亚向东方的传播至少包括了三条路线：主体为北线的欧亚草原大通道，中线为河西走廊绿洲通道，南线是沿着南亚和东南亚海岸线的古代海路。这也就是我们现在说的丝绸之路的陆路、草原之路和海上之路。

中国发现最早的小麦遗址是在新疆的孔雀河流域，在楼兰的小河墓地发现了 4000 年前的炭化小麦。齐家文化是黄河上游地区的铜石并用时代文化，年代为公元前 2000—前 1900 年，属于新石器时代晚期文化。在甘肃临潭磨沟遗址的齐家文化墓葬群，研究者对墓葬中成人牙齿牙结石淀粉粒的检测结果表明，当时人类植物性食物具有多样化的特征，有小麦、大麦或青稞、粟、荞麦、豆类及坚果类等，其中麦类植物、荞麦和粟占淀粉粒总量的 70%。比临潭磨沟遗址更早的甘肃西山坪遗址出现了中国西北地区最古老的稻作农业遗存，当时人们种植粟、黍、水稻、小麦、燕麦、青稞、大豆和荞麦等 8 种粮食作物，囊括了东亚和西亚两个农业起源中心的主要作物类型。这处遗址证实了小麦和燕麦早在 4000 年

前已传播到中国西北地区。在古
文献中，《夏小正》中已有"祈
麦实""树麦"等记载。殷墟出
土的甲骨有"告麦"的文字记
载，说明小麦很早已是河南北部
的主要栽培作物。大概殷商时
期，华北地区居民已经逐渐将麦
子作为主食。《诗经·周颂》中
已有小麦、大麦的记载，说明
西周时黄河中下游地区已遍栽
小麦。

清袁江《春畴麦浪》

　　我们常用"五谷丰登"来代
表农业的兴旺。所谓"五谷"，
是指稻、麦、黍、稷、菽五种粮
食作物。这既包括中国自己起源
的稻、粟、大豆，也包括了从外部输入的小麦。如今，"五谷"已泛指各
种主食食粮，一般统称为粮食作物，或者称为"五谷杂粮"，包括谷类
（如水稻、小麦、玉米等），豆类（如大豆、蚕豆、豌豆、红豆等），薯类
（如红薯、马铃薯）以及其他杂粮。"五谷丰登"是史前世界种植物交流
的结果。如果没有麦子的引进和推广种植，就构不成"五谷"了。

　　"五谷丰登"是我们的先人与欧亚大陆其他民族交流的结果，而"六
畜兴旺"也是史前文明交流的结果。

　　"六畜"概念始见于春秋战国时代文献，包含牛、马、羊、猪、犬、
鸡。宋王应麟《三字经》说："马牛羊，鸡犬豕。此六畜，人所饲。"这
里把中国的六畜分为两组，即"鸡、狗、猪"和"马、牛、羊"。猪、
狗、鸡是东亚本土起源，常见于新石器时代文化遗址，与定居农业生产
方式相关。中国是世界上最早将野猪驯化为家猪的国家，也是世界上已
知最早养鸡的国家，狗也是中国最早驯养的家畜。猪、狗、鸡和人一样

魏晋墓壁画《牧羊图》

是杂食动物，特别容易和人类建立亲密关系。有了这些畜禽，人类才逐渐放弃狩猎采集，进入生产经济时代。驯养的牛和羊在西亚出现早于东亚数千年，马的最早驯化地是中亚。牛、马、羊是草原游牧业的基础，这些动物与猪、狗、鸡不同，均可产奶，而奶和奶制品则为游牧生活提供了更加稳定的饮食保障。

直到夏商周三代，中国的"六畜"才逐渐齐备。《荀子·王制》说："万物皆得其宜，六畜皆得其长，群生皆得其命。"由于早期人类的交往和交流，中国在商周时代就实现了"六畜兴旺"。

"五谷丰登"和"六畜兴旺"基本上奠定了中华民族生存和发展的基本生活基础。

二、丝绸之路与西域植物的引进

汉代是中国农业发展史上一个物种引入的高潮。西域优良物种的源源引入，丰富了中国的物种资源，促进了中原种植业、园艺业的发展以及食物结构的调整，对于中国传统农业的发展无疑发挥了重大作用。

从西域移植来的植物有安石榴、苜蓿、葡萄、玉门枣、胡桃，还有胡麻、胡桃、胡豆、胡荽、胡蒜、酒杯藤等。还有出自瀚海北、能耐严寒的瀚海梨，"霜下可食"的霜桃等。汉武帝元鼎六年（前111）平定南越后，从南方引进了许多亚热带植物，种植于上林苑中。到魏晋南北朝时，对于引进西域植物仍然很积极。十六国时的后赵石虎为了引种这些中原本无的植物，围起苑囿，运来土壤，并引水浇灌，以期创造适宜珍贵果种的生长条件。在此苑囿中，栽种了不少中原本无的名果。他甚至还做了一辆大车作为培植这些作物的试验田。

综合各种史籍文献的记载，可知汉代经丝绸之路传入中国的西域植物主要有以下诸种：

（1）苜蓿。苜蓿是苜蓿属（Medicago）植物的通称，俗称"金花菜"，是一种多年生开花植物，其中最著名的是作为牧草的紫花苜蓿（Medicago sativa）。苜蓿以"牧草之王"著称，耐旱、耐盐碱，产量高，草质优良，各种畜禽均喜食。汉将军李广利从大宛带回苜蓿后，在长安宫殿旁栽培，以后在中原推广，成为我国的主要牧草。苜蓿的嫩芽或幼苗还可以佐餐，常作为菜蔬不足时的应急食物，诗文中多用来表示粗茶淡饭。

（2）胡麻。胡麻俗称芝麻、油麻，又称"巨胜"。有学者认为胡麻原产非洲西部、北部及东南亚爪哇岛一带，因为那些地方有较多的芝麻野生种和考古发掘材料。中国人很早就掌握了胡麻的种植时令和收藏方法。据后魏时的《齐民要术》记载，芝麻已有大田栽培。胡麻还被方士们视为长生食物，中医也多以胡麻入药。

（3）胡桃。即核桃，原产于波斯北部和陇路支，公元前10世纪传往亚洲西部、地中海沿岸国家及印度。因为此果外有青皮肉包裹，其形如桃，故称"胡桃"。此果果肉油润香美，十分珍稀名贵，仅作贡品供皇上食用，故古时称其为"万岁子"。

（4）胡豆，包括蚕豆、豌豆、野豌豆，是从波斯和中亚传入的。

（5）胡瓜，即黄瓜，原产于印度。十六国时后赵皇帝石勒忌讳"胡"字，汉臣襄国郡守樊坦将其改称为"黄瓜"。唐代时，黄瓜已经成为南北常见的蔬菜。

（6）胡荽，即香菜，为伞形科芫荽属一年生草本植物，原产地为地中海沿岸及中亚地区。《说文解字》记载："张骞使西域始得种归，故名胡荽。"

（7）胡蒜，即大蒜。贾思勰《齐民要术》称其为张骞出使西域时所得，又称"胡蒜"。

（8）石榴，又名"安石榴""丹若""若榴""阿那尔"，原产于伊朗、阿富汗、印度北部及俄罗斯南部，其果实为鲜食佳品，石榴皮、石榴花、石榴根均可入药。最早记载石榴的是东汉中叶李尤《德阳殿赋》，赋中说德阳殿的庭院中"葡桃安若，曼延蒙笼"。

（10）红花，一年生草本植物，是原产于埃塞俄比亚的菊科一年生草本，具特异香气，味微苦，以花片长、色鲜红、质柔软者为佳。红花最初盛行于匈奴人，他们认为妻妾如红花般可爱，因此称之为阏氏。古时甘肃河西和宁夏一带多产红兰花，而以焉支山所产最为驰名，"焉支"就是"胭脂"的谐音。汉武帝时大将霍去病驱逐匈奴出河西，匈奴人因失此山以歌当哭："亡我祁连山，使我六畜不蕃息。失我焉支山，使我妇女无颜色。"至 2 世纪时，红花已经引入到黄河流域。南北朝时，红花在黄河中下游地区的栽培已经很广泛。红花引进不久，就被作为上等药物，用于治疗活血、通经、产后瘀滞、跌打损伤、症瘕积聚及斑疹。

以上这些植物引入中国，通常归到张骞的名下。实际上可能是在那个时代或更早的时候这些植物就已经传入中国。但这也说明自张骞通西域，确实为西域的物产包括动植物源源不断地传入中国创造了条件。

除了上述这些植物外，同时期传入中国西域植物还有无花果、番红花（又称藏红花、西红花）、西王母枣、奈（俗称沙果、红果）、荞麦、茄子等。

这些植物传入中国后，丰富了当时的作物品种和种类，经过中国人民千百年来的种植、选育，成为中国蔬菜、水果、油料等农业作物的重要组成部分，对中国农业、畜牧业等产生了深远影响，也改变了我国的饮食结构，极大地丰富了中国人的饮食文化。

在从西域引进的植物中，最引人瞩目的是葡萄。唐代诗人李颀有一首《古从军行》，其中写道："年年战骨埋荒处，空见蒲桃入汉家。"在他说的汉武帝战果之中，列出"蒲桃"即葡萄一项，可见在当时人们心目中，引入的西域物产中葡萄具有极高的地位，或者葡萄成为汉唐时代引进的西域植物的代表符号。

中国葡萄种植业的正式开始，通常认为是在汉武帝时期。《太平御览》据《汉书·西域传》记载说，汉武帝时期，"贰师将军"李广利征服大宛，携葡萄种归汉。"离宫别观傍尽种蒲萄"，可见汉武帝对此事的重视，并且葡萄的种植达到了一定的规模。

葡萄被引进以后，就受到人们的喜爱。北朝时，葡萄在长安、洛阳和邺这三个政治中心种植比较多。到唐朝时，葡萄在内地开始得到广泛种植。唐太宗在长安百亩禁苑中，辟有两个葡萄园。著名园丁郭橐驼为种葡萄发明了"稻米液溉其根法"，记载在他的《种树书》里，一时风行。葡萄的品种，《广志》只从颜色上分为黄、白、黑3种，到唐代，马乳葡萄频繁见于记载。另外还有被称为"龙珠"的圆葡萄。杜甫的诗句"一县蒲萄熟"反映了葡萄种植已经十分普遍。刘禹锡、韩愈的《葡萄歌》对葡萄的栽种、管理、收获、加工都有细致的描写。

由印度传入中国的物种中比较重要的首先是棉花。印度的阿萨姆邦一带是木本亚洲棉的发源地。亚洲棉从印度传入中国有两条路线：

第一条途径是经由东南亚传入我国的海南岛及两广地区。战国时成书的《尚书·禹贡》中有"岛夷卉服，厥篚织贝"之载，古今不少学者认为"卉服"就是指的棉布所制之衣，故作为沿海地区向不出产棉花的中原的贡品。秦汉时海南岛已经植棉生产棉布了。

第二条途径是由印度经缅甸传入我国云南地区。亚洲棉经南方丝绸之路从印度传入哀牢，再传到西蜀地区，经过蜀人运用中国的纺织技术，织成高级的棉布，其质量远胜过原产地的印度布，于是棉布又由四川倒流至印度，并远达大夏国。

从南方传入的印度棉原是多年生木本，最初是落叶乔木。传入我国之后，随着向北迁移与不断的选育，最后培育为不高而一年生的"中棉"。棉花传入我国之后，长期停留在边疆地区，未能广泛传入中原。宋代福建沿海已种植棉花，北宋末年的《北征纪实》中还称棉布为"南货"，可见当时棉布主要还是在岭南地区生产的。元代棉花种植在中原得到迅速推广，棉花种植迅速发展并超过桑麻而成为我国纺织工业的主要原料。

甘蔗是温带和热带农作物，是制造蔗糖的原料，且可提炼乙醇作为能源替代品。甘蔗原产地可能是新几内亚或印度，后来传播到南洋群岛。甘蔗大约在周宣王时传入中国南方。中国蔗区主要分布在广西、广东、台湾、福建、四川、云南、江西、贵州、湖南、浙江、湖北等省。甘蔗传到中国之后，经过长期栽培，品种繁多。西汉时，中国人对甘蔗已经很熟悉，并有关于从甘蔗汁中提取各种甜料的记载。如《楚辞》记载甘蔗糖浆可以用来蒸饴。另据《汉书》的记载，甘蔗汁还可以用来醒酒。

唐代段成式在《酉阳杂俎》一书里，保存了大批唐代从阿拉伯等地引进、传入的农业新品种，在中国农业史上具有较高的科学价值。南宋时期，赵汝适在《诸蕃志》中，又记载了从西域传入的、数量更多的农业新品种。这些新品种，种类繁多，在中国分布甚广。

在唐朝引进的植物中，可分为树木、蔬菜和观赏性植物几大类，其中有桃树、椰枣树、菩提树、胡椒、波棱菜、莴苣、酢菜、芦荟、胡萝卜等。

传入中国的非洲植物品种很多，它们被引进到中国后，经过多年的栽培，有一些成为重要的粮食、蔬菜和药材，其中最重要的是蜀黍，即现在所说的高粱。中国的蜀黍可能是从印度传入的。至于"高粱"之名，则是在元代王祯《农书》中才出现的。高粱是中国最早栽培的禾谷类作物之一。高粱在中国经过长期的栽培驯化，渐渐形成独特的中国高粱群，许多植物学形态与农艺性状均明显区别于非洲起源的各种高粱。其他起源于非洲并传入中国的还有前文介绍的芝麻、莴苣，以及蓖麻、草棉、胡荽、葫芦、亚麻、甘薯等。西瓜的原产地也是在非洲。西瓜的传播首先从埃及传到小亚细亚地区，经波斯向东传入印度，向北经阿富汗，越帕米尔高原，沿丝绸之路传入西域。西瓜引入中国北方地区，就是在辽朝与高昌回鹘交往的这一时期。

大量的植物，包括蔬菜瓜果，在不同时期陆续传入中国，丰富了中国人的饮食生活。我国学者孙机在《中国古代物质文化》中说，《诗经》里提到了 132 种植物，其中只有 20 余种用作蔬菜。而且有些品种早已退出蔬菜领域。《左传·隐公三年》称："蘋国、蘩、蕰、藻之菜，可荐于鬼神，可羞于王公。"今天看起来，这里说的不过是些浮萍、水草及白蒿之类，而当时却拿来充当祭品，办宴会，可见蔬菜之贫乏。正是由于不断地从国外引入新的蔬菜物种，才使得我们今天的蔬菜品种这样丰富。这些通过交流的途径引进的粮食作物、蔬菜，极大地改变了各民族不同的饮食结构，改变了人们的食谱和餐桌，也对增强人们的体质和健康，都起到了重要的作用。今天我们拥有丰富的食品，多种多样的，很大程度是得益于早期人类的物种交流。

进入到人类文明传播和交流领域的物种，不仅仅是一种自然的产品，而且包含着人类的文化活动，是人类主动参与、改造的产物。这些通过交换的食用植物和家畜，并不是野生的，而是经过人类的驯化和培育的。这些物种本身就是人类文化的产品，是人类文化的一部分。

物种的交流，是人类历史上一个持续的过程。但是，这个过程并不是物种的自然的传播，而是人类不同族群、不同文化之间的相遇、交往与对话，是人类的文化交流的一个部分。物种的交流实质上是人的交流，物种交流的故事实际上是人类逐渐开辟自己的生活空间、发展自己的文明的故事。因此，物种的传播也是一个文化传播，是一种文化现象。

三、上林苑与奇珍异兽

上林苑是中国秦汉时期的皇家园林，秦朝始建。汉武帝建元三年（前138）对上林苑加以扩建。据《汉书·东方朔传》记载：汉武帝建元三年，武帝命太中大夫吾丘寿王在今三桥镇以南、终南山以北、周至以东、曲江池以西的范围内，开始扩建上林苑，并有偿征收这个范围内民间的全部耕地和草地，用以修建苑内的各种景观。后来，上林苑又进一步向东部和北部扩展：北部扩至渭河北，东部扩至浐、灞以东，形成了前所未有的规模，进入了它的鼎盛时期。

据《关中记》载，上林苑中有三十六苑、十二宫、三十五观。上林苑中有大型宫城建章宫，还有一些各有用途的宫、观建筑，如演奏音乐和唱曲的宣曲宫；观看赛狗、赛马和观赏鱼鸟的犬台宫、走狗观、走马观、鱼鸟观；饲养和观赏大象、白鹿的观象观、白鹿观；长杨宫中还有射熊馆，长安城东的灞、浐交会处有虎圈，即秦虎园，建章宫西南有狮子圈等等。上林苑中有熊罴、豪猪、虎豹、狐兔、麋鹿（四不象）、牦牛、青兕、白鹦鹉、紫鸳鸯等，"奇兽珍禽"，到处皆是。此外，引种西域葡萄的葡萄宫和养南方奇花异木如菖蒲、山姜、桂、龙眼、荔枝、槟榔、橄榄、柑桔之类的扶荔宫等。

汉武帝的上林苑聚集了天下的奇珍异宝，汇集大量的花草树木和奇兽珍禽，是当时全国最大的皇家动物园和植物园。《三辅黄图》卷四记载，汉武帝修上林苑，"群臣远方，各献名果异卉三千余种植其中，亦有制其美名，以标奇异"。上林苑"名果异卉""数不胜数"。《西京杂记》载，上林苑栽植奇花异木 2000 余种。司马相如的《上林赋》中提到大型动物40种。《西京赋》说："其中乃有九真之麟，大宛之马，黄支之犀，条支

汉代错金铜犀尊

之鸟。"

在汉代乃至魏晋南北朝时期，由于中西交通大开，交流扩大，有许多奇禽怪兽从西域传到中国，如封牛、象、大狗、沐猴、狮子、犀牛、安息雀等。《汉书·西域传》说："巨象、师子、猛犬、大雀之群食于外囿。殊方异物，四面而至。"钱锺书的《管锥篇》援引《太平广记》中《月支使者》，记载了月氏使者向汉武帝献怪兽的事情，说：月支国献"猛兽"一头，"形如五六十日犬子"，汉武帝以付上林苑，"令虎食之，虎见兽，皆相聚屈迹如也。"钱锺书说："《博物志》卷三记汉武帝时，大宛之北胡人献一物，大如狗，名曰'猛兽'，帝怪其细小，欲使虎狼食之，虎见此兽辄低头云云，即此事。"

犀牛是哺乳类犀科的总称，主要分布于非洲和东南亚，是最大的奇蹄目动物，也是仅次于大象体型的陆地动物。中国古代有犀牛，但到汉代，犀牛已经属于珍稀动物，最迟到西汉晚期已经绝迹。汉代有外国献犀牛的记载，新莽时也曾有黄支国献犀牛的记载。黄支国献犀牛，在当时被看作是祥瑞。

第九讲 丝绸之路上的物种大交换

181

符拔，又称桃拔、扶拔，一般认为是与"天禄""辟邪"有关的一种外来动物的名称。据法国汉学家沙畹（Edouard Chavanne，1865—1918）研究，"符拔"一词来自希腊文"boubalis"，可能是羚羊之类的动物，即又角羚，来自中亚希腊化国家。

鸵鸟，两汉时期中国人已知被称为"大鸟""大爵""大雀""大马雀"，产地见在"条支国"和"安息国"的大型走禽。汉以后，从北魏至唐、至元，载籍中不断出现这种又被称作"驼鸟""骆驼鹤"走禽的记录。

此外，西域传入的珍禽异兽还有许多种。如封牛，是产于缅甸、印度的一种高背野牛。还有大象、孔雀、沐猴、大狗、长颈鹿、白雉、黑鹰、独峰驼、长鸣鸡等。

骆驼是骆驼科骆驼属的动物，有单峰骆驼与双峰骆驼两种。单峰骆驼主要生活在北非洲和西亚洲、印度等热带地域，早在公元前4000年已开始在阿拉伯中部或南部被驯养。被驯养的单峰骆驼在北非被广泛使用，到罗马帝国时仍然使用骆驼队带着战士到沙漠边缘巡逻。在第4世纪，更强壮和耐久力更强的双峰骆驼首度传入非洲。至少在公元前4000年，我国北方游牧民族就已经把骆驼驯化。在远古岩画中，有许多双峰驼、单峰驼的形象。在商代之前，北方游牧民族就将骆驼视为珍稀动物向中原进献。商周时期，橐驼已经成为西北周边民族同中原人交换的主要牲畜之一，战国时代骆驼已经在中原与北方草原交界的燕代之地养殖。

家驴也来中亚或西亚，其源头在非洲。中国的家驴，是数千年以前由亚洲野驴驯化而来。中国家驴中现有部分仍保留着野生驴的某些毛色、外形特征和特性。至春秋末期，有少量的驴被引进内地，成为上层社会饲养的珍奇异兽。自秦代开始逐渐由中国西北及印度进入内地，当作稀贵家畜。到汉初，陆贾在《新语》中还将驴与"琥珀、珊瑚、翠玉、珠玉"并列为宝，可见当时身价不凡。汉代开始有大量的驴被引进中原，以后成为我国的主要家畜之一。

四、"哥伦布大交换" 与美洲植物的引进

1492 年哥伦布首次航行到美洲大陆，是世纪性大规模航海的开始，也是旧大陆与新大陆之间联系的开始，引发了生态物种的又一次大交流。哥伦布这一壮举的意义决不仅限于发现了一片土地，更在于激发了包括动物、植物在全球范围内的流动。

美国历史学家艾弗瑞·克罗斯比（Alfred W. Crosby）在他 1972 年出版的著作《哥伦布大交换》中，首先提出了"哥伦布大交换"（Columbian Exchange）这个概念，指这一场东半球与西半球之间生物、农作物、人种、文化、传染病、甚至思想观念的突发性交流，是人类历史上的物种交流的一件重要事件。在人类史上，这是关于生态学、农业、文化许多项目的一件重要历史事件。

这次物种交换，改变了欧洲人，美洲人，非洲人及亚洲人的生活方式。烟草、马铃薯、火鸡从美洲大陆传入欧洲，欧洲人则带着小麦、马匹和麻疹来到美洲。这些"移民"，对整个世界的变化和发展产生了重大的影响。

地理大发现，伴随着迄今为止历史上最大规模的两个系统之间的交汇，而其中最具意义的成果之一就是玉米、南瓜、西红柿、马铃薯、蕃薯、花生等美洲粮食作物输入世界其他地方。对于欧亚大陆以及非洲来说，大量外地引入的食物成为人类的主食，并为种植更多农作物而开发新的种植区。当时的探险者回到了欧洲，带回来玉米、土豆和西红柿，成为当时欧洲重要的作物。从爱尔兰、东欧、俄国，直到中国，这些美洲食物都使人口增长有了基础性保障。同样，自葡萄牙人在 16 世纪由美洲引进玉米及木薯进入非洲，取代原有农作物，成为非洲大陆最主要的主食农作物。

"哥伦布大交换"对中国也产生了重大影响。就在"哥伦布大交换"发生之后不久，许多原生在美洲作物就被引进中国，其中包括玉米、番薯、豆薯、马铃薯、木薯、南瓜、花生、向日葵、辣椒、番茄、菜豆、

菠萝、番荔枝、番石榴、烟草等20多种，形成我国作物引种史上第三高潮期。从目前的研究成果来看，玉米、烟草传入中国后不到100年就基本传遍全国，番薯、辣椒等用时不到200年，马铃薯因其生物学特性决定了它只能在高寒冷凉地区发展种植，传播稍慢一些，其他美洲作物引种到中国后传播都比较快。这些美洲物种的传入，对改变我国传统种植结构，大幅度提高粮食产量，改善人们生活水平、饮食结构等方面起了巨大作用。有人将这一时期称之为中国的"物种爆发"时期，还有学者称之为中国的"第二次农业革命"。

玉米约于16世纪初期传入中国。农史学界认为玉米传入中国有三条途径：

第一路，先从北欧传至印度、缅甸等地，再由印度或缅甸最早引种到我国的西南地区。

第二路，先从西班牙传至麦加，再由麦加经中亚最早引种到我国西北地区。

第三路，先从欧洲传到菲律宾，尔后由葡萄牙人或在当地经商的中国人经海路引种到中国东南沿海地区。

玉米在传入我国之后，起初主要是在少数平原地区种植，由于与当时传统的粮食作物相比，玉米"最耗地力"，且没有单产优势，所以总的来说，在明代后期和清代前期的200多年的时间里，它的传播范围较小，种植规模不大。到明朝末年，全国已有半数以上省份引种了玉米。清初，玉米种植区域继续扩大，一些过去未见有玉米记载的省区，也都先后出现。但是，直到康熙年间，全国除少数省份大面积种植以外，大部分地区种植还很不普遍。在当时，玉米常常被人们视作珍品。在《金瓶梅词话》中，玉米面是财主西门庆用来宴客，或与烧鹅肉、玫瑰果等一道上席的阔气食品。

在乾隆以后的上百年中，我国的玉米引种史大大加速。发展最快的是四川、陕西、湖南、湖北等一些内地省份。此外，像贵州、广西，以及今天的皖南、浙南、赣南等山地，也发展迅速。在一些山区，甚至已排挤稻麦黍稷，成为最主要的粮食作物。到了嘉道之际，玉米已可与传统的稻麦黍稷并列，是我国人民的一种主要食粮。

番薯，又名甘薯、红薯、白薯、金薯、朱薯、玉枕薯、红苕、红芋、山芋、地瓜等，旋花科甘薯属栽培种，一年生或多年生藤本植物，原产于美洲的墨西哥和哥伦比亚。一般认为，番薯最初引入中国的途经有3条，时间大体都在明嘉靖万历年间：

一是从印度、缅甸引入云南，以云南的景东、顺宁为起点。万历四年（1576）李元阳编纂的《云南通志》记载，当时云南的临安、姚安、景东、顺宁四府已有番薯的种植。这是中国栽种番薯的最早记录。番薯在云南、贵州两省广泛传播后，向北发展，传播至四川西南部。

二是从越南引入广东，以广东的电白、广州为起点。光绪十四年（1888）的《电白县志》记载，明万历年间，吴川名医林怀兰将番薯从交趾引入该地。广东电白县霞洞乡的"番薯林公庙"，是为纪念林怀兰而建。

另据宣统三年（1911）的《东莞县志》引《凤冈陈氏族谱》记载东莞人陈益从越南将番薯引入，初在花坞里繁殖，后在祖茔处新购田地35亩，进行扩种，甘薯味道鲜美，深受百姓喜爱，很快在广东推广开来，成为人们的主要杂粮。因薯种来自番邦，故名"番薯"。据学者考证，陈益家乡北栅是我国最早种植番薯的地方。

中路番薯的传播又可分为三支线：一是从韶关东趋南雄过梅岭、大余，经江西赣州而达南昌高地；二是从广州、韶关经坪石越南岭而达湖南郴县、衡阳、长沙、岳阳、湖北武昌以及河南的南阳盆地；三是从广州沿珠江西上，深入广西、贵州。

三是从菲律宾引入福建，以福建的泉州、长乐为起点。陈世元《金薯传习录》说，闽县人陈振龙从吕宋引进番薯，初种于今福州南台。据有关资料载，陈振龙是福建长乐人，随众商人赴吕宋（今菲律宾）经商。在吕宋，振龙见当地朱薯遍野，并了解到此薯耐旱、高产、适应性强，生熟皆可食。遂学习种植法，出资购买薯种，于明万历二十一年（1593）

五月，"密携薯藤"回国。当时，西班牙统治下的吕宋严禁薯种外传。陈振龙把薯藤秘密缠在缆绳上，表面涂以污泥，航行七日抵达福建，即在住宅附近纱帽池边隙地试种。为纪念陈振龙，后人还在福建乌石山海滨设立"先薯祠"。

番薯引入中国后传播很快，在明代后期数十年间，福建、广东就广为种植，江浙也开始发展。清雍正年至乾隆初，番薯已成为南方一些地方贫苦人家口粮的重要组成部分，除今甘肃、青海、新疆、西藏、内蒙及东北三省未见有关番薯的记载之外，其他各省都已种植。由嘉庆至道光年间，番薯的种植在大部分省区得到推广，逐渐成为中国主要粮食作物之一，在社会经济中占重要地位。

番薯对于充实中国人的膳食结构、增强营养素的平衡、提高中国人的体质发挥了重要作用。番薯的种植大大地改善了中国淀粉的供给状况，促使粉条、粉丝这类食品大量出现。此外，番薯还广泛用于造酒、制糖。

马铃薯原产在秘鲁、厄瓜多尔、哥伦比亚热带高原地带和智利北部南回归线南北的高原地带。印第安人将马铃薯作为主要食物之一，人们把马铃薯与玉米一起称为两朵"并蒂开放的印第安古文明之花"。马铃薯大约在明万历年间被引入中国。据史料记载和学者的考证，马铃薯可能由东南、西北、南路等路径传入中国。一是东南路，荷兰是世界上出产优质马铃薯种的国家之一，盘踞台湾期间，荷兰人将马铃薯带到台湾，后经过台湾海峡，传入大陆的广东、福建一带，并向江浙一带传播，在这里马铃薯又被称为"荷兰薯"。二是西北路，马铃薯由晋商自俄国或哈萨克汗国引入中国。并且由于气候适宜，种植面积扩大，"山西种之为田"。三是南路，马铃薯主要由爪哇传入广东、广西，在这些地方马铃薯又被称为爪哇薯，然后马铃薯自此又向云贵川传播。此外，马铃薯还有可能由海路传入中国。

马铃薯传入中国后，最初仅能提供皇室、显贵盛馔。马铃薯不仅是皇家的珍味，家庭盛馔，甚至枝叶都能作成小菜。明代上林苑嘉蔬署的皇家菜户筛选繁育出很多品种，为华北提供了薯种源地。清朝取消了明代皇帝特供系统，土豆也登上了百姓的餐桌。乾隆年间，土豆开始引种到晋、冀、鲁、豫和关外的广袤地区。乾隆三十年（1765）后，马铃薯开始引入西南、西北山区，尤其在陕南高原，四方来垦者百万，种植作物以洋芋、玉米为主。

其他引进中国的美洲薯类植物还有豆薯、木薯、花生、向日葵、辣椒、南瓜、西葫芦、菜豆、西红柿和烟草等。

16—18世纪，随着美洲的发现和大航海时代的来临，全球物种迎来大交流的时代。这种交流，主要是原产于美洲的植物被大量传播到欧亚大陆，给人们提供了许多新的粮食和蔬菜的品种，丰富了人们的饮食，部分地改变了人们的饮食结构，进而改变着人们的饮食文化。这些来自美洲的新的农作物来到中国，恰逢其时。在明清两朝政府大力鼓励和支持和各级地方官员的积极推动下，广大的农民热烈响应，使得玉米、番薯、马铃薯等粮食作物得到大面积的推广，逐渐成为中国人的主要粮食作物。

明朝至清前中期，中国普遍出现人多地少的矛盾，人口增加给农业生产带来了持续压力。玉米、番薯等作物的传入，拓展了农业生产的空间，使原来还没有垦辟的生地、贫瘠的沙土、原始的森林，都因此而开发耕植，提高农业集约经营的水平，增加了粮食生产的面积和产量，为满足日益增长的人口的需求起到了至关重要的作用。

许多美洲大陆的作物被引进中国，对中国的农作物结构发生重大影响，多熟种植成为农业生产的主要方式，是清代粮食单产和总产大幅度提高的主要原因。汉代以前，我国主要粮食作物是粟和黍，汉以后逐步演变为南方以稻米为主，北方以麦、粟和高粱为主，这种状况一直延续到明清时期。明清时期，玉米、番薯、马铃薯等美洲粮食作物的引进与推广，不仅使原来不适于耕种的土地得到了利用，也使得人力资源得到了充分的利用。近代以后，玉米、番薯等美洲作物的生产，无论从播种面积还是总产量都快速增长对中国粮食生产影响深远。美洲作物的引进还丰富了我国蔬菜瓜果的品种，丰富了人们的食物营养和饮食。南瓜、辣椒、番茄、菜豆等一些原产美洲蔬菜种类的引种，改变了我国夏季蔬菜不足的状况，成为我们今天餐桌上最常见的夏季蔬菜。

第十讲

丝绸之路上的跨文化贸易

一、丝绸之路是贸易之路

丝绸之路促进了物种大交换，更带来了商品大交换。每一种物产都是适应当地自然和文化环境的产物，因而也就是一些民族和地方的"特产"。因为是特产，就有了互通有无，进行交流和交换的需要，因而也就有了人类的远距离贸易活动。几千年物流绵延不绝，也就有了它们在丝绸之路上的旅行。

经济活动一向是交往的最主要动力和方式，贸易历来是文化交流的重要途径。跨文化领域的贸易活动在人类历史上扮演着十分重要的角色。中国自古以来就与世界上许多国家有着频繁而发达的贸易关系。丝绸之路最初就是因国际性的丝绸贸易而由商人们开辟的。通过丝绸之路上持久的商贸交流，中国的物产源源不断地输入国外，给当地人民提供了丰富的物质生活产品。国外的"殊方异物"，奇珍异宝，也不断地输入中国。大航海时代以后，西欧各国展开了大规模的对华贸易，丰盈的中华物产如丝绸、瓷器、漆器、铁器以及其他生产工具、茶叶、各种中药材、工艺美术品等等大批地、源源不断地输往国外，大量的来自其他民族的物产也通过这些渠道输入中国。

物质产品的大交换，是丝绸之路上最初的和最基础的活动；而对商业利润的追求，是开辟丝绸之路最原初的动力。在丝绸之路沿线多处地点都发现罗马、拜占庭和波斯等国的金币和银币，这正是丝绸之路上国际贸易繁荣的佐证。

中原地区与四周各边地民族、部落、氏族的交流，在商周时代就已发生。到了汉代，具备了对外贸易产生和发展的各种条件：全国的统一与社会的长期安定，生产与国内商业的发展，商品的增多和商人力量的壮大，上层社会对国外物品的追求，国力的增长，交通技术的发达以及与国外交通道路的开辟；周边国家，特别是中近东各国，如身毒（印度）、安息以及罗马帝国，经济昌盛，汉代形成了经常性的繁荣的商业传统。

敦煌莫高窟第 296 窟壁画《丝绸之路商旅图》

　　历代王朝对丝绸之路上的跨文化贸易都十分重视。《史记》说，张骞通西域后，"汉率一岁中使多者十余，少者五六辈，远者八九岁，近者数岁而反。"这些官方的使团，一年派出五六次或十余次，每次往返都要数年。汉与西域的交流，经贸往来是其中的主要内容，从事贸易活动的大部分是担负官方贸易任务的使团。

　　中国古代的对外贸易主要有官方的和民间的两种形式。官方贸易即所谓"朝贡贸易"，中国朝廷以对各国使节"回赐"形式进行贸易，有的外国使节的主要使命就是来进行贸易；另外，外国使节还携带一些本国物产进行私人交易。除官方贸易外，民间的贸易也十分活跃。

　　汉文帝时，北方就有与匈奴通关市贸易，但规模尚小。及武帝经营四方，征服四邻的一些部落、氏族、国家，并大力开辟交通，派张骞两次出使西域，开辟了通西域的道路以后，境外贸易进入繁荣发展的时期。汉帝国始终以通关市来缓和与匈奴的关系。后因战争的关系，交换或停或复。及至东汉，匈奴分为南北，仍是和战无常，交易亦或停或复。交换的主要商品，汉输出的是缯絮、食物、盐等，匈奴输出的则为牛马等牲畜。

　　南方的南越，在未归属于汉帝国以前，与汉有过密切的贸易关系。南越向汉购买金、铁、田器、马牛羊。南越归属汉以后，其地便成为中国从海上与东南亚各国及印度、罗马通商的要道。

汉代境外的跨文化贸易首先是与西域各国的交易。这些国家"皆无丝漆，不知铸铁器"，而多产玉石与牲畜。他们以牲畜、玉石交换中国的铁器及丝织品，并往往以使团名义来中国贸易。所谓使者，实即商人。各国来中国贸易的人很多。班超通西域后，"商胡贩客，日款于塞下"，许多西域商人甚至直至长安进行贩卖活动。

两汉的商人还通过西域的丝绸之路与印度进行贸易。在玉门关，出土过用汉文和早期贵霜王朝的婆罗谜字体写的句子，其内容是印度俗语。这证明，在公元前后，有印度商人到过此地贩丝，印度俗语已经成为这一带的商业通用语言。中国丝织品经丝绸之路贩运印度后，有一部分转运至罗马。

汉代的输出商品中最主要的有两种，一种是体轻价贵的丝织品，属于奢侈品；另一种是体价皆重，不便携带，然是四周各国各族人民生活所必需的铁与铁器，因为他们尚多不产铁或不知铸铁。汉代对外贸易中输入的商品大致有两大类：第一种是属奢侈品，如乌丸、鲜卑的虎豹貂皮，西域的玉石，印度的宝石，罗马的玻璃等；第二种是马、牛、橐驼等牲畜。两汉时，奴隶的买卖是经常性的大宗的贸易活动。

以后历代都十分注重对外贸易。隋朝把对外贸易作为重要国策，驻使西域，遣使南洋，招徕互市，在海外贸易方面有一些新举措，积极发展与海外诸国的贸易往来，在对外贸易上有了进一步的发展。隋炀帝积极发展对西域的联系，发展通商关系是主要目的之一。大业六年（610），为了更多地吸引外商，促进国际贸易，加强与周边各国的友好关系，隋朝曾在洛阳东市举行盛会，邀请诸蕃酋长、各国使者和胡商参加，集娱乐、贸易为一体。

唐宋以后，随着丝绸之路的发展和延伸，对外交往的扩大，对外贸易有了相当大的发展，推动和促进了丝绸之路上跨文化贸易的繁荣，形成了千百年丝绸之路上商品大交换、大流动的壮观景象。

宋朝廷十分重视发展海上交通，推行"招诱奖进"的海外贸易政策，鼓励"商贾懋迁""以助国用"，对海外诸国以"朝贡"或类似名义输入的货物实行免税，并给予丰厚的回赐和赠与。南宋高宗以"市舶之利，颇助国用"为由，号召臣僚"宜循旧法，以招徕远人，阜通货贿。"唐代设立了市舶使，作为管理外贸的机构，到宋代，市舶司制度已经很成熟。元朝在推动海外贸易的发展上更具积极性，把海外贸易看作是"军国之所资""国家大得济的勾当"，政府全力运营，南洋诸国使节与中外商贾在南洋航线上络绎不绝，元朝与南海之交通贸易盛极一时。

商业的沟通从来就是文化的交流。商品的形式无论是原料，还是加工产品，都会对交易的双方产生文化的影响。自然产品，可以丰富和改善人们的生活，同时也造成了生活习惯的演变；加工产品，更是直接传递了不同文明的文化信息，不但会影响人们的生活方式，而且会在更深层次的领域对人们的理念、情感产生重要影响。通过贸易输入的这些外来商品，可以刺激当地民族去模仿，采用和改变他们所羡慕的文明，进而"创造他们自己的文明生活方式"。所以，丝绸之路不仅仅是物质交流之路，更是各民族、各文化相遇、接触、交流与融合之路。

二、多民族参与的国际丝绸贸易

丝绸之路之所以被命名为"丝绸之路"，是因为很早以来，中国的丝绸就主要通过商贸的渠道传播到域外，甚至远达罗马帝国和埃及。丝绸很久以来就是中国的主要出口商品，丝绸之路上的贸易，在更多的情况下是以中国的丝绸为主要内容的，是围绕丝绸的交换展开的。

但就大多数情况而言，中国丝绸的西传是分段进行的，当时的丝绸贸易实际上是一种有多国多民族参与的国际性贸易。而这种跨文化的国际贸易，形成了一个巨大的贸易网络，把整个欧亚大陆连接了起来。

罗马博物学家普林尼说，丝绸"由地球东端运至西端"。但是，从事这种运输的，并不是中国人，而是大夏、波斯、阿拉伯和希腊等国的行商。这些行商像接力一样，从一个国家到另一个国家转输交易。在这种分段进行的国际性丝绸贸易中，西域各国位于丝绸之路要冲，在东西交通中居于重要地位，中国丝绸多经过他们之手转运。中国商人最远把丝绸运到新疆，脱手后由中亚商人转运数千公里至地中海之滨，然后再由那里的叙利亚、希腊和罗马商人运往更远的西方。英国考古学家斯坦因在楼兰故城遗址点发掘到一枚佉卢文简牍，简文称："入三百一十九匹，今为住人买彩四千三百廿六匹。"吐鲁番的唐代文书中，也提到长安汉商在弓月城胡商处，一次就调剂到绢257匹。可见通过西域民族进行的丝绸贸易数量是相当大的。

波斯在经营丝绸贸易方面占有重要地位，是当时中国生丝的重要储存库，也是这一贸易的垄断中心。统治波斯的安息（帕提亚）王朝的国王和贵族，都穿戴中国丝绸制作的衣物。安息商人不但将中国丝织品运往本国，同时还将其转运至西方，并且长期垄断了中西之间的丝绸贸易。由于丝绸之路的繁荣，安息境内也兴起了不少城市，处于丝路上规模较大的城市有番兜（今伊朗达姆甘）、拉盖（今伊朗德黑兰西部）、泰西丰（今伊拉克巴格达西北）等，这些城市成为丝绸交易的重要城市。除了陆上的丝绸之路外，安息商人还以波斯湾为中心，通过海路与东方的印度和西方的罗马商人交易。中国丝绸无论是经过陆路，还是通过海路，都需经过安息商人之手才能运抵地中海。

由于安息垄断了丝绸贸易，攫取了丝绸贸易的高额利润，促使罗马人多次企图打通与中国的直接通道，摆脱波斯人的盘剥，或设法取道经海，从海上取得中国的丝货。而安息人则千方百计阻扰罗马人东进的努力。罗马人与安息人的战争，有很大的原因是出于对丝绸之路和丝绸贸易控制权的争夺。

为了从波斯得到中国丝绸，罗马帝国于298年与波斯达成协议，将尼西比（Nisibis）开辟为两国丝绸贸易口岸。拜占庭帝国的东方贸易尤其是丝绸贸易，也像罗马帝国一样受制于波斯。408—409年，为扩大贸易规模，拜占庭帝国又与波斯商定，增加幼发拉底河左岸的拜占庭城市卡里尼库姆（Kallinicum）和波斯—亚美尼亚地区的波斯城市阿尔达沙特（Artashat）作为通商口岸。此后两大帝国通过这三个口岸的丝绸贸易持续了大约两个世纪。到562年，此时拜占庭已经有了自己的养蚕制丝业，但还刚刚起步，无法打破波斯人在丝绸贸易上的垄断，所以，拜占庭与波斯又达成50年和平协议，内容之一就是双方在既定的通商地点进行包括丝绸在内的商品贸易。

丝绸贸易在经过波斯之后，继续沿着丝绸之路的西段运往欧洲。在欧洲，各地的商人们纷纷从事这一有巨大利润的贸易，罗马、安都、拜占庭等地成了地中海区域的巨大的丝绸仓库。较大商业城市的贸易机构建立了办事处和仓库，他们从驼队购买货物，并把货物用自己的或租来的船只运送过海。

国际丝绸贸易，是一项获利巨大的事业，很多国家的商人参与其中，上千年间不绝于途，形成了古代世界的一个庞大的国际贸易体系。法国汉学家布尔努瓦（Lucette Boulnois）曾描述了在长途贩运丝绸的沿途遭受种种盘剥的情景，指出，一般来说，丝绸交易业务始终都是这样进行的：纺好的生丝或没有捻好的丝等原料，是叙利亚商人波斯人那里购买而来，叙利亚人先纳关税，约为物价的12.5%，然后装船运到拜占庭、亚历山大城或安都。在卸船时又要付关税。当商品在帝国内部各处流通的时候，又被征收多如牛毛的各种税，如道路桥梁过境税、市场销售税，等等。从一个海关转到另一个海关，丝绸价格就如同滚雪球般地陆续攀升，各地的关税监督官，如著名的"慷慨的伯爵"和"贸易伯爵"、商业事务大臣、各种货物的关税税监把税收集中起来，国库就逐渐地富裕起来了。

布尔努瓦这里讲的还只是丝绸贸易从波斯到罗马这一段的情况，如果再加上从中国内地到波斯的路途，又有多少费用要支付呢？所以，从中国的产地出发，最后到达欧洲的消费者手中，丝绸的价格已大幅提高。如果将东西方丝绸价格进行比较的话，唐代从长安至西州（高昌）价格上涨数倍，而从西州经波斯到东罗马帝国的君士坦丁堡，价格要上涨十

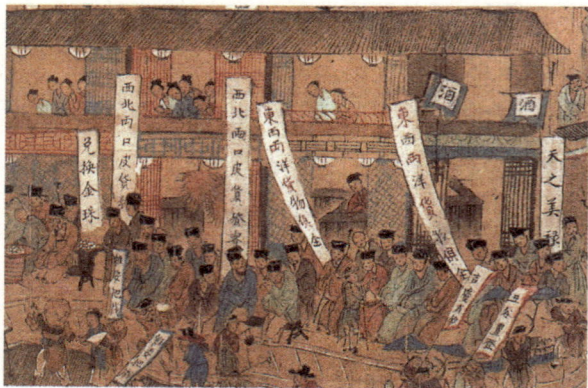

明《南都繁会图卷》（局部），描绘了明代南京盛况。图中的大标语"东西两洋货物俱全"，反映了当时中国与西洋各国的贸易交往（中国国家博物馆藏）

余倍，有时甚至数十倍。丝绸到了罗马甚至与黄金同价，而高昌每斤生丝只相当于4钱黄金。6世纪末的东罗马，官方规定的丝绸价格高达每盎司6—24个金宝石，即每匹丝绸达1—4公斤黄金。黄金在唐朝值10两银，1两银与1匹绢价值大体相当，则丝绸从唐朝运抵东罗马价格提高了200—800倍。

经过长途贩运和数次转手，丝绸被赋予世界货币的特殊功能。帛绸往往在当时的国际贸易中作为流通手段和支付手段。如果说丝绸是一种财富的外表征象，那么它也是一种卓越的交换标志，它本身就变成了一种货币，扮演了一种要远远高于其常用价值的角色。

三、商胡贩客，日款于塞下

很早以来，就有许多西域的商人沿着丝绸之路进入中原开展经营活动，被称作"商胡"。自汉开始，历经魏晋南北朝隋唐，商胡在中国的踪迹屡现于史籍。《史记·大宛列传》说"西北外国使，更来更去"。这里说的"外国使"，更多的是商人。汉代有"商胡贩客"活跃于边境地方，内地亦"商贾胡貉，天下四会"，其中明确有"西域贾胡"。外国使团中也有被称作"行贾贱人"的商业经营者。《后汉书·西域传》说："驰命走驿，不绝于时月；商胡贩客，日款于塞下。"

丝绸之路上的商队是一种民族成份多元的混合型商队，有时商队的规模相当大。553年，凉州刺史史宁曾俘获了一个由胡商240人、骆驼600头及杂彩丝绢以万计的非法商队。在敦煌、龟兹等地的一些石窟中绘有与中亚、西亚商队有关的壁画。魏晋南北朝隋唐时期的墓葬中，常出土有骑驼或牵驼、牵马胡俑，还有载货驼俑、马俑、驴俑等一系列陶俑的组合，这些出土的大量胡人俑为我们提供了丝绸之路上商业活动的繁荣景象。

北朝是胡人入华规模比较大的时代，根据历史文献与石刻史料的记载，这一时期西域胡人大量地进入和分布在黄河流域诸多地区，一些地区甚至形成了区域文化聚落。从北朝时期开始，中央还专门设置"萨宝"这一官职，对胡人聚落进行管理。北朝自魏孝文帝迁都洛阳之后，侨居这里的胡人日众。杨衒之《洛阳伽蓝记》记载了当时西域来华者人数甚多以及西域人到达洛阳经商的情况。当时在洛阳特设异国馆，接待外国来中国暂时居住者。长期居住的，国家赐给住宅，也有自己筑室而居者。北魏政府在洛阳宣阳门外四里永桥以南专门开辟一区，以安置来此定居的外国人。据记载，当时洛阳的外侨住宅区多至万余户。若以每户5人计，则当时的外国人总计有5万余人。当时洛阳的人口估计在100余万，而外国人就占了约二十分之一。就是从现在的眼光来看，也是一个很大的数目。这些外国人来自"葱岭已西，至于大秦，百国千城"，可知主要是中亚和西亚人，其中也包括不少波斯人和阿拉伯人。

汉代以后来中原的西域商胡中，以被称为"商业民族"的粟特人最为突出。粟特人是属于伊朗人种的中亚古族，在中国史籍中被称为"昭武九姓""九姓胡""杂种胡""粟特胡"等。他们原来生活在中亚阿姆河和锡尔河之间的泽拉夫珊河流域，即古典文献所说的粟特地区（Sogdiana，索格狄亚那），其主要范围在今乌兹别克斯坦。在粟特地区大大小小的绿洲上，渐渐聚集成一个个大小不同的城邦国家，其中康国最大，此外还有安国、东曹国、曹国、西曹国、米国、何国、史国、石国，不同时期或有分合，史称"昭武九姓"。

粟特人是一个几百年间活跃在丝绸之路上的独具特色的商业民族，被诸多中外学者认为是古代中亚最活跃、最神秘的民族之一。正如腓尼基人、犹太人在地中海沿岸和北海远程贸易中所扮演的角色一样，粟特人在中原通往地中海的漫长商路上，也扮演了同样的角色。粟特商人大约从东汉后期开始往来于中国的商业活动，到了5世纪的北魏时期，他们在东方的商业活动达到高潮，活动范围已扩展到长江流域。

粟特人沿着丝绸之路，由西向东进入塔里木盆地、河西走廊、中原北方、蒙古高原等地区。粟特人所走出的丝绸之路，从西域北道的据史德、龟兹、焉耆、高昌、伊州，或从南道的于阗、且末、石城镇，进入河西走廊，经敦煌、酒泉、张掖、武威，再向东南经原州，入长安、洛阳，或向东北向灵州、并州、云州乃至幽州、营州。他们以沿途的绿洲城镇为转运点，在这条道路上的各个主要城镇，几乎都留下了粟特人的足迹。有的人在一些居民点留居下来，形成自己的聚落，有的继续东行，寻找新的立脚点。这些聚落的主要功能，就是为过往的粟特商人提供必要的服务。可以说，粟特人几乎控制了东西贸易的命脉。

粟特人的这些聚落点不仅分布在西域各处，而且在从中亚通往中国的沿途，包括长安、洛阳和通往东北方面的河北道、河东道的驿道沿线的主要州属都市，都有他们的聚居点。粟特人以自己建立的聚落为据点组成贸易网络，聚落除了作为商人们的家园，还帮助来往于贸易网络中城镇的商人们进行买卖活动。粟特人经过长时间的经营，在撒马尔罕和长安之间，甚至远到中国东北边境地带，逐渐形成了自己的贸易网络。

茫茫沙海，漫漫丝路，这些背井离乡的粟特人以及其他民族的商旅，自东而西，或自西而东，络绎不绝，相望于道。但粟特人的商旅经历，并不是一个浪漫的旅程，而是一个长途跋涉的极为艰辛和充满风险的旅程。除了自然环境的险恶之外，沿途还时常有盗匪出没，匈奴的劫掠，商旅贩客常常有被劫杀的危险。为此，粟特人的贸易活动，都是以商队为单位集体，结伙而行，往往都是数十人甚至数百人一道行动，并且拥有武装以自保。在佛经中有 500 商人遇盗的故事，反映的就是粟特商人旅途中所经历的情况。

在东汉到唐末的数百年间，粟特商队是中国和中亚、中国和印度、中国和北方草原民族间贸易的重要媒介。从遥远的粟特故乡，到中国中原腹地，由于精心的准备和严密组织，粟特商人得以在丝绸之路上，维持了数百年的贸易往来。作为丝绸之路上的商业民族，粟特人把东西方物质文化中的精粹，转运到相互需要的一方，他们带来中国人所创造的丝绸以及其他精美的物产，或是西域盛产的羊毛织品以及其他器皿银币，为东西民族互通各自的物质文明成果，也带给人们异域的文化信息，通过商业活动这一纽带，为中西之间的文化交流与对话做出了不可替代的贡献。而粟特人的语言成为丝绸之路贸易中的通用语言。有学者非常形象地描绘了粟特人对东西方文化交流的作用：通过丝绸之路，古代世界得以沟通和交流，而粟特人是东西文明的主要"搬运夫"。

9 世纪以后，粟特商人所承担的丝绸之路贸易的职能，由回纥商人所取代继。不过，"回纥商人"指的是回纥国的商人，这其中也包含了许多粟特人和汉人。在丝绸贸易中做出了巨大贡献的粟特商人悄然改变了身份，但仍然活跃在丝绸之路这条中西交流的大道上。

唐代吸引了更多的"外夷""蛮人""胡商"相继来到中国，从事外交、商贸、文化艺术等活动。唐时在中国的外国人，除了日本人、新罗人之外，往往不辨其国籍，概称为"胡"，商人曰"商胡"，或"贾胡"，僧

河南洛南新区唐墓商胡牵骆驼壁画（洛阳古代艺术博物馆藏）

曰"胡僧"，还有胡人、胡雏、胡儿、胡兵、胡客，等等。也有的称"西国人"。更多的情况下，"胡人"这种称谓是指当时与唐朝交往频繁的入华西域人，包括粟特人、波斯人、大食人，乃至来自拜占庭的罗马人等。唐代侨居中国的阿拉伯人和波斯人数量很大，大都集中在广州和长安两地；其次则扬州、洪州、张掖都有波斯客商来往定居。

唐代"商胡"这个词多是指在唐朝境内从事商业活动的外来商贾，尤其是指以粟特胡人为主体的西域商人。唐朝商胡的分布及活动范围是相当广泛的。《太平广记》记载胡商活跃于唐朝各地城镇。其中有长安、洛阳、番禺、扬州等大都市，还有内陆中小城市，如豫章、洪州、义兴县、陈留、魏郡、东州等。从《太平广记》所载资料可以看出，唐代胡商来在中国境内活动的范围大，不仅有沿海的港口城市，还有江河口岸城市和内陆城市。

长安商胡主要聚居在西市附近的地区。唐代载籍中，往往将西市与胡人联系起来，有"西市贾胡""西市波斯邸""西市商胡""西市胡"的种种习称，表明商胡与西市的特殊关系。唐东都洛阳地处天下之中，交通便利，商业繁荣，与长安相比，更多世俗气息而较少政治色彩，更是商胡聚居的首选之地，洛阳南市及附近诸坊也是商胡聚居之所。

唐代载籍中所见商胡，许多都与经营珠宝贸易有关。《太平广记》对胡商的活动多有记载，但其中只要记载胡商，就与巨额财富联系在一起。他们动辄以几十万，甚至几千万的金钱购买珠宝、奇货。所以，唐人将胡商称之为"千金估胡""富波斯"等。

千百年来，行走在丝绸之路上的商旅，不仅传播着物质文化的成果，还在各民族之间沟通文化信息，成为各民族相互了解和认识的最初渠道。因此，丝绸之路不仅仅是商贸之路，物质交流之路，更是各民族、各文化相遇、接触、交流与融合之路。

敦煌莫高窟第45窟
壁画《胡商遇盗图》

四、大航海时代全球贸易体系与中国

本书前面已经说过，16世纪大航海运动的发动，最初的动机就是寻找通往东方动新航路。当通往东方的新航路开辟之后，西欧各国展开了大规模的对华贸易，每年都有大批的商船从欧洲远渡重洋，来到中国采购商品。数十艘、数百艘大帆船开始在南中国海、印度尼西亚群岛和印度洋的各个港口之间穿梭航行，舟舶相继，辐辏相随，络绎不绝。

这些大帆船都是冲着中国的商品而来。那时候，中国丰饶的、数量巨大的商品支撑着整个中西贸易网络。从16世纪开始，持续300多年，往返于欧洲与中国的商船络绎不绝，每一艘商船都是满载而归。广东的"十三行"是当时世界上最大的贸易集散地之一。广州十三行商是一个庞大的对外贸易商业机构。"十三行"面临珠江北岸，倚近怀远驿，在清代对外贸易和外交领域具有很特殊的地位。

在16—18世纪的全球贸易体系中，中国商品处于支配的地位，这首先是因为这个时代的中国在全球经济中的优势地位和巨大的生产能力。直到鸦片战争前不久，中国是全世界最强的经济大国，是当时世界上最大的经济体。中国经济不仅在绝对规模上，而且在增长幅度上，都雄踞世界之首。由于中国社会生产力水平高于同一时代的欧洲，所以中国的

商品在世界市场上表现出强大的竞争力。物美价廉是中国商品的强大优势。与欧洲和其他地区的商品相比，中国的商品都具有明显的价格优势，欧洲的商人对中国商品趋之若鹜，无非是因为中国的商品品种多、质量好、价格低廉。这些优势都是当时欧洲各国所不具备的。所以，在这一时期的中西贸易中，中国输出商品的种类、数量、品质远远超过了欧洲各国的商品，中国长期处于出超地位。

中国源源不断地为遥远的欧洲各国生产着他们翘首以待的精美的物质产品。海外贸易的繁荣，必然带动国内经济的迅速发展，国际市场上对于中国丝绸、棉布的需求，促进了中国内地市镇的手工业生产，刺激了中国江南市镇丝织业和棉纺业的发展。在出口贸易的带动下，整个江南之地，人们纷纷放弃了原来的粮食生产，转而种桑养蚕，纺丝织绸，种植茶叶，或者是建炉烧窑，制作瓷器；在苏州和景德镇，每天夜里灯火通明，数以百计的工场和数以万计的工人加班加点，制造出口优质的商品。南京是著名的丝织品产地，有丝织工人数万人，"机梯之声日夜不绝"。武夷茶名著海外，盛极一时。仅崇安县一地，"环九曲之内，不下数百家，皆以种茶为业，岁所产数十万斤，水浮陆转鬻之四方"。

中国为这个时期的全球贸易贡献了丰富的商品。中国输出的商品门类齐全，不仅数量巨大，而且品种繁多。其中除了一定数量的农副产品和初级工业原料产品外，大部分是具有高度工艺水平的手工业产品，包括丝绸、棉、麻、毛纺织品，服装衣物、食品香料、家具漆器、珠宝首饰、生活日用品、工艺美术品、药品和中草药等等，几乎涵盖了日常生活领域的各个方面，以及火炮、火器等军需品。中国输出的这些商品，是具有古老传统的产品或手工艺品，凝聚着数千年的文化积淀，既体现着复杂的工艺技术，又具有丰富的文化内涵。

明代前期，实行"海禁"政策，只发展官方的朝贡贸易，禁止私人贸易的进行。到了明代后期，也就是大航海时代以后，欧洲人直接来到中国进行贸易，明政府则取消了海禁，开始允许私人海外贸易，所以在明代后期对外的私人贸易得到了一定的发展。欧洲各国东来的商人，相当一部分贸易是与中国私商进行的。

清初也一度实行严格的禁海闭关政策，禁止走私贸易。康熙二十二年（1683），清军占领台湾，清政府遂着手开放海禁，即实行所谓"四口通商"。至此，中国的海外贸易进入了一个开海设关管理的时期，一直延续到道光二十年（1840），长达156年。其中粤海关最为重要，是清政府管理对外贸易的重要机构。

清政府开放海禁以后，中国与近邻国家如日本、朝鲜、南洋地区的贸易以及与西方国家的贸易都有一定程度的发展，世界各个国家和地区的商人纷至沓来。据有的学者估计，在航运盛期，每年从厦门出洋的帆船当在100—200艘之间。广东各口所拥有的南洋海船在最盛期也有300—400艘。此外，上海、宁波等口与暹罗、安南、菲律宾三处通商的帆船，也有四五十艘。据此粗略统计，在清代远洋盛期，活跃在东南亚水域的各类中国海船当有500艘左右，至少拥有近20万吨的运输能力。除了往返于日本、东南亚的商船外，欧美各国来中国贸易的商船数量也不断增加。根据有关资料统计，从康熙二十四年（1685）到乾隆二十二年（1757）的72年中，到中国贸易的欧、美各国商船有312艘，而且船的吨位也不小。例如康熙三十八年（1699）至六十一年（1722）到广州的英国货船，最小者为140吨，最大者达到480吨，一般者也达到300吨，多数为410吨。

乾隆二十年（1755），发生了英国人洪任辉驾船闯入宁波、定海和天津事件。清政府于乾隆二十二年（1757）十一月十日宣布：撤销宁波、泉州、松江三海关的贸易，仅允准番商"将来只许在广东收泊交易"，限定广州为唯一的对外贸易口岸，由粤海关管理。这种广州"一口通商"的体制，一直实行到1840年鸦片战争时止。

1757年实行"一口通商"后，广州成了全国唯一的通商口岸。外国商船进港贸易的逐年增加。据统计，乾隆二十三年（1758）至道光十八年（1838）到粤海关贸易的商船共5107艘，平均每年为63.8艘。其中，以英国的商船最多，乾隆五十四年（1789）为58艘，占外商船总数的

67%；道光六年（1826）为 85 艘，占外商船总数的 82%；道光十三年（1833）为 107 艘，占外商船数的 80%。通过广州出口的中国船舶数量也有一定的增长，仅新加坡一地，每年就有 90 余艘中国船往来贸易。

近代西方社会的变革是从大航海时代开始的。新航路的发现的直接成果，是建立了世界性的贸易体系，建立了世界市场。海外贸易是资本主义原始积累的主要形式之一，是现代资本主义得以发展起来的最初的物质基础。正是在大规模的海外贸易中，欧洲各国为资本主义的发展积累了大量的货币财富。与此同时，这种大规模的国际贸易，也把整个世界连成了一片，开始了最初的全球化进程。

瓷器、丝绸和茶叶这三大中国物产，以及其他珍贵的中国工艺品，是这一时期全球贸易体系中的突出内容。物质领域的交换和交流，进一步发展成为艺术的、思想的、文化的交流，中华民族创造的精神文化产品也走进了欧洲大陆，成为"公共的财产"，成为"世界的文化"。数量巨大、品种繁多、质地精美的中国商品通过各国的商船，源源不断地输入到欧洲，给欧洲人的日常生活带来巨大的改变。来自遥远中国的、充满异国情调的、新颖奇特的各类物产，大大地开阔了人们的眼界，丰富了人们的知识，满足了人们极大的好奇心。所以，在那个时代里，痴迷地追逐新奇的中国物品，在生活的各个领域、各个方面拥有、收藏、使用、品评鉴赏中国的东西，成为社会普遍流行的时尚。18 世纪法国启蒙思想家孔多塞（Condorcet, Marie-Jean-Antoine-Nicolas-Caritat, Marquis de, 1743—1794）指出，商业活动给工业、给航海，并且由于一种链索的关系，也给所有的科学以及所有的艺术，都装上了新翅膀。

所以，漫长的丝绸之路上，持续千百年的跨文化贸易，也成为沿途各民族、各文化的交流、对话的渠道。

第十一讲

丝绸之路上的商品大流动

一、影响世界的中国"三大物产"

千百年来，各国的商人行走在丝绸之路上，把各国各民族生产等商品运往其他地方，促进了各民族之间的互通有无，丰富了人们的生活。

在古代中国，农业和手工业都很发达，工艺技艺也很成熟，在人类生活的各个领域，都创造了无数的产品。其中大部分都通过商业的渠道输往国外，成为中华文化走向世界的一个重要途径。在相当长的历史时期内，中国的物产一直占据着国际贸易的主导地位。在中国输出的物产中，以丝绸、瓷器和茶叶为最大宗，特别是在16—18世纪的中欧贸易中，风行欧洲各国，号称中国的"三大物产"，在很长一个时期内主导了全球性的国际贸易，改变和丰富了欧洲人的日常生活，成为最具代表性的中国文化符号，并且在欧洲生活方式和艺术风格的变化中扮演了重要的角色。

中国丝绸自古以来就是出口的大宗商品，在16—18世纪的中欧贸易中，中国的丝绸仍然受到热烈的欢迎，成为这一时期双方贸易的主角。自从6世纪拜占庭引进中国的蚕种和养蚕制丝技术以后，欧洲也逐渐发展起来自己的丝织业，但随着技术和交通的发展，16世纪以后，丝绸的产量增加，价格已较之前大幅下降，因此，这一时段中国丝绸以其价廉、特殊工艺质量和装饰魅力在欧洲市场竞争。中国的丝绸依然在中西贸易中担当着不可替代的地位。直到19世纪以前，中国丝绸一直是向欧洲出口的主要商品。当地的丝绸产品包括对中国丝绸的仿制品，一是价格要比中国货高出许多；二是因为消费者偏爱外国货，地产品远远比不了中国丝绸的诱惑力。来自中国精美的丝绸制品仍然通过各种渠道，包括走私的渠道，源源不断地输入欧洲各国。欧洲对于中国丝绸的需求远远超过以前的时代，各种丝织品，比如服装、地毯、挂毯、窗帘、床罩等一起输入欧洲，输入欧洲的丝绸总量大大超过了以往的任何时代。中国丝织品因其明亮的色彩，异国情调的纹样和相对低廉的价格，受到欧洲上层社会妇女们的欢迎，成为她们的主要服饰之一，并成为某种社会身份的标志。

中国是世界上最早发现茶树和利用茶树的国家，是世界茶文化的发祥地。饮茶习俗和茶文化在中国普及后，陆续传播到国外，为各国人民提供了美味的健康饮品和精致的茶文化。从 17 世纪开始，中国的茶叶开始大量向欧洲出口，茶叶贸易的巨大利润吸引欧洲国家竞相加入茶叶贸易的行列。在 18 世纪上半叶，西欧各国对华贸易形成了以茶叶为大

外销黄地双面绣亭台楼阁披肩（清代，中国丝绸博物馆藏）

宗进口商品的结构，人们将这一世纪称为欧亚贸易的"茶叶世纪"。英国东印度公司是当时世界上最强大的跨国公司，从 18 世纪开始支配了世界的茶叶贸易。通过茶叶贸易，东印度公司以及后来的各大商行赚取了巨额利润，英国政府也从中获得了巨额税收。茶叶被称为"绿色黄金"，茶叶贸易"开始了欧洲贸易史的新篇章"。持续了 3 个多世纪的茶叶贸易，把数量巨大的中国茶叶运抵欧洲，为欧洲商人创造了超额的巨大利润，积累了前所未有的财富，也为以后近代资本主义的发展奠定了雄厚的基础。

大规模的茶叶输入，使茶叶成为欧洲人日常生活中一种普遍的消费品。茶叶改变了欧洲人的生活，饮茶成为一种生活方式。饮茶不仅仅是上层社会的雅好，而且成为普通百姓的日常生活的一部分。

中国饮茶之道对茶具有相应的要求，尤其注重茶具的艺术性。在欧洲，当饮茶成为一种时尚生活的时候，饮茶所用的瓷器也就成了时尚的标配。在大航海时代的中欧贸易中，瓷器也占有相当大的份额，与丝绸、

外销画《中国的茶叶贸易》

茶并称为"三大贸易"或"三大物产"。

瓷器是中国人的伟大发明，是中华文化发展历史进程中产生的最重要的物质文化成果之一。从瓷器的发明，以及在千余年的发展进程中，处处体现着由中华文化所孕育的中国人的创造智慧和开拓精神。16世纪初开始中国瓷器大量销往欧洲。由于各地对瓷器都有着广泛的市场需求，因而具有巨大的利润空间，在接下来的3个世纪中，中国瓷器销售到欧洲的数量达到3亿件之巨，另外还有巨量的瓷器销往东亚及东南亚各地。300年间，中国瓷器外销欧亚每年合计高达300万件。

瓷器传到欧洲后，引起了人们狂热的追捧，特别是在宫廷王室贵族社会中，出现了一大批瓷器爱好者。17—18世纪，收藏和展示东方瓷器，成为欧洲王室和贵族奢华生活的重要形式之一。对于中国瓷器的爱好和收藏不仅是在上层社会的皇室和贵族之间流行，这种风气也流传到民间。

在17世纪，瓷器被视为一种新奇的珍玩，只有少数大宫廷才有比较大量瓷器的陈列，但至18世纪之时，特别是在饮茶成为社会流行风尚后，瓷器逐渐成为普通家庭用品。瓷器在日常生活领域的广泛影响，不仅仅局限在餐桌，不仅仅是改变了人们的餐

广彩人物纹盘（外销瓷）

具、茶具等日常使用品，还作为居室的陈设、装饰，美化着人们的生活环境。

中国瓷器在欧洲的销量随着社会经济的发展不断增长，中国的制瓷工艺技术也传播到欧洲各国，刺激和推动了欧洲仿效中国瓷器建立自己的制瓷业。欧洲的瓷器制造工场无论是在工艺还是在造型艺术上，都是以仿制中国瓷器为主，即大量采用中国的饰纹，又进而仿效中国的款式。有的时候还在未上釉的器物底部刻上假冒的中国标志"底款"，来冒充精美绝伦的中国上等瓷器。

来自遥远中国的、充满异国情调的、新颖奇特的各类物产，大大地开阔了人们的眼界，丰富了人们的知识，满足了人们的好奇心。所以，在那个时代，痴迷地追逐新奇的中国物品，在生活的各个领域、各个方面拥有、收藏、使用、品评鉴赏中国的东西，成为社会普遍流行的时尚，掀起持续两个多世纪的"中国风"。

大量的中国商品涌进欧洲后，在当时的欧洲人看来，这些东西是先

进的、高品质的、高档次的、精致的、充满异域风情的，因而也就是时髦的、时尚的、流行的，在那个时候，拥有和享用来自中国的商品，是一种身份的标志，是跟上时代的象征。在当时的欧洲社会，人们以拥有中国物品为时尚和荣耀，中国物品是高雅与先进的象征。

制作精美、琳琅满目的中国商品走进了欧洲人的日常生活，丰富了他们的生活内容，提高了他们的生活品质，改变了他们的审美趣味，甚至在一定程度上改变了他们的生活方式和生活态度，使他们的日常生活丰富起来、精致起来。所以，这些中国商品成为一种时尚，成为一种风向标，同时也成为个人的品味、地位和身份的象征符号。不仅如此，他们也通过这些看得见、摸得着而且每天就在生活周围存在的物质化的东西，获得了一定有关中国的知识，至少激起了他们对于中国的想象。

总之，在18世纪，中国成为最炫目的魅力之源。在那个时代，迷恋中国的物品与风情，成为普遍流行的社会时尚，成为一种大众流行文化。而这种大众流行文化，首先是从物质文化、从对中国的商品的追捧和迷恋开始的。

二、传播海外的其他中国商品

丝绸、茶叶和瓷器，历代都是输出的大宗商品。除此之外，还有许多其他中国物产源源不断地通过贸易的渠道，输往世界各地。

在马可·波罗所处的时代，到东方寻求财富是欧洲商人们的梦想。他们的商业活动把源源不断的丝绸、瓷器、香料等物品运到波斯湾和红海一带，再经由中东与埃及进入地中海区域城市，由此极大地促成了地中海商业革命的生机勃勃的景象。而那时候东方商品成了欧洲富人阶层重要的消费品，欧洲市场对东方商品存在"普遍的需求"。

在明永乐年间，郑和奉使西洋，与各国进行了广泛的贸易活动。郑和船队每次出航，都携带大批货物。郑和船队运往各国的货物，包括有：

红丝、刺绣、湖丝、雨伞、绸缎、瓷器、麝香、烧珠、青瓷盘、碗、书籍、樟脑、橘、金、银、铁鼎、米、谷、豆等。船队所携带的货物不但数量可观，而且更以产品的独特见长于世。中国特产的锦绮、纱罗、绫绢、绘丝以及青花、釉里红瓷器，都是独步世界的产品。各种青瓷盘碗、烧珠、麝香、大黄、肉桂、铁鼎、铁姚、铜器等也是大宗出口货物，其中尤以丝绸、瓷器数量最多。

新航路开辟后，欧洲人直接与中国进行贸易。例如葡萄牙商人到广州购买中国货物，在澳门装船。主要货物有生丝、各种颜色的细丝、绸缎、金、黄铜、麝香、水银、朱砂、糖、茯苓、黄铜手镯、金项链、樟脑、陶瓷、涂金床、墨砚盒、手工制被单、帷帐等。

西班牙人主导的"中国—马尼拉—墨西哥"的"大帆船"贸易，输往美洲的货物，包括中国特产、工艺品和日用品等，品种繁多。其中尤其以生丝、棉布、纺织品、瓷器、漆器、珠宝、香料为大宗。此外还有面粉、砂糖、饼干、奶油、橙、胡桃、栗子、菠萝、无花果、李子、梨、咸肉、火腿、陶罐、陶瓷、铁器、铝、硝石、火药、牛、马、药材、墨汁、纸张、家具，等等。

当时中国运往菲律宾的货物品种繁多，大致可以分

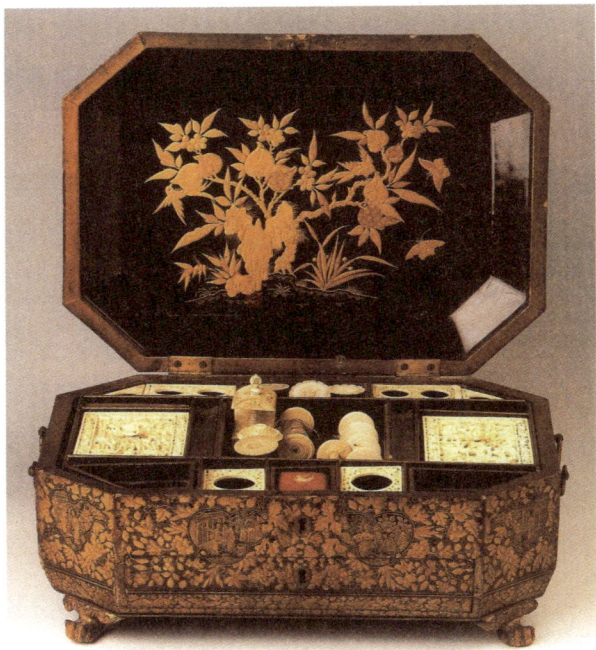

外销的红彩描金花卉人物黑漆象牙雕针线盒

为 8 大类：（1）生丝和各种丝织品；（2）亚麻布、棉布等各类纺织品；（3）粮食、牲畜、腌肉、家禽、水果等农产品；（4）陶瓷制品；（5）铁、铜及其他金属制品；（6）珠宝饰物和各种工艺品、小玩意；（7）硝石与火药；（8）从中国转运的其他外国货物（如安息香、象牙、香料等）。

英国东印度公司运到欧洲的中国商品，不仅数量巨大，而且种类也很繁多，除了丝绸、瓷器、茶叶这"三大物产"之外，还有服装衣物、食品香料、家具漆器、珠宝首饰、生活日用品、工艺美术品、药品和中草药等等，几乎涵盖了日常生活领域的各个方面。这些商品都是具有古老传统的产品或手工艺品，不但是能够满足人们生活的必需品，而且是古老东方文化的积淀，既体现着复杂的工艺技术，又具有丰富的文化内涵。

例如中国的漆器也是这一时期传入欧洲的大宗商品。在 17 世纪时，中国漆器已经输入到欧洲，但尚属于罕见之物，但到了 17 世纪末，漆器开始大量输入欧洲。中国外销到欧洲的家具以漆木家具为主，多采用黑漆描金的装饰手法，式样大到厨柜、桌椅、屏风，小到扇子、针线盒、工具箱等无所不包。这些家具和漆器是展现中国彩绘装饰艺术的主要商品之一。多数家具的木胎事先由订购地做好，再船运至广州，广州漆匠髹漆彩绘后再返运回订购地。广州制作的漆器独占鳌头，成为主要出口商品之一，在欧美各地所见的漆器大多来自广州。

漆器家具输入到欧洲，受到广泛的欢迎。在荷兰、意大利、英国、法国等地都出现了购藏中国漆家具的热潮。法国路易十四时代的凡尔赛和托里阿诺宫中都采用了整套的中国漆制家具。1703 年，法国商船安菲特利特号从中国运回了大批漆器，引起全国性轰动。饰有镶嵌螺钿的中国家具也大受欢迎，比较常见的有屏风、橱柜等等，当时甚至称为"安菲特利特中国漆器"。

中国漆器家具传入欧洲后，在荷兰、意大利、英国、法国等国家都出现了中国漆器家具的仿制品。家具制造商也纷纷仿造中国漆器家具的图案和色彩，打造中国式家具。17 世纪晚期英国的家具，以豪华的装饰和出色的髹漆著称。家具的样式有写字台、立式时钟、椅子、桌子、镜子等，这些产品在中国都找不到原型，但在装饰图案上则都是中国风格的。

1698年，法国"安菲特利特"号首航中国，1700年8月3日返回法国。1700年10月4日起，安菲特利特号上的商品在南特公开销售。据《优雅信使报》1700年9月号发表的销售公告说，其中的商品有大批的红铜和黄铜器皿；共计8000匹的布帛，包括绢、绮、普通罗和皱纹罗、缎画、重皱织物、哔叽、平纹布、针织棉等；品质上乘的漆、刺绣和绘画；17箱瓷器，包括瓷瓶、瓷碗、瓷盒、瓷壶、大小瓷盘、瓷杯或瓷茶具、瓷酒瓶、平底瓷杯、带把瓷杯、赐糖罐、瓷盐罐、壁炉瓷器配套物及其他各种细瓷产品；17箱漆器，其中有4箱各自内装有3件小漆匣和带堆金花卉图案的文房四宝，另外13箱中装有各种各样的漆桌；14箱酒具；21箱漆画和人物花卉画等；30箱中国屏风；4箱叶状屏风；3箱尚未安装好的纸屏风；455根手杖、大批纸张、广州和南京刺绣、12条挂毯、绣花缎、11条丝巾、6卷绘画、38件麻织品。《优雅信使报》还告诉读者，人们可以在许多箱中发现其种类和质量相同，而数量各有所异的商品。

在这一时期大规模的国际贸易中，中国为遥远的欧洲各国生产着他们翘首以待的精美的物质产品，商品在世界市场上具有强劲的竞争力。

佚名《东方物件图》，约1725—1730年（法国巴黎装饰艺术博物馆藏）

三、殊方异物，四面而至

丝绸之路上的商品大流动，有中国商品向外部的输出，也有许多外国的商品出入中国。

汉代对外交流的重点在西域，这时汉地对西域的出口商品以丝绸、铁器为大宗，西域对中原出口的主要物品有金银器、宝石、玻璃器、香料、毛织品、珍稀动物，等等。在《史记·大宛列传》以及以后的中国史籍中，有不少关于西域诸国物产的记载。这些记载，有些是得自传闻，但大多数都是已经传入到中国的。所以，许多研究者都很注意这些关于中国史籍中关于国外物产的记载，甚至把它们看作是国外输入中国物产的货物清单。

通过丝绸之路传入中国的货物有琉璃、地毯、毛织物、蓝宝石、宝石、象牙、金银器、玛瑙、琥珀、沉香，以及毛皮、良马、骆驼、狮子、鸵鸟等。汉乐府诗中说：

> 行胡从何方？
> 列国持何来？
> 氍毹、毾㲪、五木香，
> 迷迭、艾蒳及都梁。

唐代诗人鲍防《杂感》写到汉代以来西域的各种物产进入中原的景象：

> 汉家海内承平久，万国戎王皆稽首。
> 天马常衔苜蓿花，胡人岁献葡萄酒。
> 五月荔枝初破颜，朝离象郡夕函关。
> 雁飞不到桂阳岭，马走先过林邑山。
> 甘泉御果垂仙阁，日暮无人香自落。

远物皆重近皆轻，鸡虽有德不如鹤。

各种西域物产和珍禽异兽传入中国，长安开始流行珍视外国式样商品的趣味。《三辅黄图》中说，汉武帝把搜集来的西域珍货用于装饰。其卷二记载："武帝为七宝床，杂宝案、侧宝屏风，列宝帐，设于桂宫，时人谓之四宝宫。"不仅宫廷盛行异国趣味，贵族宅邸也是如此。汉代的长安城内，有东市和西市两个综合市场，有专门的酒市，牛市等，合称"长安九市"，大量外国在此从事经营活动。班固《西都赋》说："九市开场，货别隧分，人不得顾，车不得旋。"在长安九市中，有专门经营西域商品的肆市店铺，和田美玉、埃及十色琉璃、罗马火浣布、印度琉璃马鞍、千涂的火齐屏风、琥珀、夜光璧、明月珠、珊瑚、琅玕、朱丹、青碧以及奇禽异兽等都有在九市交易，"环货方至，鸟集鳞萃"。

在汉代及以后传入中国的西域物产之中，有许多玉石珠宝以及矿物等，或如时人所说的"珍玉奇石"，这样的奢侈品成为上层社会达官显贵们追捧的对象。当时西域的玉石及玉器制作享有极高的声誉。张骞通西域之后，和田玉成为于阗王觐献中原王朝的重要方物。起先于阗等地一直是向中原出口玉石原料，从6世纪中开始，于阗向中原王朝觐献用于阗玉雕琢的工艺品。

汉代进口的"珍玉奇石"还有琅玕、璆琳（青金石）、玛瑙、鍮石、珊瑚等。珍玉奇石在当时皇室贵族的生活中，备受珍视。它们被装饰在宫殿园囿，或者作为妇女身上的华丽装饰，总之是贵族豪奢生活的象征，在汉赋和诗歌中一再成为歌咏的对象。如司马相如《上林赋》铺陈上林苑之富丽时提及："玫瑰碧琳，珊瑚丛生，珉玉旁唐，玢豳文鳞。"班固《两都赋》夸饰汉长安宫之华丽时说："碝磩彩致，琳珉青荧，珊瑚碧树，周阿而生。"

在西域和南海诸国与唐朝的官方交往中，珠宝是一种重要的"贡献物"。外国使臣带来的宝物，主要为金银、象牙、犀角、玛瑙、琥珀、珍珠、金精、石绿以及各种玻璃器皿和玉器。珠宝玉石是西域来华商人贩

卖的主要商品之一。唐代载籍中所见商胡，许多都与经营珠宝贸易有关。唐代来中国的商胡许多从事兴贩珠宝的职业，珠宝几乎成了商胡的象征。宋代大食等商人前来中国交易，以珊瑚、琥珀、珠琲、玛瑙、玳瑁、水晶等物来交易，特别是像犀珠玉宝物，每年进来很多。

汉代输入中国的西域物产中，毛皮和毛织品也是大宗货物。横贯中亚北部和伏尔加河流域的北道，沿途出产兽皮兽毛，因此有学者称之为"毛皮之路"。西伯利亚和乌拉尔地区的貂皮都集中在西域的严国，这里成了毛皮的集散地。貂皮以外，里海附近还有白狐青翰也大量输入中国。毛织品是游牧民族的特产，西域各国都出产各种毛织物。月氏、安息和大秦的毛织物从汉代开始源源不断地输入中国，极受珍重。汉初未央宫"温室以椒涂壁，被之文绣，香桂为柱，设火齐屏风，鸿羽帐，规定以罽宾氍毹。"沿着丝绸之路，输入中国的还有来自罗马的毛织品和麻织品。亚历山大等地的织工，善于用金线织绣毛织品、丝织品，运到中国被称为金缕罽、金缕绣，华美瑰丽，列为上品。毛纺业是罗马帝国最为发达的手工业，其工艺之先进，足以傲视世界。中国古籍上称毛织品为"氍毹""毾𭀰"。《魏略》上记载大秦有"黄、白、黑、绿、紫、红绛、绀、金黄、缥、留黄十种氍毹、五色毾𭀰、五色九色首下毾𭀰"。中国的文献还提到贵重的织物，如"金色布"是"水羊毛"织成的细布。

唐代输入中原的西域物产，品种更多，五光十色。美国学者谢弗（Edward H. Schafer，1913—1991）的专著《唐代的外来文明》一书，对于唐代西域地区及西方各国输入唐朝的商品作了详尽的叙述。他将这些商品分为人、家畜、野兽、鸟、毛皮和羽毛、植物、木料、食品、香料、药品、织物、颜料、矿产、珠宝、金属，上流社会日用品、神器、书籍等18大类，下面又细分为169种，如把家畜分为马、骆驼、牛、绵羊、山羊、驴、骡、野驴和狗；野生动物分为象、犀牛、狮子、豹与猎豹、黑貂、银鼠、瞪羚、岩羚、古怪的有蹄类、猛禽、旱獭、蒙哥、伶鼬、黄鼠狼；珠宝则有碧石、水晶玻璃、光玉髓、孔雀石、青金石、玻璃、犀角、象牙、鱼齿、珍珠、玳瑁、珊瑚、琥珀，等等。

在宋代，海外贸易发展态势得到延续，继续进行大规模的海外贸易，把各种中国精美和精致的商品如丝绸、瓷器等大量被销往海外，同时也把世界各地的物产运销中国。据统计宋代从海外进口的货物在410种以上。

根据外来物品的用途和种类，宋代外来物品主要可以分为珍奇异宝、纺织品、动物、文化用品和香料等五大类。其中，珍奇异宝主要存在于宋朝的贡赐贸易中，包括犀角、象牙、玳瑁、真珠、北珠等；动物分为珍禽异兽和役畜两大类，其中珍禽异兽包括驯象、驯犀、红鹦鹉等，主要来自占城、交趾以及大食等南海诸国；役畜则包括马、牛、骆驼等，主要来自北方少数民族政权；纺织品主要来自高丽和大食诸国，主要有高丽纻布、大食锦和火浣布等；文化用品则主要来自高丽和日本，分别以高丽扇、高丽纸和日本扇为代表；香药是外来物品中种类最多，数量最大，使用最为广泛的品种，以沉檀龙麝"四大香"为主要代表。

学术界最常引证的是南宋宝庆《四明志》所列的外国货物清单。四明即宁波，宋元时代是主要的对外港口之一。除了通往日本、高丽的商船络绎不绝外，还发展了与东南亚、南洋及阿拉伯各国的通商贸易。《四明志》始撰于宝庆二年（1226），成书于绍定元年（1228），其中详细记录了当时进出明州港口的货物品种及名称。其中有202种，除了重复的，实际上是163种。其中细色占有绝大部分，有百种之多，粗色为60种。

中国古代对外贸易的结构性特点是，进口的商品以资源性产品为主，主要是满足上层贵族社会的奢侈品消费。到了宋代，这种情况有所改变，许多进口商品的消费不只是局限于上层社会，而且深入到普通民众的生活，特别是京城和大都市居民，也已经开始大量消费进口商品。珠宝业的发展，香药的流行，成为那个时代流行时尚的文化符号。

晚明和清前期欧洲对中国的贸易，由于大航海时代的来临，出现了快速发展的态势。由于社会生产力的不断提高，中国出产的无论是丝织品、棉布、糖、瓷器、铁器，还是粮食、药材等产品，在国际市场上都具有很强的竞争力。而在15—16世纪中叶，广州的欧洲商船的进口商品，通过南洋进口胡椒、苏木、象牙、檀香、沉香等货物，以及大量的是白银。

不过，除了大量的白银输入外，也输入了许多欧洲的商品，商品种类、数量也很多。主要有：香料、药材、鱼翅、紫檀、黑铅、棉花、沙藤、檀香、苏合香、乳香、西谷米、丁香、降香、胡椒、藤子、白藤、黄蜡、哔叽缎、哆啰呢、羽毛布、自鸣钟、小玻璃器皿、玻璃镜、哆啰绒哔叽、银元、珊瑚、玛瑙、洋参等数十种。美国输入的商品有皮货、粗棉、铅、人参、水银、檀香水等。

18世纪末以后，由于英国工业革命的结果，英国纺织工业生产力空前提高，棉布、棉纱生产突增，棉布、棉纱输入中国骤然增加。至鸦片战争前夕，西欧国家输入中国的商品棉花占首位，每年平均输入棉花达50万担，价值500万元；棉布占第二位，每年进口53万匹，价值138万元；呢绒占第三位。每年输入价值103万元；棉纱棉线占第四位，每年进口价值为62.5万元。

在欧洲国家与中国的交往中，也有一些国家使臣向中国朝廷进献礼品，成为欧洲物产进入中国的一个渠道。外国的贡品主要是进入宫廷，同时通过商业渠道进来的欧洲商品，则在中国社会中流行起来。可以说，晚明至清前期，大量进口的外国商品，包括来自欧美的商品，已经进入到人们的日常生活。

四、海上丝路的香料贸易

在传统中外贸易中，香料是中国大宗的进口货物之一。在丝绸之路上，贩运的不仅有丝绸，不仅有珠宝，香料更是源源不断地输入到中国。

自从汉代以后，域外的香料被大量引入中国。汉武帝时，月氏国曾派使臣渡过弱水，向汉朝贡返魂香。班超在西域时，他的哥哥班固给他写过一封信，说要给他送去"杂丝七百尺"，用来购买月氏马、苏合香。

可知当时香料是丝绸之路中外贸易的主要商品之一。

香料的进口对于中国人的生活的影响是很深刻的，它不仅成为人们生活的一个内容，改变人们的饮食等生活习俗，并且与中国传统文化相结合，更影响到人们的审美情趣、生活态度，促进了中国人日常生活、特别是贵族阶层和文化人的生活精致化。

香料贸易很早就有了。广州南越王墓西耳室曾发现疑是乳香的物质，据推测这些乳香可能是经罗马商人之手传入广州的。汉代至南北朝时，就从西域进口了多种香料，成为中国上层社会生活中必不可少的内容。自唐以后，在海外贸易中，香料是进口的大宗货物。

香料有时被称为"香药"并称。大食和波斯商人输入中国的香药，大多产自东非和阿拉伯地区。唐朝进口或使用的香料主要有沉香、紫藤香、榄香、樟脑、苏合香、安息香与爪哇香、乳香、没药、丁香、青木香、广藿香、茉莉油、玫瑰香水、阿末香、甲香等许多品种。藏红花经印度和布哈拉传入中国（迦湿弥罗变成了其最大的藏红花出口地）；水仙花被认为是来自罗马帝国，但它很可能是原产于波斯；神香阿魏是一种树的树胶、树脂，它生长在今伊朗等地；液体苏合脂出自东南亚的一种芳香性植物；"安息香"一词在指 bdelium（没药）之后，又用于称印度支那和印度尼西亚的遗址香脂钓樟属或山胡椒属植物。

唐代经营香料买卖的多系大食和波斯商人。广州是唐代最大的香料集散地之一，鉴真在广州见到江中有婆罗门、昆仑等地来的海舶，装满了香料珍宝，积载如山。诗人王建树有诗描述广州繁忙的香药生意：

> 戌头龙脑铺，关口象牙堆。
> 救设薰炉出，蜜辞咒节开。
> 市喧山贼破，金贱海船来。

唐代扬州香料市场十分兴隆。鉴真由扬州东渡日本时，曾在扬州采购了麝香、沉香、甲香、甘松香、龙脑香、胆唐香、安息香、栈香、零陵香、青水香、熏陆香、毕钵、诃梨勒、胡椒、阿魏等近千斤香料。此类由"波斯舶"贩运而来的香料，多在这里的"胡店"出售。唐时日本多次派人来中国求香料，在正仓院珍藏的香料物品中，有相当大的部分产自阿拉伯地区，有从扬州购买去的，或经由扬州转运到日本的。唐代诗人皎然在《买药送杨山人》中有"江南药少淮南有""扬州喧喧卖药市"之句，描述了当时扬州香料市场的繁荣。

香料或香材也是外国政府向唐朝进贡的重要物品，天竺、乌苌、耨陀洹、伽毗、林邑、诃陵等国都曾向唐朝"贡献"香料，涉及的种类主要有郁金香、龙脑香、婆律膏、沉香、黑沉香，等等。有时将外国贡献的香料径称作"异香"，即在唐朝境内稀见的香料，而外来的香料也被赋予了种种神秘的特性。

香料在唐人生活中具有重要的作用，皇室和贵族对香料或香材的使用几乎达到了奢侈的程度。在唐代，香料制作更加精细和考究，品类更为丰富，用香成了无处不在的礼制使用。《明皇杂录》载唐玄宗在宫中置长汤屋数十间，即大型室内温泉，银镂漆船及白香木船置其中，楫橹皆饰以珠玉，汤中以绿宝石和丁香，堆叠成瀛洲、方丈（传说中的海上仙山）的模样。唐懿宗的女儿同昌公主乘坐的七宝步辇，辇的四角缀有五色锦香囊，内装辟邪香、瑞麟香、金凤香，都是外国进献的贡品，其中还杂有龙脑金屑。同昌公主每次乘坐这具步辇出游，都满街流芳。五代花蕊夫人《宫词》写道："青锦地衣红绣毯，尽铺龙脑郁金香。"达官显贵也嗜香成风。杨国忠有"四香阁"。"用沉香为阁，檀香为栏，以麝香、乳香和为泥饰壁"，甚至比皇宫中的沉香亭更为奢华。中宗时，宗楚客兄弟、纪处讷、武三思以及皇后韦氏诸亲属等权臣常举办雅会，"各携名香，比试优劣，名曰斗香。"在唐朝社会中，无论男女，都讲求名香熏衣，香汤沐浴。当时还引进和开发了能用于各种场合的香具，如：镇压地毯一角的重型香炉；帐中熏香的鸭形香炉；悬挂在马车和屋檐上的香球；藏于袖中而动止皆香的香囊等等。其中熏笼更为盛行，覆盖于火炉上供熏香、烘物或取暖。

到了五代时期，中外香料贸易已经不止于初级的原材料进口，按照中国市场的需求定向加工的奢侈品也已经出现了。为中国市场所需而制作的"香山子"，此后长期都有生产。外来海舶到达中国海港的时候，所带来的是已然加工好的成品。异域海船携来交易的货物中，有香山子、香料雕制的小型佛像，以迎合中国市场的趣味。

到了宋代，香料成为最大宗的进口商品。据有关史料所载统计，宋代由国外进口的香料种类达330多种，除原有的阿魏、木香、降真香、丁香、没药、胡椒、豆蔻、苏木等外，新添龙涎香、速香、黄熟香、生香、断白香、黑塌香等几十种之多。即使同一种药，也比唐代多了不少亚种，仅龙脑香就有9种之多（熟脑、梅花脑、米脑、白苍脑、油脑、赤苍脑、脑泥、鹿速脑、木札脑）。药物的形态各异，除生药、成药（膏药）外，还出现了前所未有的瓶装药露（蔷薇露、大风油等多种花露）。

宋代的香文化更加成熟和精致，对人们的日常生活的影响也更全面，更深入。用香成普通百姓日常生活的一部分，与"品茗""观画""插花"成了中国文人生活的四大雅事。宋代大诗人陆游，在诗中描写他日常最爱做的两件事：扫地和焚香。他把扫地和焚香当作生活中怡情养性的乐事，《山居戏题》诗云：

> 海山缥缈欹云痾，扫地焚香悦性灵。
> 嫩白半瓯尝日铸，硬黄一卷学兰亭。

陆游在《入荣州境》中还说："闭閤扫地焚清香，老人处处是道场。"只要有扫帚一把、清香一炉，在哪都是修行的道场。陆游好玩香，好焚香品香，把焚香融入生活和诗词之中，闲坐赋诗，少不得馨香一缕。他还写有《焚香赋》，既写了焚香品香的经过，也写了制作香饼的香料和制作过程。

在宋代，达官贵人、富裕人家经常聚会，争奇斗香，使得熏香艺术形成自己特有的风格。不仅佛家、道家、儒家提倡用香，普通百姓日常

《清明上河图》里的香铺

生活中也经常使用香料。在居室厅堂里有熏香，各式宴会庆典场和也要焚香助兴，而且还有专人负责焚香的事务。不仅有熏烧的香，还有各式各样精美的香囊香袋可以挂佩，制作点心、茶汤、墨锭等物品时也会调入香料。集市上有专门供香的店铺，人们不仅可以买香，还可以请人上门作香。富贵之家的妇人出行，常有丫鬟持香熏球陪伴左右。文人雅士不仅用香，还亲手制香，并呼朋唤友，鉴赏品评。

宋代用来焚香的器具也非常讲究，不同的场合要用不同的香具。家庭的书房、闺阁、厅堂中多有焚香所用的香炉、香箸、香瓶、香盒、宝子等相关用品，在不同的房间放置的器具也不同。因此这些焚香物品多精工细作，设计新巧，也逐渐融入到了室内的陈设中去，成为装饰的一部分。

第十二讲
丝绸之路上的科学技术传播

一、科学技术转移与文明互鉴

丝绸之路上的科学技术传播，是对各民族文明发展有重大影响的事项。实际上，在广泛的物种和商品交流中，已经包含着科学技术的交流。比如中国发源的水稻，传播到日本、韩国和东南亚等地，其中就包含了水稻栽培技术的传播。中国的丝绸、茶叶和瓷器"三大物产"，在很长时期内都是出口的大宗货物。后来，中国的养蚕缫丝和丝织技术、植茶技术、制瓷技术，都传播到世界各地，在当地发展起来养蚕丝织业、植茶业和制瓷业，丝绸、茶叶和瓷器这些中国人发明的物质产品，普及到人们的日常生活中，丰富了人们的物质生活，对于人类文明的发展起到了重要的推动作用。

当一种商品或物质文化成果传入之初，因为数量少而稀有，都是被当作奢侈品来看待的，价格也十分昂贵。即使是农产品，比如玉米、红薯和马铃薯，刚进入中国的时候，也是极为珍贵，是只有少数王公贵族才能享用的美味。但是当它们的生产技术传入以后，可以大规模生产，就变成了大众的消费品，价格也就平民化了。

技术是改变世界的巨大物质力量。比如冶铁技术和铁器的发明，就极大地改变了人们农业生产的工具，因而大幅度提高了农业生产力，并且促进了社会生活的发展。再比如交通工具的发展，从最早的使用双轮马车，到大航海时代大帆船的四海航行，再到工业革命以后动力的变革，

东汉冶铁画像石，山东藤县出土（中国国家博物馆藏）

改变了人们的交通方式，为各民族的交往交流提供了极大的便利，因而也促进了整个世界的变革。技术发明也随着各民族之间的交流交往，相互传播，成为各民族共同享用的技术成果，因而也实现了各民族的共同进步和繁荣。

技术的传播，其意义不仅仅局限于技术的领域，它们还可能影响人们的精神世界和生活方式。因为这些物产和技术发明，还体现了创造者、发明者的精神理念、审美趣味和价值追求，体现了他们作为某一文化共同体成员所接受的文化传统。

古代中国人发明的先进技术，源源不断地传播到世界各地，同时，中国也大量地学习、借鉴和吸收先进的科学技术。

丝绸之路上早期的技术交流主要是围绕青铜技术展开。世界不同地区进入青铜时代的时间并不相同。从全球范围看，安列托利亚半岛是最早冶铸青铜器的地区，目前发现有公元前 6000 年的青铜器。两河流域的美索不达米亚地区在公元前 3000 年进入青铜时代，公元前 2000 多年前，西亚已进入青铜时代的鼎盛时期，主要的青铜冶铸技术均已发明，并对周围世界产生了重大影响。

位于甘青地区的齐家文化是新石器时代到青铜时代的过渡文化，数以百计的青铜器的发现表明齐家文化已进入了青铜时代，是已知东亚最早的青铜文化。齐家文化正处于丝绸之路的要道，汇聚了多种文化因素。

古代中国使用铜、青铜以及进入青铜时代的时间稍晚于其他文明。但我国很快就发明了铜—锡二元合金和铜—锡—铅三元合金，形成了一整套从冶炼、熔炼到铸造的独特技术体系，走到了世界各国的前列。中国的青铜文化始于公元前 21 世纪的夏代，到商代晚期至西周前期，约当公元前 13—前 10 世纪，中国青铜时代达于鼎盛，青铜铸造工艺相当成熟。中国商周时代所创造的灿烂的青铜文化，在世界文化遗产中占有独特的地位。

商周青铜器是早期中国人智慧的突出成果，也是丝绸之路上的技术交流的重要结晶。

世界上最早冶铁和制造铁器的，是小亚细亚的赫梯人，时间在公元前1400年左右。冶铁业在中国出现的时间虽然比西亚和欧洲要晚，但一经出现，便取得飞速发展，并在以后的很长时期中一直居于世界冶金技术的前列。战国中期以后，铁器已推广到社会生产和生活的各个方面。在农业、手工业部门中，已经基本上代替了木器、石器、骨器、蚌器和青铜器，初步取得支配地位。到了西汉，冶铁技术愈来愈精，成为当时的三大工业之一。

在汉唐时期，有国外的三大技术传播到中国，给中国人的日常生活带来极大的影响。这三大技术是玻璃制造技术、制糖技术和葡萄酒酿造技术。这三大技术的引进，丰富了中国人的生活。

到了明清之际，随着大批欧洲商人和传教士的东来，也带来了在欧洲发明的科学技术，在当时最重要的是制镜技术、自鸣钟制造技术和火炮技术。这三项技术很快就在中国社会生活中普及，尤其是火炮技术，在明清鼎革之际，发挥了巨大的作用，也促进了中国军事的变革。

科学技术是社会动力体系中的一种重要动力，是一种在历史上起推动作用的、革命的力量。科学技术通过促进人们的生产方式、生活方式和思维方式的变革来推动社会发展。在丝绸之路的历史上，科学技术的转移和交流是最激动人心的场景，是改变世界的重要的物质力量。

二、汉唐输入中国的三大技术

汉唐时，有三项西方科技发明被引入中国，对中国人的日常生活产生了极为重要和深远的影响，这三项技术即玻璃制造技术、制糖技术和葡萄酒酿造技术。玻璃制造技术是在南北朝时期引进的，后两项都是在唐太宗时期被引进中国的，而且都是在唐太宗亲自过问和关注下引入中国并得到推广和发展的。

从战国以后，西方的玻璃制品已经在中国有所传播。汉代以来，传入中国的琉璃主要是罗马的商品。罗马时代，埃及玻璃制品享誉四方，特别是玻璃珠由于色彩缤纷、晶莹剔透，加之大批量生产，更在罗马输往东方船货中占据突出地位。中国人将玻璃称为琉璃，埃及的十色琉璃，无论是器皿还是珠饰，在中国都大受欢迎。到了魏晋南北朝时期，仍有大量的西方玻璃器输入中国，西域僧人和使臣屡有进贡玻璃的记载。玻璃制品成为上层贵族珍爱的藏品，以及他们斗富的器物。南朝宋刘义庆《世说新语》说："满奋畏风，在晋帝坐，北窗作琉璃屏，实密似疏，奋有寒色。"这里提到的琉璃屏，应是由无色透明的玻璃制成的，以至于实有而似无，令人仍觉室外的寒风好像可以直接刮进屋内，而生寒意。

随着西方玻璃制品的输入，其先进的工艺也为我国南方玻璃制造业所吸收。最早借鉴西方玻璃工艺水平的是广州的玻璃制造业，他们按照西方玻璃生产的配方，制造出国内早期的单色或多色透明玻璃碗。葛洪《抱朴子·内篇》就曾讲到当时进口的中东玻璃碗及其在国内仿制的情况："作水晶碗，实是合五种灰以作之，今交、广多有得其法以作之者。"

水晶碗，即为透明的玻璃碗；合五种灰，就是要以五种原料成分配制。这时交广和中东地区通过印度有贸易往来，故此可能掌握了当时中东玻璃制造的一些技术。专家对埃及古代玻璃的化学分析与鉴定结果表明，硅土、苏打、石灰、镁和氧化铝是其玻璃制造的主要原料。葛洪记述中虽没有明确说明是哪"五种灰"，但其指出主要由5种原料配制而成是正确的，由此也说明葛洪所谓水晶碗"合五种灰以作之"的工艺是有根据的，而这一工艺也的确为交、广两地的玻璃工匠所掌握。

埃及玻璃碗由于它的耐高温性能，比中国琉璃碗更能适应骤冷骤热的要求，因而具有更多的实用价值。广州的玻璃工业吸取了先进的埃及工艺，按照埃及玻璃配方制造出本国生产的单色或多色透明玻璃碗，以及其他日用器皿。考古发现表明，这时广州的玻璃工业除生产透明玻璃碗外，也制造其他生活器物。这些器物的形制、种类、装饰图样，都突破了以往国内生产中的传统模式，具有一定的创新，从而使南方玻璃制造业超过了北方地区，走在国内前列。但遗憾的是，不知何故，南方玻璃的生产大约在 4 世纪以后逐渐失传。

一般认为，西方的玻璃制造技术是在魏晋南北朝时期传入中国并得以流传的。

据《魏书》及《北史》记载，北魏太武帝时（424—452），大月氏商人将琉璃的采矿、制作等全套技术传到中国，中国有了自己的玻璃生产作坊，开始成批生产。由于这种透明亮丽的多彩玻璃的成功制作，使得原来被中国人视为珍品的域外玻璃不再是稀奇之物了，"自此中国琉璃遂贱，人不复珍之。"

《北史·何稠传》记载："中国久绝琉璃作，匠人无敢措意，稠以绿瓷为之，与真不异。"何稠是西域昭武九姓中何国人，他也有可能将西域玻璃制作技术传入中国，当时他所烧造的"绿瓷"，就是玻璃。

中国古代玻璃的基本成分在西周至魏晋南北朝时主要以铅钡为主。进入南北朝后西方钠钙玻璃传入我国，这种玻璃质地比铅钡玻璃强度大，耐热性好，加之西方吹制法的传入，使中国玻璃工艺有了较前期更快的发展。最迟在北魏时期，中国已掌握玻璃吹制技术，可以吹制器形较大的薄壁玻璃容器。

隋唐时期，中国的玻璃制作技术已经比较成熟。隋唐玻璃器的突出成就表现在陈设品、生活用具玻璃器的制作上，主要是玻璃瓶、玻璃茶具、玻璃杯等。

我国上古时代没有蔗糖。《礼记·内则》提到甜食时，举出的是"枣、栗、饴、蜜"。"饴"一般说来就是现在说的麦芽糖。相较于西方，饴糖在中国人的饮食中占有更重要的地位。另外，中国人很早就已采集和食用野生蜂蜜，从公元 2 世纪末起就有养蜂和采集蜂蜜的记载。而印度自古就生产甘蔗，并发展起用甘蔗轧糖技术，是世界甘蔗糖的发源地。古代印度制蔗糖的方法，是将甘蔗榨出甘蔗汁晒成糖浆，再用火煎煮，成为蔗糖块（sakara）。梵文 sakara 又有"石"的含义。印度的"石"糖在汉代传入中国，汉代文献中的"石蜜""西极石蜜""西国石蜜"，指由西域入口的"石"糖。糖在古代印度非常普遍，既是可食的美味，又能入药治病，还可用于宗教仪式。在印度的佛经中，有许多关于糖的记载。

三国时期，交趾地区出产的蔗糖输入内地。陶弘景说他那个时代广州有甘蔗制成的"砂糖"。在两晋南北朝时期，从当时翻译过来的一些佛经中，印度用甘蔗汁制糖的信息已经传到中国。唐代义净所译《根本萨婆多部律摄》和《根本说一切有部百一羯磨》中也对印度的制糖法有所介绍。

唐太宗和高宗时期，王玄策四次出使印度。据说王玄策在第二次出使印度时，带回专业制糖工匠传授制糖之法。印度制糖法的传入对我国糖业的发展起了重要的作用。还有的学者认为，唐太宗时期只引进印度饼块糖石密制法。唐高宗龙朔元年（661）请来印度制糖专家，引进印度砂糖制法。所以，唐朝遣使去印度求取制糖术有两次，而每次带回的制糖术是不同的。

唐代不仅从印度传入了当时先进的制糖技术，而且在此基础上有所提高，制出了比印度蔗糖质量还好的产品，所以说"榨沉如其剂，色味愈西域甚远"。扬州人对糖进行了改进和精加工，实现了制糖技术的飞跃。最早的白糖呈淡黄色，后来，优质的中国糖又传到印度，被印度人惊叹为"中国雪"。除扬州外，唐宋时期四川遂宁也是蔗糖的著名产地。鉴真和尚东渡日本，带有各种方物，其中有蔗糖2斤多，献给奈良东大寺，并把制糖法传给日本，此后日本才知道了砂糖。

在西汉的时候，葡萄及其栽培技术传入中国，同时葡萄酒也传入了。葡萄酒的酿造，由波斯、埃及经中亚传入西域，不会迟于西汉。张骞通西域，就向朝廷带回了西域酿造葡萄酒的信息。《史记》和《汉书》里都有关于大宛国出产葡萄酒的记载。

葡萄酒在汉代就已经传入内地。到了魏晋及稍后的南北朝时期，葡萄酒的消费有了一定的发展。魏文帝曹丕尤其喜欢喝葡萄酒，还把自己对葡萄和葡萄酒的喜爱与见解写进诏书，告之于群臣。魏时以及后来的晋朝及南北朝时期，葡萄酒成为王公大臣、社会名流筵席上常饮的美酒，文人名士常有歌咏葡萄酒的诗作。

但是，这时人们品尝的葡萄酒，主要是从西域进口的。中国人自己酿造葡萄酒是在唐朝开始的。640 年唐军破高昌，这也是葡萄酒酿造技术引进中国的年份。唐太宗从高昌国获得马乳葡萄种和葡萄酒法后，不仅在皇宫御苑里大种葡萄，还亲自参与葡萄酒的酿制。酿成的葡萄酒不仅色泽很好，味道也很好，并兼有清酒与红酒的风味。此事在文献中多有记载。《册府元龟》记载，唐初"葡萄酒，西域有之，前代或有贡献，人皆不识。及破高昌，收马乳葡萄实，于苑中种之，并得其酒法。太宗自损益，造酒成，凡有八色，芳辛酷烈，味兼缇益，既颁赐群臣，京师始得其味"。

唐代葡萄酒的产地，有今属新疆吐鲁番市的西州、甘肃武威市的凉州和山西太原市的并州。西州由故高昌国改设。唐代是我国葡萄酒酿造史上的辉煌时期，葡萄酒的酿造已经从宫廷走向民间，民间酿造和饮用葡萄酒也十分普遍。长安城有许多酒肆，其中有许多是胡人开的，出售西域进口的葡萄酒。

三、改变世界的"四大发明"

中国古代科学技术中最引世界瞩目的是造纸术、印刷术、火药和火器技术、指南针这四大发明。四大发明的意义已远远超出技术领域，对文化的传承、对世界历史的演变和人类的发展都具有特别重要的作用和影响。四大发明是中华民族奉献给世界并改变了整个人类历史进程的伟大技术成果，反映和代表了辉煌灿烂的中国古代文明。

在 13—14 世纪的时候，中国发明的造纸术、印刷术、火药和指南针这四大发明，几乎同时传入到欧洲，它们分别对欧洲的技术、文化、航海、战争都发挥了重要影响，并且激发了具有重大历史意义的文艺复兴运动，由此改变了欧洲文明的历史进程。

中国的造纸术是通过阿拉伯人传入欧洲的。大约在 9 世纪，阿拉伯人造的纸就传到了欧洲。但是，造纸技术在欧洲的推广起初并不顺利。由于当时的欧洲科学文化还比较落后，识字率低，纸张的使用量在很长一个时期里停留在一个比较低的水平。到 14 世纪末，意大利、法国、西班牙和德国南部都有了纸的生产，除了少数贵族外，纸大致已经代替羊皮纸成为通行的书写材料。

纸的广泛传播和普遍使用，对于欧洲科学文化的发展起到了相当大的作用。特别是对近代欧洲科学的繁荣和文化的进步，对于知识的传播和理性主义的兴起，乃至对于欧洲走出中世纪的蒙昧主义迷雾，开辟近代文明的新的历史纪元，都发挥了直接或间接的影响。

造纸术和印刷术几乎是同时传播到欧洲的。欧洲人通过纸币，不仅了解到作为新型书写材料的植物纤维纸，而且得知了雕版印刷术这一中国人的伟大发明。在元代中西交通大开之际，许多东来的使节、商人和教士直接接触到中国发行的纸币并了解其在商业活动中的应用。元代来华的许多西方人士都对纸币发生很大兴趣，并作过报道和介绍。其中最早向欧洲介绍纸币的是元代来华传教士鲁布鲁克（Rubrouc）。马可·波罗对纸币的作用作了更详细和直接的观察，叙述了造纸币的过程、流通系统、在交易中的使用及破旧纸币的更换等情况。除了纸币外，纸牌也是欧洲所知道的最早的雕版印刷品之一。纸牌也是中国最早的雕版印刷品之一。纸牌在宋以后普遍流行，在南宋的杭州已有专门出售纸牌的铺子。纸牌传入欧洲后，逐步被改造成为扑克牌。此后又经过数百年的演变，逐渐变成了今天国际公认的扑克牌样式。在欧洲流行纸牌不久，就出了印刷纸牌的行业。15 世纪初，印刷纸牌已经成为一项重要的工业产业，对欧洲雕版印刷业的发展起到了重要的推动作用。几乎在纸牌大量流行的同时，也出现了其他雕版印刷品。但是，由于欧洲各国使用的都是拼音文字，与雕版印刷并不适合，所以欧洲的雕版印刷事业并没有像

欧洲早期的活字印刷工场

在中国和东亚各国那样获得充分的发展，在雕版印刷术传入欧洲半个多世纪以后，欧洲人就开始应用活字印刷了。

造纸术和印刷术是一个相互关联的发明。印刷术被誉为"文明之母"，印刷术的发明被看作是"人类文明史上的一个里程碑"。印刷术的发明和发展，使人类科学文化知识的传播获得了一种崭新的形式。印刷术的发明，大大提高了书籍的复制速度，有力地推动了科学文化知识的广泛传播和普及，对人类生活的各个领域的进步和发展都发生了重大影响。印刷术在欧洲出现不久，便受到社会各界的普遍欢迎和高度重视。由于印刷术的应用，把学术、教育从基督教修道院中解放出来，使学术中心由修道院转移到了各地的大学，促进了教育的大发展和知识的世俗化，由此出现了中世纪后期文化科技艺术发展的高潮，迎来了文艺复兴的新时代。

印刷术的发明和广泛应用对于近代西方历史文化的影响是多方面的，甚至可以看作是近代西方历史的一个重要转折点。印刷术的广泛应用促进了欧洲的现代化，对政治、社会和文化等方面产生了激烈而深远的影响，使它成为一种社会变革的力量。

火药和火器传入阿拉伯世界主要经由两条路线。一条路线是在南宋时期从中国东南沿海经过海路直接传入埃及；另一条路线大体是在元朝时期蒙古军队西征时经过陆路传入阿拉伯国家。13世纪时，蒙古军队发动了几次大规模西征，直接在阿拉伯境内战场上使用各种火器。随着蒙古大军的西进，阿拉伯人已经掌握了制造火药和火器的有关技术。而欧洲人在与阿拉伯人的战争冲突中认识到火药火器的威力和在战争中的重要性。不仅如此，在元代到中国游历的教士和旅行家对火药火器的介绍也发挥了重要作用。鲁布鲁克曾向英国科学家罗吉尔·培根（Roger Bacon，1214—1294年）介绍过火药，罗吉尔·培根在他的《大著作》和《书信集》等著作中多次提到硝石、火药和火药爆炸的情况。他提到"拇指大的儿童玩具"，可能是指爆仗或纸炮一类的民间娱乐品。那么，如此看来，在罗吉尔·培根所生活的那个时代，中国的烟火、爆仗已作为娱乐品输入到西方一些地方。与罗吉尔·培根同时代的另一位著名经院哲学家大阿尔伯特（Albertus Magnus，约1200—1280年）也曾谈到过火药。

火药和火器的知识和技术传入欧洲后，得到迅速推广和应用。大约在14世纪上半期，火药和火器技术已经在欧洲广泛传播，并很快得到推广，应用于军队装备和各种战事。与火器相关的烟火制造技术，在欧洲首先出现于意大利。佛罗伦萨人和锡纳亚人都善于制造烟火。意大利许多地方都定期表演大型烟火。当时，欧洲正处于历史大变革的前夜。火药和火器的传入，对于这场历史大变革起到了重要的推动作用，从而对

17世纪欧洲使用火器的战争中挖掘地壕工事图

世界历史进程起到了重要的推动作用。

指南针发明的最重要的意义在于它在航海事业上的应用。由于指南针的应用，人们获得了全天候航行的能力，人类才第一次得到了在茫茫大海上航行的自由。从此，陆续开辟了许多新航线，缩短了航程，加速了航运，促进了各国之间的文化交流与贸易往来。指南针一经发明，很快就被应用于航海事业。北宋时期，中国在世界上最早使用指南针导航。使用以指南针原理制作的罗盘导航，大大提高了航路的正确性，使船只在固定的航线上安全航行，为船只在启航港和目的港之间定期往返提供了保证。不仅如此，航海罗盘的使用还导致了针路和航海地图的出现，使航海技术进一步完善。正是因为罗盘为人们提供了可靠的导航仪器，使人们获得了全天候远洋航行的能力，大大促进了远洋航海事业的发展。

大约在 12 世纪后期和 13 世纪初，指南针就传到了阿拉伯人手中。因为当时中国商船是波斯湾和南海之间海上贸易的重要参加者，与阿拉伯航海家多有接触，中国船的一些先进的装备很容易被阿拉伯船采用。13 世纪时，欧洲的航海者中已经广泛了解了指南针。

指南针传入欧洲，在欧洲的大航海时代中起到了重要作用。地理知识的进步和指南针以及星盘的传入增加了航海家们出海冒险的勇气。在 15 世纪葡萄牙亨利王子（Prince Henry the Navigator，1394 —1460 年）培训航海家队伍时，帮助舵手掌舵的有"星相家"，这是一些精通领航业务的专家，他们会看罗盘，能算出罗盘偏差并在地图上标出子午线。由于指南针表明方向的结果，地图精确起来，并且地图的绘制也有了普遍性。这导致了达·伽马发现印度新航路、哥伦布发现美洲大陆和麦哲伦的环球航行。在麦哲伦作环球航海时所使用的船只上，备有不可缺少的罗盘，并大量储备航海仪器，包括罗盘、罗盘针、沙漏计时器、星盘、比重秤和星座一览表等。

在西方文化由中世纪走向近代的伟大时刻，从远方中国传来的四大发明，对西方的发展起到了激励和推动的重要作用。可以说，四大发明是刺激西方文化发生蜕变和更新的重要因素。四大发明对西方乃至整个世界的历史进程都起到了革命性的作用，推动和促进了整个人类文明的结构性改变。

四大发明通过各自的渠道和路线陆续传播到欧洲。它们的传播和广泛应用，本来是各自独立进行的，互相之间并没有必然的联系。但是，它们传播到欧洲的时间却大致发生在同时，即是在蒙古人通过三次西征而建立起跨欧亚大陆的超级大帝国的时代，是中西文化大流动、大交流的时代，也即欧洲发生文艺复兴运动的前夜。正是在这样一个文化接触的汇合点上，四大发明发挥的作用和影响远远超出了技术范围，成为刺激文艺复兴运动产生的重要力量。

文艺复兴时期在思想文化领域表现出一个明显的特点，思想家们在从事新的文化的研究和创作中，广泛地利用古代希腊罗马的思想资料。而在古典文化复兴的过程中，造纸术和印刷术的传入，提供了强有力的武器和推动力量，刺激并推动了欧洲自由讨论风气的形成和文化知识的广泛普及。由于书籍带来的文化知识的广泛传播，使欧洲人的精神进入了一个新的境界，学术中心由修道院转到各地的大学，而在大学中聚集了各种新的思想，进行着科学的研究与探索，孕育了崭新的近代文明。

造纸术和印刷术加速了欧洲近代文明的到来，而火药和火器的传入，则为打破旧有的统治秩序提供了强有力的物质力量，改变了欧洲的政治格局，宣告了欧洲中世纪的结束。至于指南针，它的直接影响在于开辟了欧洲大航海的时代。

作为西方文化发展史上具有划时代意义的文艺复兴运动，从一开始就受到四大发明以及与此相关的其他中国文化因素的刺激和推动。四大发明的传入，激励和开发了西方文化系统内部的活跃因素，在一定程度上，可以说使西方文化的历史大变革成为可能。

中国的四大发明不仅为文艺复兴提供了技术条件，而且成为促进资本主义产生和现代人类精神解放、科学文化昌明的最强大的力量。

四、丝绸之路上的医药学交流

中医是我们中华民族传统医学。中医承载着中国古代人民同疾病作斗争的经验和理论知识，通过长期医疗实践，逐步形成并发展成成熟的医学理论体系。在中医药学发展对过程中，还通过丝绸之路上广泛等文化交流，陆续传播到许多国家，为各民族人民的防病治病和医疗卫生事业做出了贡献。

早在西汉时期，中国与朝鲜半岛之间就有了医药文化方面的交流。到了半岛的高丽时期，更大量引进中国的医药典籍和人才，使朝鲜半岛医药事业有了大规模的发展。通过官方赠送和民间私携，有不少中国医书流入高丽。中药材也大量传入朝鲜。朝鲜多次遣使到中国求取人参、松子、五味子、葫芦、虎骨、鹿角、鹿脯等药。在官方或民间贸易中，中药材始终是输往朝鲜的大宗货物之一。在中医中药学大规模传入的情况下，高丽医学发展很快，并达到了很高的水平。李朝时期，中医中药学在朝鲜有了更广泛的传播，推动朝鲜医学的进步与发展，并最终促使朝鲜医学自立体系。李朝重视中国医书的整理研究和中国药"乡药化"的事业。李朝前期，出现了《乡药集成方》《医方类聚》和《东医宝鉴》等朝鲜三大医学巨著，标志着朝鲜医学在广泛接受中医中药学影响的基础上开始自立体系，独立发展。朝鲜东医学的建立并不意味着朝鲜医学与中国医学脱离了关联。相反，在

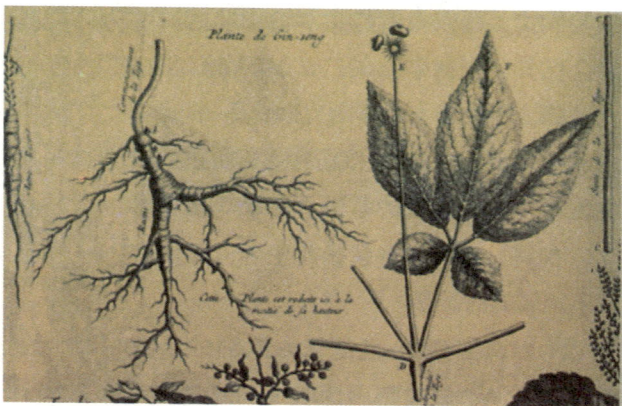

[法] 杜赫德《中华帝国全志》中的人参插图

中国医学滋养和影响下成长起来的东医学，更加主动地吸收中医中药学的最新成果。

秦代中国的医药文化已传到日本。秦始皇派方士徐福寻不死药，徐福到达日本，并在那里安居。据说徐福通医术，尤精于采药和炼丹，被日本人尊为"司药神"。公元608年，日本政府派小野妹子等来中国，其中有药师难波惠日、倭汉直福音等前来学医，可谓是日本最早派来我国学医的留学生。惠日等在我国居住有十余年之久。惠日回国后在日本传播中国医学7年，又于公元630年和654年第二次、三次来中国深造。753年，鉴真和尚率领弟子35人，带大量药物和香料，抵日本九州。鉴真在佛学外，兼明医学，除了讲律授戒外，还"开悲田而救济贫病"，从事民间医疗活动。今天已失传的"鉴真上人秘方"，据说就是他处方的记录。其他如"奇效丸""万病药""丰心丹"等良药处方，相传都是鉴真所创制的，从此日本"医道益辟"。鉴真的弟子法进、法荣，也都是中医药学的传人，他们又将医术传给新的弟子。也正由于鉴真在传播佛学的同时，把中国医药学传到了日本，使日本医学得到进一步发展。

中国医药传入日本以后，得到日本朝野重视，在日本出现了许多以研究中国医学而著称的学者，撰写了不少研究中国医学的专著。此后，日本的医学发展很快，出现了一些著名的医家和医著。宋元以后的中日医药交流更加频繁，促进了中日医药理论、技术等方面的发展，为后世医学和文化的发展提供了良好的氛围和基础。荣西所著的《吃茶养生记》，即记述了饮茶的事情，同时也是教导养生之术的医书。到了明清时期，有大量的中国医药书籍经过贸易渠道输入到日本，对于日本医药事业的发展和汉方医学的形成产生了重大的影响，并形成了日本汉方医学的几大派别。

中医药学也受到外来医药学的影响。在佛教东传中国的同时，印度医药学也传播到中国，为中国佛教僧医乃至中医生接受和应用，并且将其融入中医药学之中，成为中医药学的一个组成部分。一批懂得医药学知识并能为人用药治病的僧人，成为我国古代医疗队伍中的一支力量，为我国医药学的发展作出了贡献。义净对于中国医药学有着丰富的知识和实践经验，他在印度考察的过程中，对于印度的医药学也很留意，注意观察和了解印度的医疗制度、卫生习俗、诊断和治疗技术。义净的《南海寄归内法传》中对印度的卫生习俗和医事制度乃至医药学理论、治疗和药物知识等都有多方面的介绍。传入中国的印度药物有很多，其中有胡椒、补骨脂（又作婆固脂、破故纸）、青黛（靛花）、郁金香、婆罗、天竺桂等，成为中药的重要组成部分。

在医药学方面，中国和阿拉伯之间也多有交流。活跃于 9 世纪阿拉伯的著名医生阿里·泰伯里（Aliibn—Sahl al—Tabari），曾担任过哈里发的御医。他在 850 年著成的《智慧的乐园》是用阿拉伯语写成的最古的一本医药学著作。这部著作中引证了不少中国的史料。中医体系中的脉学，大约在唐代传入阿拉伯。被阿拉伯人称为"学术界的领袖和王子"的著名学者阿维森纳（Avicenna，原名 Abu—Alihusain ibn abdullan ibn Sina）所著的《医典》，是阿拉伯的医学经典著作，其中记载有脉学，所记 48 种脉象，有 35 种与中国医学所述相同，多采自中国晋代名医王叔和的《脉经》中的描述。

中医学的许多药物也传到阿拉伯。据《宋会要辑稿》记载，宋代经市舶司由大食商人外运的中国药材近 60 种，包括人参、茯苓、川芎、附子、肉桂等 47 种植物药及朱砂、雄黄等矿物药。这些药材除被转运至欧洲等地外，也有一部分输布至阿拉伯地区。阿维森纳的《医典》中载药 800 余种，其中不少为中国所产。在阿拉伯的早期文献中，大黄（Rawand Chini）被明确载述为功用广大之良药，并认定是从中国传栽移植的。中医视大黄药性峻猛，但在西方，大黄既作为观赏植物，又作为日常食用之品，收获时要"尝新"，在布丁、奶酪中则常配人以为美味。这种转化，是中药大黄传入阿拉伯后发生的某种药性认定上的变异，是跨文化传播中发生的变异。这种文化传播过程中发生的变异现象，实际上是经常会遇到的。

元初，阿拉伯、中亚及波斯等地的医生及药物大量进入中国，阿拉伯医学得到广泛应用和推广。在中外贸易交往中，输入中国的商品，以香药为其大宗。"香"和"药"其实是两类商品，一类是香料，一类是药物。有许多香料也可以入药，所以人们时常"香""药"并称。自汉代中西交通开辟以来，从西域、波斯、阿拉伯乃至非洲以及南洋、印度等地，源源不断地将各地的特产药物输入中国，极大地丰富了中医药学的内容，为中国人的医药卫生保健做出了很大贡献。唐宋以后，香料与药物的进口数量更大、品种更多，来源地也更广泛。而在这个时期，由于阿拉伯和波斯的商人成为中西交通贸易的主体，往来的商船多是来自阿拉伯地区，许多国家的物产是经由他们转运的，所以到中国以后被认为是阿拉伯的产品。这样，在宋代，输入到中国的香料和药物，无论是阿拉伯本土所产的，还是阿拉伯商人转运的，都被认为是阿拉伯香药。宋元时代大量阿拉伯药物的输入，及一些阿拉伯药物在实际生活中的应用日益广泛，促进了当时人们对阿拉伯药物的认识和研究，某些阿拉伯药物并为中国本草学所吸收，逐渐华化为后世所习用的中药。

中国与阿拉伯两种不同医药学的初步融合，成为中国医药学的重要书籍。

明清之际，有大批欧洲传教士来华，他们对中国的医药学给予了特别的注意。在对中医的研究方面，波兰耶稣会传教士卜弥格（Michel Boym，1612—1659）是最早并且是最有成就的人之一。1643年卜弥格来中国后，便开始注意到中国的医学，并展开了相关的研究。他在手稿《中国事务概述》中，就对有关脉诊治病方法的具体问题进行了研究。他说，中国有许多欧洲不知道的能治病的植物、药品和治病的方法。他认为，脉诊治病的方法在中国，许多世纪以前不仅能够了解病情，而且能够准确无误地预示它的发展。他还提到中国医生还亲自给病人煎熬他所开出的药物。卜弥格还写过一部《医学的钥匙》。这部著作的手稿辗转到了德国汉学家门采尔（Christian Menzel）手里，在门采尔的帮助下1662年以《中医指南》为题在法兰克福出版。4年后，门采尔在纽伦堡科学年鉴上发表了《医学的钥匙》，并明确指出这本书的作者是卜弥格。这部著作共分4卷，第一卷是翻译王叔和的《脉经》；第二卷介绍了一些中药，包括王叔和用过的配方和这些配方的主要成分；第三卷是一篇论脉搏的文章，关于诊脉治病的介绍和辅助的图表，还有展示人体上的针灸穴位的解剖图表；第四卷有37幅插图，论述舌诊的方法。卜弥格还有另外一部关于中医的著作《中医处方大全》，以"四味和五气的理论"对中药进行论述，介绍了一些药物的一般属性。这是中国的中草药第一次大规模地介绍到欧洲。《中医处方大全》中列举了将近四百中中国动植物和矿物的名字，这在当时出版的任何一部关于中国的著作中都是没有的。

　　卜弥格的《医学的钥匙》和《中医处方大全》传到欧洲之后，在欧洲产生了很大影响。17世纪末，英国医生弗洛伊尔（Sir John Floyer）将卜弥格关于中医脉学的译述转译成英文，连同他自己的著述合为《医生诊脉表》一书，于1707年在伦敦出版。弗洛伊尔不仅对卜弥格的中医理论进行了深入的研究和阐述，而且致力于中药的应用和推广。他为中药在欧洲广泛的采用，作了很大的努力。

　　在来华传教士们中，除了卜弥格这样的专业研究之外，还有许多人对中国的医药学很感兴趣。他们的研究涉及望舌苔、脉学、性病、法医、传染病、药物、外科、养生、神功、磁力、针灸等诸领域。

　　明清之际，中国发明了人痘接种术，开创了人类预防天花的新纪元。种痘法很快远传海外，1688年俄罗斯遣人来中国学痘医；1744年痘法传到日本，并在1840年牛痘法传入前一直采用。人痘接种术传到英国更具有特殊意义，成为牛痘产生的基础。

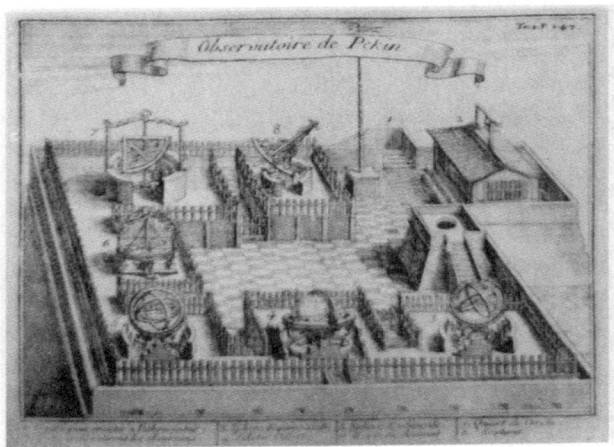

观象台图，法国传教士李明《中国近事报道：1687—1692》插（图上海图书馆藏）

五、丝绸之路上的天文历算交流

天文历算是中外交流最多和最活跃的领域。中国古代天文学以对多种天象的最早观测记录著称于世，其连续性、完备性、准确性亦世所罕见；中国有世界第一流的历法；有在设计和制造水平上遥遥领先的天文仪器；在天体测量方面有许多最先进的成果。中国古代掌管历法、天文的国家机构先后叫过司天台、司天监、钦天监等等，自唐以后，许多时候这个机构的主持人为外国人，如在唐代为印度人、元代为波斯人或阿拉伯人，到了清代的钦天监则长期由欧洲传教士主持。

古代印度天文历算知识发达，早在汉代就已传入中国。在唐代的中印交往中，继续有印度的天文历算著作传入到中国。由中国前往印度取经的高僧和印度来华的高僧们所携带到中国的佛经中，也有不少关于天文历算的书籍。玄奘在《大唐西域记》中，对印度的长度单位和印度岁时有比较详细的记载，义净在《南海寄归内法传》中记载有印度佛寺以漏法计时的情况。不空在乾元二年（759）译《宿曜经》，详细介绍了印度的占星术、七曜、二十七宿和十二宫方面的知识。其中"七曜历"对唐代历法影响很大。

唐朝传入的印度历法有瞿昙悉达翻译的天竺《九执历》。《九执历》是当时较为先进的印度历法，其中有推算日月运行和交食预报等方法，历元起自春分朔日夜半。它将周天分为 360 度，1 度分为 60 分，又将一昼夜分为 60 刻，每刻 60 分。它用十九年七闰法。恒星年为 365.2762 日。朔望月为 29.530583 日。《九执历》用本轮均轮系统推算日月的不均匀运动，计算时使用三角函数的方法。《九执历》的远日点定在夏至点前 10 度。

《九执历》的传入乃是中国与印度科学交流史上的标志性事件之一。翻译编纂《九执历》的瞿昙悉达在唐朝任太史监，是秘书省下"监掌察天文，稽历数"的专门机构，后来在乾元元年改为司天台。太史监是唐代以"本色出身"的技术官僚能够达到的最高官职，可知瞿昙悉达的天文历算技艺是相当高超的。瞿昙家族在唐朝世代从事天文历算职业。据《通志》及《姓纂》称，瞿昙氏（Gautama）来自中天竺，瞿昙氏家族四代供职国家天文机构，先后担任过太史令、太史监或司天监经 110 年。因此，当时人们称瞿昙悉达为"瞿昙监"，称这一派的天竺历法为"瞿昙历"。

悉达身为皇家天学机构负责人，得以利用皇家秘藏之古今星占学禁书，以其得天独厚的条件，编辑了《开元占经》110 卷，集唐前各家星占学说之大成，为古代中国星占学最重要、最完备之资料库。《开元占经》保存了中国最古老的恒星观测资料，其中尤以甘、石、巫咸三氏之星表，成为今人研究先秦时代中国天学时最重要史料之一，录载了中国上古至公元 8 世纪时所有相传历法之基本数据。

当时唐朝有著名的"天竺三家"，都以天文历算著名。瞿昙氏在天竺三家中最为显赫，是史籍中有关记载较多的家族。天竺三家其余两家为迦叶氏（kasyapa）、拘摩罗（Kumara），也是以天文历算知名的天竺人。

阿拉伯的天文学十分发达。阿拉伯的科学家们对天文学一直保持着浓厚的兴趣，他们已经能够娴熟地运用诸如星盘、等高仪、象限仪、日晷仪、天球仪和地球仪之类的天文仪器从事天文学研究。很多恒星，如毕宿五，河鼓二和天文学的术语，如照准仪，地平经度和高度方位仪，都来源于他们的阿拉伯名字。阿拉伯天文学大量继承了人类科学遗产，如古代希腊－罗马、波斯甚至印度的天文学等。伊斯兰天文学自成体系后，又进一步影响和推动了世界其他的文明进程。其中，伊斯兰天文学在和中华文明的交融中，影响和丰富了中国的天文学。

忽必烈居藩时，任用了一批以伊斯兰天文学家，其中著名的天文学家波斯人札马鲁丁应召东来，后主西域星历司。忽必烈又将札马鲁丁派回伊儿汗国，到马拉盖天文台参观学习。至元四年（1267），札马鲁丁带着马拉盖天文台的新成果回到忽必烈宫廷。札马鲁丁向忽必烈进献《万年历》，并进献西域天文仪器 7 件。这 7 种天文观测仪器包括用来观测太阳运行轨道的浑天仪、观测星球方位的方位仪、用来观测日影定春分秋分的斜纬仪、观测日影定夏至冬至的平纬仪、天文图像模型天球仪、地球仪、观察昼夜时刻的观察仪即星盘。这些仪器设计巧妙新奇，准确精密，反映了当时天文学的研究达到了较高水平。

札马鲁丁根据伊斯兰历法，撰著《万年历》。忽必烈下令在全国颁行。到至元十八年（1281）郭守敬授时历完成，万年历才终止使用。《万年历》在中国范围内通用了 14 年。郭守敬编制《授时历》时，从《万年历》中吸收了不少合理的内容。

至元八年（1271），忽必烈下令在上都为波斯人及其后裔设立司天台，札马鲁丁领导司天台的工作。元仁宗皇庆元年（1312），改台为监，监内有天文科、算历科、三式科、测验科、漏刻科。元代在天文机构的设置上实行双轨制，在设立上述机构之前或同时，也为汉人设立了另一套天文机构。两监地位相等，官员品秩相当，人数也基本相同。札马鲁丁、爱薛、可马剌丁、苫思丁、赡思丁等一批天文学家先后在这里任职，为中国天文历算的完善和发展做出了巨大的贡献。

至元十年（1273），札马鲁丁被元世祖任命兼职为新设立的秘书监两长官之一。另一长官是汉人、原任户部尚书的焦友直。在札马鲁丁的领导下，秘书监引进了大量波斯文、阿拉伯文的天文学、数学、星占学等方面的图书、器物，还有大量的阿拉伯地图。秘书监是元代中国与阿拉伯科学文化交流的一个重要机构。在《元秘书监志》中录有相关书目195部，在26种存目的书籍中，包括数学、几何学、天文学、医学、地理学、星象学、化学、哲学、历史学、辨认宝石学、机械制造原理、诗歌、天文仪器制造等方面内容。

第十三讲

丝绸之路上的造像与石窟

一、丝绸之路上的造像艺术

佛教是从西域传入中国的。佛教通过丝绸之路传入中国在中外文化交流史中具有重大意义。伴随着佛教的传入，西域乃至更为遥远的世界其他地区的文明成果传入中国，并在中国化的过程中结出灿烂的文明成果。

公元前 3 世纪以后，佛教开始在印度以外的一些国家和地区，分别向南和向北，如缅甸、斯里兰卡以及中亚、西域一带传播。佛教向北首先传入犍陀罗和迦湿弥罗（罽宾国）。公元前 2 世纪，大夏入侵位于印度西北的舍竭国已流行佛教，约在公元前 2 世纪上半叶，佛教传进希腊人统治的大夏。大约公元前 1 世纪后半叶，佛教传入西域的于阗、龟兹、疏勒、若羌、高昌等地。西域是中国通向印度和西方的交通要道。在佛教传入中国的过程中，西域发挥了重要的作用。

自佛教传入西域后的几百年间，佛教在西域有了长足的发展，佛教图像、寺庙和石窟等佛教建筑开始在西域大地出现，佛窟成群，塔寺林立，浮雕、立雕的大小佛像众多，佛教的绘画、音乐、舞蹈、文学等都达到了很高的水平。到了魏晋南北朝时期，佛教在西域进入了鼎盛发展时期，各国佛事频繁，高僧辈出，年年举行盛大的佛会。

汉武帝时，张骞通使西域，打开了中原与西域的交通大通道丝绸之路，此后，西域各国与汉内地的经济、文化交流十分频繁。正是在这种交流过程中，佛教从印度通过西域传到了中国内地。在这条充满着艰险而又同样充满着神奇色彩的通道上，西去求法和东来传教的僧侣们，筚路蓝缕，不绝于途。而同样是在这条大通道上，遗存着无数的佛教东传的历史遗迹，有寺庙的遗址、精美的壁画、荒芜的塔塚，有大漠孤烟、千里流沙、古城残垣，以及壮观无比的遍布沿途的佛教石窟。通过这条大通道，佛教以及佛经、佛教的绘画、建筑、音乐艺术，以及佛教所带来的印度和沿途民族的艺术、医学、天文学、哲学和逻辑学等也传播到中国，推动了中外文化的大交流与大发展。

佛教造像艺术的最初兴起是在阿育王时代，但此时的造像中回避了

释迦牟尼的具体形象。如在印度保留至今的阿育王时代的山奇大塔上有丰富的佛陀本生故事浮雕，其中东面浮雕是象、牛、蛇、金翅鸟等各种动物在膜拜一株菩提树，西面浮雕是一群野象向一株菩提树致敬。在这些画面中，佛陀的形象被菩提树取代。迦腻色迦王时期崇尚和提倡佛教，除继续阿育王早期的阐释经义与大造寺塔之外，还邀请希腊手工艺师雕刻佛像，开始了具体的佛教造像艺术的活动，后来形成希腊—印度的犍陀罗艺术。

随着佛教的传入，佛教雕塑造像艺术也开始在中国传播。佛教雕塑丰富了中国传统雕塑的艺术手法，激发了中国传统雕塑的创造力。

佛教雕塑艺术，主要受到印度"犍陀罗式"和"喀坡旦式"两种艺术风格的影响。犍陀罗式的佛、菩萨像的体格高大，近似欧洲人，面貌更像希腊人，并带有一些印度的地方色彩。喀坡旦式采用了印度固有的做法，与犍陀罗的作风相融合，可以说是集合了印度艺术的大成，达到了佛教艺术的最高峰。这两种艺术形式对于中国佛教艺术风格都有深刻的影响。两晋及以后，西域传来的各种佛像汉地都有仿造。

来自印度的佛教造像艺术，主要是通过西域沿着丝绸之路传入中国的。在丝绸之路沿线，包括南道的楼兰、于阗等地，北道的疏勒、龟兹、高昌等地，都有深受犍陀罗艺术影响的佛教造像艺术的遗存。佛教造像艺术对中国内地佛教艺术的影响，主要是经由西域于阗、龟兹地区通过河西走廊辗转传入的。这些造像艺术风格是以怎样的方式传入中国的呢？主要是通过一代代东来西往的中外僧俗不断携来佛像实物和图绘的"粉本"以及中国翻译的一些指导造像规范的经典。这些规范传入中国，其基本原则被中国艺术家接受。更为重要的是，随着佛教在中国的发展，造像越发兴盛，外来的艺术方法和模式与本土风格、手法相结合，创造出独具特色的中国佛教造像艺术模式。

中国的佛教造像，到东晋十六国时，随着佛教的流行，渐次兴盛。佛教造像在当时被人们认为是无量功德的事情。此外，雕塑佛像还被认为有"恒生大富家，尊贵无极珍""作大名闻王"等种种的福德利益。于是，竞相造像求功德也成为佛教造像发展的一大原因。佛教寺院铸塑造像御风而起，先后有荀勖造佛菩萨金像12躯于洛阳、道安铸襄阳檀溪寺丈六释迦金像、竺道邻铸山阴昌原寺无量寿像、竺道壹铸山阴嘉祥寺金漆千像、支慧护铸吴郡绍灵寺丈六释迦金像，这些造像均为接触的艺术瑰宝。

此时的佛像，已不再是印度佛像的单纯模仿，而是具有了中国样式的风格。晋孝武帝时，会稽山阴灵宝寺求为东晋时人艺术家戴逵制一尊1丈6尺高的无量寿佛木雕像，佛像宽额、浓眉、长眼、垂耳、笑脸、大肚，既符合佛经教义，又体现了中华民族审美习惯，从而成为佛像形体的公认定格。

南北朝时期，随着佛教的日益发展，佛像的制造也极隆盛，"庄严佛事，悉用金玉"。在北朝，据《洛阳伽蓝记》的记载，洛阳永宁寺佛殿有丈八金像1躯，等身金像10躯；平等寺门外有金像1躯，高2.8丈；长秋寺中有六牙白象负释迦。

除了兴建佛寺，铸造佛像外，还开凿了大量的石窟。石窟中的早期造像，面相丰圆，肢体肥壮，神态温静。北魏迁都洛阳后的龙门石窟造像，受到戴逵为代表的"秀骨清像"本土化风格的影响，融合南北，出现一种面容清癯，褒衣博带，性格爽朗，风神飘逸的新形象。以龙门石窟为代表的中国佛教造像艺术，虽然还带有浓重的印度艺术色彩，但已标志着具有民族特点的中国佛教造像艺术已经出现。唐代的雕塑艺术更臻于繁荣圆熟，如佛、菩萨、力士造像，从某种程度上反映了当时社会安定和谐，百姓生活美好。佛教造像呈现出更多的民族化、世俗化的艺术特征，展现光华、绚丽的健美风姿，突显典型性及主题性。在形象的表现上，为面容温静、唇润颐丰、身躯健美、肌体丰腴、弯长的眉、明澈的眼、姿态妥帖、衣褶流丽，其风格更近于写实。

唐代佛教雕塑在武则天时期达到了高潮。这一时期的龙门奉先寺，包括卢舍那佛及弟子、罗汉菩萨、天王、大力等11尊巨像。这尊卢舍那佛像高17.14米，头部4米，耳朵长1.9米。它的造型已经摆脱了印度佛教艺术的犍陀罗风格和秣菟罗风格，俨然是一个汉地男子的形象。它双耳垂肩，鼻梁高隆，慈眉善目，宽唇微翘，既显得庄严肃穆，凝重恬静，又不乏温柔敦厚，和蔼慈祥，在宗教的意蕴中隐隐流露出世俗化的倾向。菩萨雍容华丽，细腰斜敧，楚楚动人。天王、力士肌肉怒凸，体现了男子的健美，让人感到威严，正直、勇猛、坚毅，完全是隋唐时期现实生活中的人物写照。

云冈石窟佛像

唐代的菩萨造像，呈现健康有力、成熟自信的艺术风格，走向世俗化与女性化，透露出所谓的"菩萨如宫娃"的审美时尚。"宫娃"比喻唐代菩萨像看起来就像是现实生活宫廷里娇贵的宫女。

佛教造像艺术的最重要和最终的目的是弘扬佛教教义，担负着宣传和教化功能。透过造像，佛菩萨们充满智慧、慈悲、宁静、安详柔和的精神体现得淋漓尽致，使观者沉浸其中。讲法时陈列佛像，以佛像庄严、慈祥、宁静的面容，展示佛陀清净法身的本色，使听法者生起一种敬仰之心。

造像艺术随着佛教传入中国，成为人类艺术宝库中的精品，也为佛教的传播过程发挥了不可估量的贡献。造像艺术对于中国传统艺术有很大影响，极大地推动了传统造像技巧和风格的发展，大大丰富了其内容体裁。从现在我们所能获得的具有高度代表性的艺术作品，不论是雕刻，或是绘画，都有来自佛教的渊源。

第十三讲 丝绸之路上的造像与石窟

二、丝绸之路沿线的石窟

古代印度佛教艺术的另一瑰宝是石窟艺术。石窟是由僧伽蓝发展成为集建筑、雕塑、壁画于一体的佛教石窟文化综合艺术集成。印度的石窟分两种：举行宗教仪式的石窟叫"支提窟"，平面为长方形，纵端为半圆形，半圆形的中间有一窣堵波。除入口处外，沿内墙面有一排柱子；另一种石窟称为"精舍"，以一个方厅为柱心，三面凿出几间方形小室，供僧侣静修之用，第四面为入口，没有门廊。"精舍"和"支提窟"常相邻并存，如阿旃陀的石窟群。

两晋之时，中国佛教艺术的发展于寺内，而甘凉一带，地多山岭，接近西域，便于吸收西域的文化，因而开始有因山修龛造窟的。石窟是展示佛教艺术的一种重要的表现形式。佛教艺术往往通过石窟的雕刻、寺庙的塑像、壁画的彩绘，将佛教人物的各种形象以及故事内容，生动有趣地表现出来，在展示过程中，逐步形成完美的艺术造像群体。

北朝时期，随着佛教的勃兴，沿着丝绸之路，在各佛教传入地大规模造窟，出现星罗棋布的石窟群。随之产生了龟兹石窟模式（克孜尔石窟、库木吐拉石窟、森木塞姆石窟）、高昌石窟模式（伯孜克里克石窟、吐峪沟石窟、胜金口石窟）、凉州石窟模式（敦煌石窟、河西河东石窟）、中原石窟模式（云冈石窟、麦积山石窟、龙门石窟）。这些石窟从西向东，遍布丝绸之路沿线，到达丝绸之路的东部端点洛阳。

北凉国王沮渠蒙逊时开凿的天梯山石窟，规模宏大，建筑雄伟，是我国早期的石窟之一。窟内保存壁画数百万平方米，佛像100多尊。其中主体建筑大佛窟如来坐像高达30多米。大佛左右两边站立迦叶、阿难、普贤、文殊、广目、天王六尊造像，神态逼真，形象各异，塑造精致。

敦煌莫高窟是世界现存佛教艺术最伟大的宝库。敦煌莫高窟始建于前秦建元二年（366），据武周圣历元年（698）李怀让《重修莫高窟佛龛碑》记载：僧人乐僔云游至敦煌城东南的三危山下，薄暮时分，无处栖身，惶惶不安。突然，三危山发出耀眼金光，似有千万个佛在金光中显

现。他连忙顶礼膜拜，于是募集资金，在这里开凿了第一个石窟。后来，僧人法良又开凿了第二窟。

经过历代开凿，莫高窟南北全长 1618 米，现存石窟 492 洞，其中魏窟 32 洞，隋窟 110 洞，唐窟 247 洞，五代窟 36 洞，宋窟 45 洞，元窟 8 洞。塑像 2415 躯，并绘制大量壁画，连接起来有五六十里长。北朝时期洞窟中主像一般是释迦牟尼或弥勒，主像两侧多为二胁侍菩萨或一佛、二弟子、二菩萨。塑像背部多与壁画相连。窟内顶部和四壁满绘壁画。顶及上部多为天宫伎乐，下部为夜叉或装饰花纹。壁画内容主要有：经变：即佛经故事，如西方净土变；本生故事：即释迦牟尼前世经历，如投身饲虎、割肉贸鸽；尊像图：即佛、菩萨、罗汉、小千佛、飞天等；供养人像：即出资修窟人的像。敦煌莫高窟的第 120 洞，洞窟北壁的大型坐佛台下，有西魏大统四年（538）建造的铭记；洞内壁画纯为中国式，佛塔则属犍陀罗式系统。北壁佛龛的左右，绘有象头昆那夜迦，或三面六臂乘牛坐像，或一头四臂乘鸟像，似为密教题材。西壁虽有中印手法的佛像，一面绘有印度式壁画，但这种印度式的佛教美术逐渐中国化，例如，佛像的衣端部分，西方美术是用浓厚阴影描写，此处则为线画式；天井中央，绘天盖形，虽然样式传自西方，但已有中国风格。

云冈石窟在山西大同西武周（州）山北崖，始凿于北魏和平元年（460），约终止于正光五年（524）。传说北魏文成帝在太武帝灭佛之后决定恢复佛教，僧人昙曜来到平城，路遇文成帝车队，袈裟被御马咬住不放。文成帝认为马识善人，是天赐高僧，便对昙曜以师礼相待。昙曜建议在武周山开窟五所，获得批准，并主持其事。整个石窟依山开凿，东西绵延 1 公里，现存主要洞窟 53 个，大小造像 51000 多尊，佛龛 1100 多个。

云冈石窟是石窟艺术"中国化"的开始，是在我国传统雕刻艺术的基础上，吸取和融合印度犍陀罗艺术及波斯艺术的精华所进行的创造性劳动的结晶。石窟雕刻的题材内容，基本上是佛像和佛教故事。云冈石窟雕刻在我国三大石窟中以造像气魄雄伟、内容丰富多彩见称，多为神态各异的宗教人物形象，石雕满目，蔚为大观。它们的形态、神采动人。

这些佛像与乐伎刻像，还明显地流露着波斯色彩。佛像最大的是第 5 窟的释迦牟尼坐像，高 17 米，宽 15.8 米，脚长 4.6 米，手中指长 2.3 米。第 20 窟的本尊大佛像制作雄伟，神态庄严，全高 14 米。这种摩崖大佛的观念极可能是受了中亚梵衍那巨佛的启发，其面容眉毛修长，鼻梁高挺，深目大眼，颇具西洋人面貌的特质。佛像的衣纹写实而自然，多以阳刻的凸线表示，这都显示云冈艺术是因袭贵霜王朝犍陀罗造像的式样。但雕法朴拙，肩膀宽阔，头顶剃发肉髻，身穿右袒僧袍，却又继承贵霜王朝秣菟罗佛雕的风格。云冈中期石窟出现的中国宫殿建筑式样雕刻，以及在此基础上发展出的中国式佛像龛，在后世的石窟寺建造中得到广泛应用。云冈晚期石窟的窟室布局和装饰，更加突出地展现了浓郁的中国式建筑、装饰风格，反映出佛教艺术"中国化"的不断深入。

龙门石窟在河南洛阳市南，伊河自南向北流去，中分二山，东是香山，西是龙门山，望之若阙，故又称"伊阙石窟"。龙门石窟开凿于北魏孝文帝由平城迁都洛阳前后（493），历经东魏、西魏、北齐、隋、唐、

山西大同云冈石窟

河南洛阳龙门石窟

宋诸朝，雕凿不断。孝文帝迁都洛阳到孝明帝时期的 35 年间，是龙门开窟雕造佛像的第一个兴盛时期。大都集中在龙门西山之上，约占龙门石窟造像的三分之一。其中最著名的有古阳洞、宾阳三洞、药方洞等十几个大中型洞窟。在唐代从开国到盛唐的 100 年间，龙门石窟迎来了历史上开窟造像的第二次兴盛时期，这一时期开凿的石窟也多集中在龙门西山，约占龙门石窟造像的三分之二，但到了武则天时期，开凿石窟的一部分转移到东山。龙门唐代石窟最有代表性的洞窟有潜溪寺、万佛洞、奉先寺大像龛等。据龙门石窟研究所统计：东西两山现存窟龛 2345 个，碑刻题记 2800 余块，佛塔 40 余座，造像 10 万余尊。其中北魏石窟占 30%，唐代约占 60%，其他时代窟龛约占 10%。龙门石窟形制比较简单，题材趋向简明集中，没有敦煌、云冈那种复杂的窟内构造，以一种雍容大度、华贵堂皇的皇家风范出现在世人面前，与早期佛教艺术的神秘色彩不同，龙门石窟越来越呈现出世俗化倾向。

除了以上著名的三大石窟外，北魏所造的石窟，还有甘肃瓜州县的

榆林窟，敦煌城西的千佛洞、甘肃天水市的麦积山石窟、宁夏的炳灵寺石窟。北魏所创的石窟，其中保有着精美的雕塑。此外，如甘肃酒泉的文殊山石窟、张掖的马蹄寺石窟、武威的天梯山石窟、泾川的石窟寺、陕西邠州的大佛寺、山西太原市的天龙山石窟、河南巩县石窟、渑池县瑞庆寺石窟、安阳宝山石窟、山东济南龙洞石窟、辽宁义县万佛堂石窟，都是北魏时代所创造的。

三、唐代寺院的壁画

唐代的造型艺术继续受到佛教的影响，除造像与石窟外，壁画也是接受和吸收西域文化的一个重要的载体。唐代高水平的建筑、雕塑、绘画艺术，有相当大的部分集中在寺院里，有些还是僧侣亲手完成的。如著名的慈恩寺大雁塔，是玄奘参照西域样式修建的。净土宗大师善导擅长造像，他在实际寺时，被命赴龙门建造大卢舍那佛像，开凿了佛教东传以来最大的像龛，即今存雕塑史上的伟大杰作龙门奉先寺大像。密宗大师善无畏长于工巧艺术，相传他制造模型，铸成金铜灵塔，备极庄严，所画密教曼陀罗尤其精妙。长安寺院里集中了一大批外来僧侣，他们带来了外国的文化成果，包括实物和技艺。因此，寺院既是文化交流的场所，又像是保存文物的博物馆。这种文化交流在艺术方面的成绩尤其显著。

盛唐起密宗兴盛，伴随着密宗的兴盛，与密宗相关的艺术也在中国得到进一步传播和发展。在唐代，各种密宗变形观音，如十一面观音、如意轮观音、特别是千手千眼观音造像大为流行，其中奇诡华丽的千手千眼观音造像特别受人们的欢迎，直到今天还是中土佛寺的主尊之一。密宗艺术的独特表现方法和风格特征作用于当时的艺术创作和人们的精神世界，因此，当时的绘画、雕塑，以及在韩愈一派的诗风，都受到它潜移默化的熏染。

隋唐时代佛教寺院壁画得到很大发展，呈现出百花齐放的兴盛局面。

佛教传入中国之后，伴随着寺院的建设，出现了寺院壁画艺术。两晋时，佛寺壁画创作更盛。当时"寺庙图像崇于京邑"，顾恺之绘瓦棺寺壁募金百万。另外，与顾氏同时期的著名画师戴逵亦善绘佛像，10 余岁时即作画于瓦棺寺中，有文殊壁画传世。至南北朝，与佛教寺院大兴相一致佛寺壁画大盛。南朝宋时"丹青之妙最推工者"的陆探微所绘天安寺惠明板像、灵基寺瑾统像，一时称妙。南齐画师宗测的永业寺佛像，"皆称臻绝"。萧梁时期，武帝崇饰佛寺，凡装饰佛寺，必命当时的著名画师张僧繇绘壁。

隋代绘画艺术的发展为唐代佛教寺院壁画的发展奠定了基础。隋文帝下诏修建寺院，宗教美术又重新活跃，并有大规模创作活动，长安、洛阳、江都等地寺庙都有名家手笔。敦煌莫高窟现有隋窟 70 余座，题材和风格都有新的探索。隋朝是南北朝时期所形成的中国南北画家名手大融合的时期，当时活跃在京都长安的北方名画家有：杨子华、田增亮、展子虔、杨契丹等，他们都是经历北齐、北周，最后在隋朝任职的名家；董伯任、郑法士、孙尚子则是来自南方，是继承南朝传统的大画家。这些画家在入隋之前，都是名震一方，各有专精。张彦远说他们"并祖述顾、陆、僧繇"，因此有所谓"中古之画，细密精致而臻丽，展、郑之流是也"。这些画家在南北朝崇佛的风气之下，分别在南北两地从事寺院壁画，在宗教画上有特别的成就。入隋以后，佛教寺院的大规模兴建，为南北画家同室切磋画艺提供了载体。据《历代名画记》卷八记载：来自北方的杨契丹和江南的郑法士，入隋后二人交往甚密，同时在佛教壁画方面享有盛名。他们与田增亮一起在光明寺小塔作壁画。"郑东壁、北壁，田图西壁、南壁，杨画外边四面，是称三绝。"画史记载杨契丹所画《佛涅槃变》和《维摩变》为当时妙品。

来自河北的董伯任和来自江南的展子虔也是隋代的大画家，当时并称董、展。董伯任历经北齐、北周，在隋任朝散大夫、帐内都督，曾在上都定水寺、海觉寺、光明寺（大云寺）、崇圣寺等作壁画。据《南宋馆

阁续录》记载，展子虔绘有《伫立观音》《太子游四门》等图。后人认为他的画"意态具足，可为唐画之祖"。董伯仁画的《弥勒变》和展子虔所画《法华变》，在前代基础上更有创意。其作品虽无遗存，但敦煌莫高窟隋代壁画保留有这类经变的遗例。莫高窟 420 窟为覆斗顶隋窟，窟顶四披的《法华变》是隋代规模最大，内容最丰富的经变画，北披为序品，南披为比喻品，东披为观音普门品，西披为方便品。绘于北披的《涅槃图》分别绘佛涅槃、弟子举哀、焚棺、立塔供养等情节，是唐代流行《涅槃变》的早期形式，在东披《观音菩萨普门品》中有不少观音救难的生动场面，有满载货物的商队，有拦路抢劫的群盗，有遇见履险的船只，……通过这些敦煌壁画，不难看出展子虔所绘《法华变》的艺术风貌。真是"触物留情，备该绝妙"。莫高窟 419 窟后部顶上为《弥勒上生经变》，弥勒端坐殿中，宫殿两侧有多层楼阁，阁中众天女手执乐器，歌舞弹唱，渲染出一派歌舞升平的景象。也可从中领悟到董伯仁《弥勒变》的面貌。

　　壁画艺术在隋唐时达到极盛。当时宫殿、衙署、厅堂、寺观、石窟、墓室都有壁画装饰。唐代壁画继承汉魏的传统又有巨大发展，壁画题材由图绘人物及佛道故事扩大到表现山水、花竹、鸟兽等方面，内容及技巧上均超过前代。仅就寺庙壁画来说，据俞剑华统计，以道释人物为题材的壁画，有 183 寺，画家有 70 人。单是吴道子一个人就画了 25 寺、300 多间（两柱之间的一堵墙壁）。这些统计当然还是不完全的。据宋人李之纯《大圣慈寺画记》介绍，成都大圣慈寺的 96 院，到宋代还有唐朝的壁画 8524 间，其中有佛 1215 尊，菩萨 10488 尊，罗汉、祖僧 1785 尊，天王、明王、神将 263 尊，佛会、经变、变相 158 图，其盛况可见一斑。

　　武宗会昌三年（843），即会昌毁佛事件发生前夕，段成式在京任秘书省校书郎，一日和友人同游大兴善寺，鉴于韦述《两京新记》等资料记载寺院情况多有遗漏，乃约以一旬时间遍巡两街各寺，但因为其时毁佛已经开始，只调查了起兴善寺终慈恩寺、主要在朱雀门大街以东的近20 所寺院。至大中七年（853）他任外职归京，寺院在毁佛中已被拆废，

新疆吐鲁番柏孜克里克石窟千佛壁画，10—11 世纪

遂根据回忆写成《寺塔记》两卷，其中详细记载了他所调查寺院的大量
建筑、壁画、造像以及所存文物情形。《历代名画记》中也有《记两京外
州寺观画壁》，著录了当时长安、洛阳等地寺庙壁画的作者、题材、位置
与艺术特点。在《历代名画记》《唐朝名画录》《寺塔记》等书所载 206
名唐代画家中，就有 110 人曾参加过壁画创作活动。从唐初的展子虔、
杨契丹、尉迟乙僧等人开始，吴道子、杨光庭、卢楞伽、杨惠之、王维、
周昉等一批著名画家都曾图画寺壁，创作出大量精美的作品。

　　从形式上看，唐代佛寺壁画可大致分为两种：一是绘于寺院的壁画，
主要分布于寺院之殿、堂、廊、庑及山门等壁上；其二为绘于石窟寺的
壁画，主要分布于窟的四壁及窟顶上。寺院壁画的内容，包括佛像画、
佛教经变故事以及山水景物三类。唐代寺观壁画气势恢宏，色彩灿烂，
题材上一反南北朝流行的宣扬以牺牲及苦修为内容的本生故事，而大量
盛行歌颂天国的美好和欢乐的经变画，寺庙壁画中大量图绘《西方净土

变相》，也出现不少描绘现实生活的场景。壁画成为寺院建设中不可缺少的部分。凡是新建佛寺，都要请画工制作精美的壁画。壁画不仅使佛寺增添了神圣性、庄严性和艺术文化氛围，增强了寺院的吸引力、感召力和心灵冲击力，而且以壁画艺术为主的佛寺成为长安城的文化中心和壁画艺术展示中心，成为画家成长的摇篮和绘画艺术交流的园地。

唐代诗人常到西明寺、慈恩寺、兴善寺等长安著名寺院中去观赏壁画。刘沧《夏日登慈恩寺》写道："碧池静照寒松影，清画深悬古殿灯。"温庭筠《题西明寺僧院》写道：

> 曾识匡山远法师，低松片石对前墀。
> 为寻名画来过院，因访闲人得看棋。

郑谷《题兴善寺》：

> 寺在帝城阴，清虚胜二林。
> 藓侵隋画暗，茶助越瓯深。

宋代文人画的兴起使画坛风气为之一变，对各式寺庙壁画产生了极大的冲击。尽管如此，佛寺壁画的创作在两宋（包括辽金）时期依旧颇有影响。与唐时长安一样，北宋都城汴京是当时画手名师聚集的中心，佳作名画遍见于各大寺院。其中，大相国寺壁画最为丰富，"大殿两廊，皆国朝名公笔迹"熙宁年间，高丽王遣使崔思训入贡，带画工数人，即奏请摹写相国寺壁画归国，后绘于高丽王都兴王寺正殿两壁。山西高平开化寺始建于晚唐，其大殿为宋代遗构，殿内东、西、北3壁保存了一批宋代壁画，笔格遒劲细密，构图严谨，设色妍丽，人物冠饰及严界画建筑物上大量施用洒粉贴金做法，以增加画面的辉煌灿烂，堪为宋代壁画的精品。

第十四讲
丝绸之路上的艺术交流

一、西域乐舞翩翩而至

在漫长的丝绸之路上，数千年来，中国与西方，商旅往来，使臣交聘，进行着广泛的文化交流。在这种中西文化的大交流中，不仅有物种的交换，物产的交流，技术的转移，还有着内容丰富的各种艺术形式的交流。各民族所创造的乐舞、美术、文学等艺术形式，通过漫漫的丝绸之路，互相影响，丰富了各民族人民的精神文化生活。各民族的艺术文化的交流，是丝绸之路历史上最浪漫、最有趣味的文化交流。

中西之间的艺术交流，可能开始得很早。在远古的传说中，有黄帝派伶伦去西方寻找音乐和乐器的故事。

沿着丝绸之路，几千年来，中国与西域、印度乃至欧洲，有着广泛的艺术交流。各民族创造的丰富多彩的艺术形式，陆续传播到中国内地，为中华文化所吸收，丰富了中华艺术文化的内容和形式，为中华民族精神文化的发展起到了很大促进作用。体现世代中国人审美精神的各种艺术风格，也传播到世界各地，为世界各民族的艺术文化发展起到了很大的促进作用。

丝绸之路的艺术史，就是中西方的艺术文化交流史。丝绸之路上的艺术文化交流，是中西文化交流史上重要和精彩的篇章。

商周时期，西域的乐舞艺术已经传播到中原，当时的周朝宫廷音乐舞蹈艺术，已经有了西域乐舞的影响，"四夷之乐"是周代乐舞体系的重要组成部分。在汉魏及南北朝时期西域与中国的外交、商贸和其他交往中，有许多西域人来到中国内地，其中也有一些是具有专门特长的艺术家和演艺人才，他们把西域的幻术、乐舞等表演艺术也带到中国，对中国的表演艺术的发展产生了一定的影响。可以说，音乐舞蹈等表演艺术，是西域文化在中国传播的一项重要内容，直到隋唐时代，还有许多西域的音乐家、舞蹈家在中原进行艺术活动，并融合中原传统的乐舞，丰富了中国音乐舞蹈艺术的表现形式。在各国所献的"贡人"中，有许多都是具有特殊才能的艺人。史载康、米、史等国曾向唐朝贡献的"胡旋女子"，实际就是从事胡旋舞表演的专业舞蹈艺术家。唐代载入史籍的著名西域音乐家有龟兹音乐家白明达、疏勒琵琶高手裴神符等几十人。见于唐朝载籍的外来音乐、舞蹈家，多为中亚昭武九姓胡人。如曹国胡人曹保祖孙三代，均为琵琶名手，在唐朝声名很盛，人称"三曹"，尤以曹善才和曹刚的演奏艺术，受到当时诗人的特别赞赏。还有许多西域乐工、舞伎、歌手在教坊、梨园供职。他们为西域乐舞文化在中国的传播做出了贡献。在出土的唐代胡俑中，有许多表现国外艺人进行乐器和歌舞表演的形象。设在西域的唐朝安西都护府也向朝廷贡献舞狮伎人，白居易在《西凉伎》诗中说：

> 紫髯深目两胡儿，鼓舞跳梁前致辞，
> 应似凉州未陷日，安西都护进来时。

西域各民族的音乐舞蹈艺术大量地传播到中国，给汉代以及魏晋南北朝时代的乐舞艺术以很大的影响，促进了中国音乐舞蹈艺术的繁荣发展。到了唐代，有更多的西域各民族艺术家来到长安，他们带来了新的西域乐舞形式，丰富了唐代的乐舞艺术，促进了中国乐舞艺术发展的又一次高潮。

西域传入北朝的胡舞著名的有《五方狮子舞》与《胡旋舞》《胡腾舞》《拓枝舞》等，后三者号称西域"三大乐舞"。胡舞以身体的形体动作而表达创作者的内心情感，中国传统舞蹈则以配合音乐与善于使用

唐三彩骆驼载乐俑（中国国家博物馆藏）

道具而著称，胡汉融合，使中国舞蹈艺术从此耳目一新。

《五方狮子舞》出自《龟兹伎》，设五方狮子，高丈余，饰以方色，每狮子有 12 人，画衣执红拂，首加红袜，谓之狮子郎。人在狮子队中俯仰驯狎，做出狮子各种动作，与中国传统杂技"舞狮子"极为相似。狮子舞的引舞者有"胡人""达摩"等多种称呼，由这些称呼也可以看出，这种舞蹈来自西域。

胡腾舞源于中亚"昭武九姓"之一石国。胡腾舞的舞者为男子，身着胡衫，袖口窄小，头戴蕃帽，脚蹬锦靴，腰缠葡萄长带，在一个花毯上腾跳，长带飘动。据杜佑《通典》介绍，这种舞蹈伴奏的乐器主要是各种鼓，有羯鼓、正鼓、腰鼓、铜钹和笛子、琵琶。在唐代，胡腾舞盛极一时，诗人刘言史的诗《王中丞宅夜观舞胡腾》中详细地描写了这种舞蹈：

> 石国胡儿人见少，蹲舞尊前急如鸟。
> 织成蕃帽虚顶尖，细氎胡衫双袖小。
> 手中抛下蒲萄盏，西顾忽思乡路远。
> 跳身转毂宝带鸣，弄脚缤纷锦靴软。
> 四座无言皆瞠目，横笛琵琶遍头促。
> 乱腾新毯雪朱毛，傍佛轻花下红烛。
> 酒阑舞罢丝管绝，木槿花西见残月。

胡腾舞与胡旋舞的主要区别在于舞姿的不同，一个是"腾"，急蹴的跳腾；一个是"旋"，飞速地旋转。胡旋舞传入唐朝之后，在宫廷内外盛行一时。8 世纪初年，武延秀在安乐公主宅中作胡旋舞，"有姿媚，主甚喜之"。安禄山也以善舞胡旋著称，"至玄宗前，作胡旋舞，疾如风焉"。白居易有《胡旋女》一诗：

> 胡旋女，胡旋女，心应弦，手应鼓。

弦鼓一声两袖举，回雪飘飘转蓬舞。

左旋右转不知疲，千匝万周无已时。

人间物类无可比，奔车轮缓旋风迟。

白居易在诗中以转蓬、车轮、旋风等比喻，突出强调了胡旋舞疾速旋转的特点。他说，与胡旋舞相比，那飞奔转动的车轮和急遽旋转的旋风都显得太迟了。而且一跳起来，旋转的圈子很多，左旋右转不知道一点疲倦，千匝万周猜不透什么时候才能跳完。

柘枝舞亦源于西域石国。较之胡旋、胡腾，唐人对柘枝舞的记载更多。舞柘枝者多为青年女子，舞者头戴绣花卷边虚帽，帽上施以珍珠，缀以金铃。身穿薄透紫罗衫，纤腰窄袖，身垂银蔓花钿，脚穿锦靴，踩着鼓声的节奏翩翩起舞。婉转绰约，轻盈飘逸，金铃叮叮，锦靴沙沙，"来复来兮飞燕，去复去兮惊鸿"，当曲尽舞停时，舞者罗衫半袒，犹自秋波送盼，眉目注人。柘枝舞艺术境界高超，且具有很强的观赏性，引起了唐朝社会各阶层的极大兴趣和爱好，诗人刘禹锡、薛能、张祜、白居易、沈亚之、卢肇等都写过有关柘枝舞的诗歌。白居易《柘枝伎》：

平铺一合锦筵开，连击三声画鼓催。

红蜡烛移桃叶起，紫罗衫动柘枝来。

带垂钿胯花腰重，帽转金铃雪面迥。

看即曲终留不住，云飘雨送向阳台。

再如刘禹锡《和乐天柘枝》："鼓催残拍腰身软，汗透罗衣雨点花。"张祜咏柘枝舞的诗最多，如《柘枝》："红筵高设画堂开，小妓妆成为舞催。珠帽着听歌遍匝，锦靴行踏鼓声来。"这些诗句说明"拓枝舞"是在鼓声伴奏下出场、起舞的，其舞蹈具有节奏鲜明、气氛热烈、风格健朗的特点。

西域音乐的传播，包括乐谱、舞蹈、乐器和乐师、艺人等，都是一起传播过来的。比如史载一些国家"献乐",实际上是一个大型的乐舞表演团体的活动。汉朝宫廷里已经在演奏《于阗乐》。于阗乐原本是塔里木盆地绿洲诸国中最古老的乐种,声名早已远播。于阗乐在汉初就成为长安宫廷乐队演奏的乐曲之一。汉武帝时宫廷音乐家李延年利用张骞从西域带回《摩诃兜勒》编为28首"鼓吹新声",用来作为乐府仪仗之乐,是我国历史文献上最早明确标有作者姓名及乐曲曲名,用外来音乐进行加工创作的音乐家。这28乐曲用于军中,称"横吹曲"。这些乐曲流传甚久,直到数百年后的晋代尚能演奏其中的《黄鹄》《陇头》《出关》《入关》等10首。

前秦时,吕光为迎西域高僧鸠摩罗什,远征龟兹,带回了《龟兹乐》。北魏太武帝曾从西域带回了疏勒、安国的伎乐。太武帝令将西域悦般国的"鼓舞之节,施于乐府",归入宫廷乐舞机构。北魏杂乐有"西凉鞞舞""清乐""龟兹"等乐。这样,西域民族的乐舞开始与中国传统礼乐相结合,出现新声新曲。

[唐]李寿墓壁画《乐舞图》

以《龟兹乐》为代表的西域乐舞,健朗明快的舞曲,轻盈的舞步,弹指击节、移颈动头的传神动作，急转如风的旋转技巧，令人陶醉，所以很快就在民间流传开来。《龟兹乐》的乐队也很壮观，有竖箜篌、琵琶、五弦、笙、笛、箫、筚篥，还有毛员鼓、都昙鼓、答腊鼓、腰鼓、羯鼓、鸡娄鼓、铜钹、贝等，对汉族人来说很有新鲜感。

北齐盛行之乐皆是胡乐，齐后主高纬特别欣赏"胡戎乐"。宫中杂曲有西凉鼙鼓、清乐、龟兹乐等，来自西域的曹妙达、安未弱、安马驹等人表演很受欢迎，得到统治者的重用。终齐一代，西域地区的音乐在民间和宫廷中一样盛行。宫廷比民间有过之而无不及，几乎成为病态，以至于西域音乐家有因受宠而"封王开府"者。有的史家甚至将北齐亡国归咎于朝野沉迷于西域音乐。

北周天和三年（568），北周武帝宇文邕迎娶突厥公主阿史那氏为皇后。公主出嫁时，有一支由龟兹、疏勒、安国、康国等地组成的300多人的西域乐舞队，其中就有当时著名的龟兹音乐家苏祗婆。他们带来了西域特有的乐器，像五弦琵琶、竖箜篌、哈甫、羯鼓等。在北周的宫廷，苏祗婆以善弹琵琶闻名，颇受周武帝器重。苏祗婆演奏了大量的龟兹琵琶乐曲，把龟兹乐舞的艺术魔力发挥到了极致，让内地人倾倒在其美妙的乐声里。北周灭后，苏祗婆流落到了民间，辗转各地，广招艺徒，传授琵琶技艺和音乐理论，传播龟兹乐律"五旦七声"。苏祗婆与隋朝重臣、音律学家郑译相识，他们合作，使西域龟兹乐律的"五旦七声"理论演变成"旋宫八十四调"，用于创制隋朝的新音乐。苏祗婆七声输入标志中国乐舞制度从乐人、乐器到乐律方面，都渗入胡风。这是中国乐律改进的最重要的成就之一。在新乐律的指导下，中国乐舞得以呈现丰富多彩的面貌。

胡乐东来，西域乐器得以在中国内地普及，在魏晋南北朝时期，引进西域乐器甚至成为时尚，这是魏晋南北朝乐舞取得重大进展的现象之一。

大量西域乐器进入中国内地，对于中国传统乐舞的改造有极重要的作用。中国在接受外来乐器时却又不重复外来乐器的编排使用，而且直接将外来乐器用于"华夏正声"的演奏，于是对外来音乐进行了一次又一次地改造，使得各种胡乐最后都成为中国民族音乐的一部分。在南北朝至隋唐的边塞诗歌的创作中，常常会出现一些乐器名，如羌笛、胡琴、笳等等，用这样的意象来表现征战的内容。这些诗句所表现的是边塞沙场的战争景象和壮志情怀。

二、唐代艺术的异域情调

大量外国人涌入中国，生活在唐朝的人们中间，从事着商业、艺术等活动，由他们带进中国的"胡风"弥漫在社会生活之中，整个唐朝充满了对于异域情调的想象和欣赏，影响和改变着人们的生活习惯与社会风俗。诗人元稹描写唐代"胡化"之风：

> 自从胡骑起烟尘，毛毳腥膻满咸洛，
> 女为胡妇学胡妆，伎进胡音务胡乐。
> 火凤声沉多咽绝，春莺啭罢长萧索。
> 胡音胡骑与胡妆，五十年来竞纷泊。

在当时的艺术作品中也表现出了对外来事物的浓厚兴趣，体现着带有时代特征的异域风情。或者说，当时社会弥漫的异域风情，异域的事物和舶来品，激发了人们的艺术想象力。

这种对于异域的想象，这种对异域风情的赞颂、描写和期待，成为许多艺术形式的表现主题。如在音乐舞蹈方面，来自西域的乐舞，如龟兹舞、胡旋舞、拓枝舞等，来自西域的舞蹈家和音乐家，经常活跃在长安以及其他大都市，给人们带来多彩的异域风情。再比如在宗教生活方面，僧人们的俗讲和变文，奇异鬼怪的故事，吸引了大量的听众，成为一种深受欢迎的大众文化形式。

在诗歌创作方面，也表现出这种浓郁的异域风情。唐代胡风的流行，包括胡装、胡食、酒家胡、胡姬、胡舞等等，都有许多诗人创作的诗歌来表现，其中充满了绚烂的色彩、奇丽的想象、浪漫的意

唐波斯风格对格利芬纹织锦（西安大唐西市博物馆藏）

境。他们的吟咏酬唱，恰是那个时代社会生活的具体反映，是那个时代社会风气和精神情调的诗意的书写。此外，在他们诗歌中，还经常以各种外来事物来表现特有的意境。

如李贺是一位想象丰富、奇诡险怪的诗人。他在诗歌创作中自然而然地流露出了奇妙的异域风情。他在《昆仑使者》一诗中写道：

> 昆仑使者无消息，茂陵烟树生愁色。
> 金盘玉露自淋漓，元气茫茫收不得。
> 麒麟背上石文裂，虬龙鳞下红枝折。
> 何处偏伤万国心，中天夜久高明月。

在诗人元稹的歌诗中，也涉及许多与外来事物有关的主题，如进口的犀牛、大象以及突厥骑手、骠国乐等。

在绘画方面，描绘外来风貌成为许多画家的创作主题。在绘画作品之中，首先是表现域外人的形象。7世纪时，表现外来人物的画家中名

唐墓红衣舞女壁画

气最大的画家是阎立德。阎立德是阎立本的哥哥，阎氏兄弟二人齐名。史载，贞观三年（629）东蛮谢元深到长安朝觐，阎立德奉诏画《王会图》纪其事，以歌颂唐帝国的强大兴盛和与远边民族的友好关系。他还画过《文成公主降番图》，形象地记录了贞观十五年（641）太宗命文成公主赴吐蕃与松赞干布联姻这一重大历史事件。贞观十七年（643），阎立本曾受命描绘太宗朝万国输诚纳贡的场面。

外国人是唐朝大画家喜欢表现的一个主题。如李渐与他的儿子李仲和画的骑在马上的蕃人弓箭手的形象，张南本创作的《高丽王行香图》，周昉创作的《天竺女人图》，张萱创作的《日本女骑图》等，此外还有敦煌壁画中一些面貌古怪、帽子奇特，留着外国发式的中亚民族人物的形象。唐朝画家描绘的这些远国绝域的居民的形象，通常都是穿着他们本地的服装，而且这类绘画都尤其突出地表现了异域人奇特的相貌。

在表现外国人的艺术作品中，还有由唐朝工匠创作的赤陶小塑像和彩陶、三彩胡俑。在这些塑像中，我们可以发现头戴高顶帽、神态傲慢的回鹘人，浓眉毛、鹰钩鼻的大食人，此外还有一些头发卷曲、启齿微笑的人物形象。在辽宁的朝阳、河北唐山、湖北武昌、湖南长沙等地唐墓都出土了深目高鼻的中亚、西亚人面型的陶或瓷的胡俑。西安乾陵陪葬墓和昭陵陪葬墓出土的有商贾、文武官吏、狩猎、伎乐、牵驼驭马、骑驼骑马、载物等形象各异、姿态不同的胡俑。洛阳地区的唐墓中出土的大量胡俑，特点非常明显，均深目高鼻，络腮胡或八字胡，身材魁梧，与中原人有着明显区别。其人物形象主要包括文官俑、牵马牵驼俑、骑马俑、侍俑、商俑、乐舞俑等等。这些胡俑造型生动，形象逼真，千姿百态，极具个性。通过对这些胡俑的研究，表明唐代胡人的职业是丰富多彩的，身份亦是多元的，不仅仅是贩运的胡客商贾，既有从事畜牧的牵驼养马者，也有耕田扶犁的务农者，既有酿酒沽卖的酒家胡，也有变幻百戏的卖艺者，既有侍候主人的家奴，还有进入中原后为朝廷效力的文臣武将。江苏扬州不仅在遗址中发现了带釉的胡俑，而且还发现了石雕像，在一处手工作坊中还出土了深目高鼻的人头陶范。

唐朝艺术家喜欢表现的外来题材还有外国的神和圣者，尤其是佛教发源地的神与圣人，如瘦削憔悴的印度罗汉，璎珞被体、法相庄严的菩萨，还有表现为佛法的守护神和中国的殿堂门庭里的保护神的古代因陀罗和梵天，以及其他一些已经部分地同化于北方游牧民族文化和汉族文化的守护神。

描绘外国山川形胜的图画，同样也是当时表现异域情调的一个风貌。在阎立本的作品中，有两幅《西域图》。活跃在唐朝画坛上的周昉与张萱都曾画过《拂林图》。诗人王维也根据某个"异域"创作了一幅风景画。

对于唐朝的艺术家来说，异域的野生动物、家畜、植物，特别是唐朝人羡慕和渴望得到的那些家畜，如鹰隼、猎犬、骏马等，也都具有强烈的吸引力。因而在唐代的绘画和诗歌创作中，也有许多作品表现这些充满异域想象的动物和植物，寄托人们无尽的情怀。

唐代玉器的品种式样出现了许多新的变化。其中包含了许多外来题材，如佛教飞天、胡人歌舞等，形成了胡人风格的玉器。唐代佩饰中数量最多和最富有时代特色的，首推嵌缀在玉带上的玉带板。玉带板多于正面琢饰图纹，其纹饰有写实动物纹、神兽龙凤纹、植物花草纹和人神仙佛纹等。在人物纹中又以所谓"胡人纹"最多和最富特色，有胡人献宝、胡人乐舞、胡人舞狮、胡人驯象、胡人宴饮以及胡人托塔等。

陕西法门寺地宫出土的仿萨珊波斯金属器风格的玻璃瓶（陕西法门寺博物馆藏）

唐初，大量波斯移民的进入，带来了波斯的艺术风格，称"波斯风"。萨珊波斯艺术风格的流行是波斯风的突出表现。萨珊波斯金银器的输入对唐朝金属制造业，特别是对中国金银器皿制造业的发展产生了一定的影响。在萨珊风格的影响下，唐代金银器上出现了一些比较特别的纹样装饰，来自域外的纹样主要有：立鸟纹、翼兽纹、缠枝鸟兽纹、联珠纹、摩羯纹等。萨珊工艺对唐代艺术以及日常生活的影响都是相当广泛的，在织锦、宝石镶嵌、玻璃烧造，以及马具、乐器、服饰等方面都有它的痕迹。

萨珊波斯的石雕艺术对唐代石雕工艺也有一定的影响。我国石刻的浮雕艺术一直是以平雕、浅浮雕为主的，但7世纪出现了不少水平很高的高浮雕，如有名的昭陵六骏，有人推测它是受了萨珊雕刻的启发。昭陵六骏是我国马鬃剪三花的最早的实例，此后8—9世纪，三花、五花成为贵族间流行的马饰。这样装饰马鬃和唐陵石兽多雕出云样双翼的意匠，也是渊源于萨珊波斯的。长安碑林保存着的若干块碑石，其侧面、础石、台座等处装饰有丰腴艳美的纹饰，都是波斯的艺术风格。

由萨珊波斯传入中国的艺术风格，经唐人的接受和吸收，融入到唐代的各种工艺艺术之中，并经过唐朝，又传播到新罗和日本，对那里的艺术也产生了一定的影响。

三、青花瓷与中阿艺术

中国瓷器也很早就传到了阿拉伯地区。11 世纪著名的波斯历史学家贝哈基（Muhammad ibn al–Husain Abu' l–Fadl Baihaki, 995—1077）在 1059 年写成的一部著作中提到早期中国瓷器运往巴格达的情景：在哈里发哈仑·拉希德（Hārun al–Rashīd, 786—809）在位时，呼罗珊总督阿里·伊本·伊萨（Ali Ibn Isa）向哈里发哈仑·拉希德进献过 20 件精美的中国御用瓷器，以及数达 2000 件的中国民用陶瓷。这在哈里发宫廷中是从未见到过的。呼罗珊地区位于伊朗东北部。这条史料证实，在 8—9 世纪之交，已有相当数量的中国瓷器经呼罗珊流入巴格达。

9 世纪以后的阿拉伯文献中已有关于输入中国瓷器的记载。阿拉伯古典地理学家伊本·胡尔达兹比赫在《道里邦国志》中历数中国沿海著名港口，在出口货物中提到瓷器等。地理学家伊本·法基（Ibn Faqih）在《地理志》中将中国丝、中国瓷器和中国灯并列为三大名牌货。中国瓷器在波斯湾、阿拉伯半岛已经成为畅销货。

伊斯兰工笔画所绘中国瓷器运输过程

中国瓷器在阿拉伯是极受珍视的贵重物品，阿拉伯人多以珍藏中国瓷器为荣。巴格达的统治者哈伦·奥尔－拉希德（Harun al-Rashid，786—806）和法蒂玛王朝哈里发奥尔－穆斯坦希尔（al-Mustansir，1036—1094）都有大量中国瓷器的收藏。在今伊拉克境内，从南到北的各处古代遗址都出土了许多唐宋古瓷。在叙利亚的哈马（Hamāt）遗址，也有一些中国古瓷被发现。在阿拉伯半岛各地也都有中国古瓷的发现。

阿拉伯伊斯兰国家的陶瓷工艺，在世界陶瓷艺术史上占有重要的地位。阿拉伯人很早掌握了陶瓷上彩上釉的技术，后来又将波斯人烧制五色琉璃的技巧加以改进，在世界上开拓了彩瓷加工法，取代了传统的镶嵌细工，此后他们还发明了青花瓷，这些工艺对中国的制瓷技术产生了很大影响，促进了明代瓷器工艺的大发展。特别是青花瓷的出现和发展，对中国的瓷器影响巨大。

青花是我国传统的颜色釉，它是用氧化钴作着色剂，在坯体上描绘各种花纹，然后施透明釉，经高温（1300℃左右）在还原气焰中一次烧成的。我国早在唐代就已经开始了青花瓷器的制作，但还属于原始阶段。到了元代，青花瓷器的制作有了突飞猛进的发展，无论在造型、画面装饰还是工艺制作方面都日渐成熟，为明、清两代青花瓷器的生产奠定了基础。青花瓷器发展到明代永、宣时期可谓进入了黄金时代，这时期的青花瓷器以其胎质细腻洁白、釉层晶莹肥润、青色浓艳、造型多样和纹饰图案优美而享有盛名，其制作达到了最高水平，而尤以它浓艳幽深的青花色泽最为著称。

元代以后青花瓷的制作工艺得到突飞猛进的发展，明代青花瓷的艺术水平达到了一个高峰，这与阿拉伯文化的影响也有一定的关系。明代开始引进了伊斯兰"苏麻离青""回青""霁红料"等色料，特别是"苏麻离青"的使用使得这一时期的青花色泽浓重明艳。"苏麻离青"是来自伊拉克萨马拉的钴蓝料。"萨马拉"在古代的发音是"Samarra"，叙利亚文是"Sumra"。中国早期青花瓷使用的进口料称为"苏麻离青""苏渤泥青"，这发音与"萨马拉"（Samarra）及当时普遍使用的叙利亚"Sumra"这个地名发音相同。明代永乐年间，郑和七次下西洋从伊斯兰地区带回一批"苏麻离青"料。此后就有这种颜料的大量进口。

"苏麻离青"是一种用于青花瓷器的着色原料，这种色料的特点是凝重幽艳，其晕散现象更是独树一帜。由于料中含有较高的铁质，而且含锰较低，所以常出现深浅不同的色泽，浅处为天蓝色，浓重处则呈现出靛色，并带有类似铁锈的结晶斑点，且微凹不平。用这种青料绘制的纹饰具有中国画的水墨韵味，形成了不可模仿的特征。同时，制瓷工匠们熟练地运用不同含量的青料，烧制出不同的青花，如淡描青花、蓝地青花等，使青花瓷器的制作达到了炉火纯青的地步。随着"苏麻离青"的引进，中国青花瓷烧造史出现了自元代末期青花瓷成熟以来的第二次发展高峰，尤其是宣德时期的青花瓷与中国传统文化有机的结合而被民间称之为"青花之王"。

另外，中国的外销瓷大量输往阿拉伯地区，得到了那里王公贵族以及平民百姓的喜欢，他们对中国瓷器的偏爱和需要，又形成了外销瓷器的大市场。而这一地区大批的陶瓷订货，使得具有典型伊斯兰文化色彩的阿拉伯、波斯陶瓷式样、纹饰及风格，引入了中国瓷器的制造工艺中，使青花瓷器的造型发生了很大变化。

明代青花瓷器除了继承前期传统造型之外，基本改变了元代青花瓷器的面貌，许多瓷器与西亚地区器物的风格相似，有些器物本身就是为

14世纪中叶菱口青花碗（伊斯坦布尔托普卡帕宫收藏）

适应西亚诸国的需要而制作的，如抱月瓶、长颈方口折壶、长颈水罐、仰钟式碗、无挡尊、八角烛台、花浇、水注、军持、执壶、藏草壶、僧帽壶、卧壶、扁腹绶带葫芦瓶、天球瓶、折沿洗、大盘、鸡心碗等。其中的卧壶亦称扁平大壶，器身呈圆形，一面鼓腹，腹中有脐形拱起，一面为平砂底无釉，中心下陷如脐，肩两侧或凸起花朵，或以双系活环为装饰，小口，直颈，带盖。藏草壶也称无柄壶，盘口，束颈，鼓腹，下部承托，足外撇，腹一侧有管形长流，无柄。此器物受西亚文化影响，造型雅静，梵语谓之"净瓶"。僧帽壶形如僧人之帽，直颈，圆腹，圈足，口面有流于颈部突出，一侧宽带柄，两端为如意头连接口腹，宝珠顶纽盖合于长条口流之上，盖边凸出一角与流相合。

　　阿拉伯艺术文化的输入也给此时的陶瓷绘画带来了丰富多变的图案。我国最早出现装饰有阿拉伯文字的瓷器可上溯至唐代。1998 年在印度尼西亚海域发现了装有 6 万余件唐代长沙窑、越窑外销瓷器的沉船，其中长沙窑中有部分瓷器用褐绿和红色彩料书绘阿拉伯文字及伊斯兰风格纹饰，如书写有阿拉伯文"我是安拉的仆人"的褐绿彩纹碗。这类瓷器出现是为了满足外销需要，有目的地去吸收外来文化元素。元代开始大规模生产具有伊斯兰装饰风格的青花瓷器，并销往阿拉伯地区。明代永宣时期的瓷器也有许多外来风格的纹饰图案，如几何纹、藏文、阿拉伯文字、藏人歌舞、胡人舞乐、洋莲、佛花等。特别是最广泛使用的西番莲纹样（一种团形的多叶莲花）就是从痕都斯坦（今巴基斯坦北部、阿富汗东部一带）的玉质盘

明青花瓷阿拉伯文七孔花插（台北故宫博物院藏）

丝路文明十六讲

子上的蕃莲图案移植过来的。明代文献中多次提到这种纹样。永宣青花瓷器上的这类纹样装饰无所不在，即使是传统的龙凤纹样也常常是以西番莲为底衬。

四、中国趣味与洛可可风格

近代欧洲有中国商品带来的异域情调，中国的工艺美术神秘意蕴，以及全社会风行的中国趣味，共同塑造了欧洲的艺术风格，这种风格被称为"洛可可风格"。这种风格，模仿中国文化、艺术中的柔美梦幻色彩，表现在许多生活层面上：壁纸、柳条盘子、壁炉台、木头檐口、格子框架、家具、亭子、宝塔，以及最重要的园艺。

"洛可可"（Rococo）一词源于法语"rocaille"，意为假山石或装饰用的贝壳。"洛可可风格"（Rococo style）是 18 世纪风行于欧洲的一种艺术上的解放运动。洛可可风格的特点是轻飘活泼，线条丰富，色调灰淡，光怪陆离，重自然逸趣而不尚雕琢，与在此之前欧洲流行的严谨匀称的古典风格完全不同。

洛可可风格不仅仅是一种艺术形式的特殊风格，而且也是一种审美观念。作为欧洲文化史上一个重要阶段的洛可可时代，弥漫着中国文化的优雅情调，是中西文化交流史上别具风味的一章。洛可可艺术与中国古代艺术风格之间具有神奇般的融合，它实际上就是一种"中国味的新风格"。

在当时流入欧洲的中国商品中，有很大一部分具有很鲜明的艺术风格，而且这些商品又有许多是以生活日用品的形式出现的，深入到人们的日常生活之中，就使这种艺术风格深入到、渗透到大众文化领域，因而具有广泛的群众性。中国的瓷器、漆器、家具、轿子、壁纸和丝绸、刺绣及其制作工艺传入欧洲，不仅为满足了欧洲人的日常生活，在一定程度上改变着他们的生活方式，更为重要的是，它们还将一种神秘而飘逸的艺术风格和神韵带到欧洲，在很大程度上影响着欧洲人的审美趣味和艺术追求。中国外销艺术品精美的工艺和别致的造型，以及全然不同于西方传统的装饰纹样，为欧洲提供了异国情调的审美体验与想象空间。大部分没有到过中国的欧洲人，正是通过这些外销艺术品认识中国，并感知中国文化的。

欧洲人对于中国的艺术并不是完全照搬和简单地移植，也不是简单地模仿，虽然在初期阶段充满了模仿，但更主要的是出于对中国艺术的倾慕而进一步的"想象"，亦即进行新的创造。

在洛可可时代的工艺美术作品中，出现了大量的模仿中国纹样的设计，或者称为"中国风格"的设计。

中国瓷器对洛可可艺术风格的形成有重要影响。在中国制瓷技术的影响下，欧洲各国相继办起瓷器工场，它们大都模仿中国瓷器，描绘亭台楼阁、小桥流水、菊花柳树等独特的中国艺术风格的图案。温雅清脆的中国瓷器不仅为洛可可艺术提供了新的物质材料，而且象征了洛可可时代特有的光彩、色调、纤美，象征了这一时代特有的情调。欧洲各国的丝织业都模仿中国的丝织技术和纹样图案，特别是法国生产的丝绸丝质柔软，并且大量采用中国的纹饰图案。在丝绸和瓷器的设计方面，都采用了来自中国的风格和图样，成为当时流行的"中国风"设计的重要表现形式。中国的刺绣工艺也在欧洲广为传播并产生很大影响，出现许多模仿和仿制的工场。

壁毯也是这一时期表现中国趣味的一种艺术形式。这主要表现在壁毯的图案设计上。有一件制作于17世纪末的英国著名的伦敦Soho壁毯，原件现藏于美国的耶鲁大学，这个壁毯共有4幅，图案分别是："音乐会""公主梳妆""进餐""坐轿"。其中"坐轿"的画面是一位王子坐在一顶加盖的轿子上，有两个随从抬着，几位女子等候王子的到来。"进餐"表现皇帝和皇后坐在帐篷里进餐，前景有人垂钓，地子的颜色是深暗的，画面上的人物很小，着装是中国的、印度的和欧洲的风格的混合，人物活动就在一个个浮岛上展开：人们在岛上钓鱼、散步、上树采果子、聊天、坐车等等，配以中国式建筑，异国情调的棕榈树和奇异的植物、与东方有关的禽鸟和神秘的动物等，构成一幅幅十分神奇的画面。

巴黎的戈贝林（Gobelins）是专为皇室和贵族制作挂毯的工场，它的产品大量采用中国绘画和图案，例如皇帝上朝、皇后品茶、夜宴、采茶等。宝塔、亭榭、仕女、花鸟、鹦鹉、猴子、拖着辫子的官员等，都是挂毯上常用的图案。挂毯上还时常出现这样的中国场景：一个学者在埋头读书，两个仆人跪在他的身后等候吩咐，远处的宝塔隐约可见；园中亭下，丫环张伞为女主人遮阳，女仆跪着向女主人献花，远处是海边，礁石旁有几个渔夫影影绰绰地在捕鱼。法国博韦（Beauvais）皇家作坊是1664年建立的，18世纪20—30年代，它生产了一套10幅以中国皇帝为主题的大型系列壁毯，有"皇帝的接见""皇帝出行""天文学家""夜宴""摘凤梨""采茶""打猎归来""皇帝登舟""皇后登舟""皇后品茶"等，展现了一系列宏伟的中国皇帝的生活场面。1752年，画家布歇（Francois Boucher，1703—1770）为博韦织毯厂制作了许多挂毯的画版，其中有一套包括9幅画的挂毯，这9幅画分别是："中国皇帝的召见""中国皇帝的宴请""中国婚礼""中国捕猎""中国捕鱼""中国舞蹈""中国市场""中国风俗""中国园林"。据说，这套挂毯是布歇参照传教士王致诚（Jean Denis Attiret，1702—1768）寄给巴黎的《圆明园四十四景图》设计的。1764年，法国国王路易十五将根据这份画稿设计织造的挂毯赠送给了乾隆皇帝。据说乾隆皇帝对这套壁毯十分欣赏，赞不绝口，在圆明园中开辟了专门的房间来收藏。可惜在英法联军"火烧圆明园"的时候，这套挂毯一起被毁。

在室内装饰中大量使用精致美观的壁纸也是洛可可风尚的表现之一。17世纪以后，中国手绘套印的色彩绚丽，由花鸟、山水、人物起居画而构成的壁纸，风靡了欧洲。和其他中国的工艺品如瓷器、漆器等一样，壁纸传到欧洲后，也引起了欧洲人的仿制。在19世纪中叶开始用机器印制壁纸之前，欧洲各国的壁纸生产一直是按照中国的方式，以小幅为单位，同铜版或木刻一张接一张连续拼印的。

在洛可可时代，中国文化对欧洲的绘画艺术产生了重大影响。一方面，由于大量工艺美术品的传入，形成普遍的审美意识的"中国趣味"；另一方面，也有一些中国山水画、人物画流传欧洲，为欧洲画家提供了直接欣赏借鉴中国绘画艺术提供了可能。所以，和当时收藏中国瓷器、漆器等工艺品一样，中国画也为人们热心搜寻珍藏。

法国画家华托（Jean Antoine Watteau，1684—1721）是洛可可时代受到中国绘画艺术影响的杰出画家。华托是法国绘画艺术史中一位很重要的人物，他使法国绘画摆脱了刻板的巴洛克风格，而开启了洛可可画风。在技术上，华托在许多方面借鉴了中国画法，给风景画注入了一种独立的生气。他以山水烘托人物，把山水作为背景或壁画。他使用娇嫩而半透明的颜料作画，喜爱玫瑰色、天蓝色、紫藤色和金黄色的调子。从这些色调和构图所呈现出来的画面，产生一种非常和谐的效果。特别是他描绘的风景，重峰叠嶂、流云黯淡、烟雾迷蒙，晕染出一片蒙蒙大气。

华托最著名的作品《孤岛维舟》描绘在一座小丘上，一些盛装的贵

[法]华托《孤岛维舟》（巴黎卢浮宫藏）

族男女坐在枝叶茂盛的树木和花环簇拥的维纳斯像下面，另几个已经步下小丘走向岸边，那儿有金色的船只和快乐的小爱神们在等待他们；远处，在朦胧的烟雾中显现出那个幸福之国的岛屿的轮廓；一对对恋人渴望到达那儿，以领略爱情的真正幸福。这些沉涵于爱情的人们，融合于山石树木之中，给人以无限亲切悠然之感。任何研究过宋代山水画的人，一见这幅画的山水背景，不由得会发现二者的相似。形状奇怪的山峰，一定不是他平日所见的山水，它们的形状却和中国的山水十分相像。用黑色画出山的轮廓是中国式的，表示云的那种奇妙的画法也是如此。华托喜欢用单色山水，作为画的背景，这正是中国山水画最显著的特点之一。华托还画过不少中国景物和人物画，但都是凭想象画成，画中的境界反映了他幻想中的东方。

中国的园林和建筑艺术对欧洲人有着特别大的吸引力。在中国文化的影响和刺激下，欧洲各国的建筑园林艺术在洛可可时代有了突出的发展，形成了欧洲造园艺术文化史上的一个有特殊意义的阶段。

中国的"自然式园林"与欧洲的"几何规则园林"形成了强烈的反差和对比。中国皇宫的富丽堂皇、南方民居的典雅清秀，庙宇塔寺的庄严肃穆，都明显具有东方文化的特点。来到中国的欧洲人，看到与他们习惯的园林式样完全不同的中国园林，看到与他们习惯的建筑样式完全不同的中国建筑，一定会留下十分深刻的印象和产生强烈的视觉冲击。所以，来华的传教士、商人等都有对中国园林和造园艺术以及中国建筑风格有程度不同的介绍。1724年，意大利传教士马国贤（Matteo Ripa，1682—1746）把铜版画《避暑山庄三十六景图》带到英国伦敦，使中国园林图像资料第一次传入西方，标志着西方人对中国园林的了解进入图像时代。马国贤在伦敦时，曾经向英国人介绍过中国园林，并与古罗马贺拉斯（Quintus Horatius Flaccus，公元前65—前8）和西塞罗（Marcus Tullius Cicero，公元前106—前43）的牧歌式理想做了比较。马国贤的伦敦之行，对英国乃至欧洲园林艺术产生了极大的影响。

另一位来华传教士王致诚在1743年给巴黎朋友的信中详细描述了

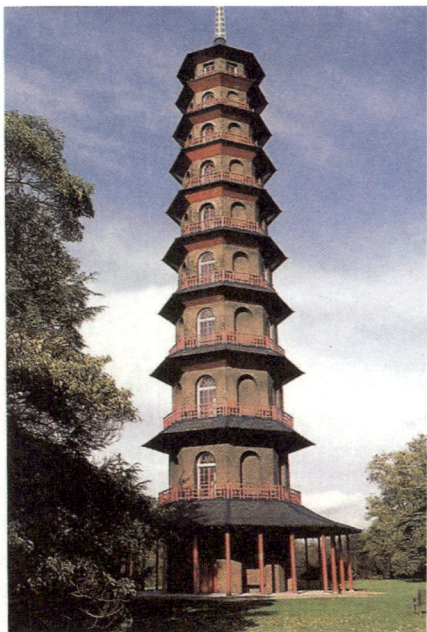

伦敦邱园里的"中国宝塔"，1761年建筑师威廉·钱伯斯为奥古斯塔王妃设计的。这座塔高50多米，共10层，在当时的欧洲应是最标准的仿中国式建筑

他称为"园中之园"即圆明园的美丽景色。由于王致诚具有很高的艺术修养，并且对于中西方艺术都很有体会，所以，相比较而言，他介绍中国园林的书信是最全面也是影响最大的一份文献。在王致诚看来，中国的园林建筑给人一种画意的感觉。他指出了中国园林的无比丰富性，充满了胜境幽处、意想不到的变化，充满了浪漫情趣，山重水复，木老石古。他认为中国人在园林建筑方面的创作是以作为景物的一部分而提出的，是对自然美景的补充。对于这种美景，王致诚觉得无法描摹，只能说："只有用眼睛看，才能领略它的真实内容。"王致诚的这封信在欧洲流传很广，他笔下的圆明园成为欧洲人心目中的时尚园林和梦幻仙境，同时也引起了欧洲园林建筑家的极大兴趣。后来，王致诚应友人之邀，将中国宫廷画家唐岱、沈源、冷枚等人完成的《圆明园四十景图》的副本寄到巴黎。

在向欧洲介绍中国园林艺术方面，除了上述传教士们的介绍和推崇外，英国建筑家威廉·钱伯斯（Sir William Chambers，1726—1796）起到很大作用。钱伯斯曾在一条瑞典东印度公司的商船上任货物经理，1742—1744年间，他到了广州，收集了一批有关中国建筑、园林、服饰和其他艺术资料。1748年他曾再次到中国考察，描画了许多中国建筑、家具、服饰等的式样，特别是对中国建筑做了大量的速写。1757年，他出版了《中国建筑、家具、服饰、器物的设计》一书，内容主要是介绍各种中国的建筑物和园林，有大量相当精确的插图。同年5月，他又在《绅士杂志》上发表了论文《中国园林的布局艺术》。钱伯斯的著作提出了和当时普遍流行的园林形式完全不同的理念。他认为真正动人的园林应该源于自然，但要高于自然，要通过人的创造力来改造自然，使其成为适于人们休闲娱乐之处。钱伯斯对中国园林怀着极为赞赏和推崇的态度，他说，中国人设计园林的艺术确是无与伦比的。欧洲人在艺术方面无法和东方灿烂的成就相提并论，只能像对太阳一样尽量吸收它的光辉而已。钱伯斯对于中国建筑和造园艺术的研究，在当时的欧洲各国产生了很大的影响，他的《中国建筑、家具、服饰、器物的设计》一书，也成为造园家们必备的参考书。可以说，钱伯斯开启了英国乃至欧洲造园史的一个新的时代。

钱伯斯所建造的丘园成为当时欧洲流行的"中国风"在园林建设上的一个样板。1750年，钱伯斯受肯特公爵（Kent）之托，在英国东南叫丘城（Kew）的地方建造别墅。他在此设计了一座中国式庭园，名为"丘园"（Kewgarden）。园中垒石为假山，小涧曲折绕其下，茂林浓荫；园内有湖，湖中有亭，湖旁耸立一座高160英尺的九层四角形塔，每层有中国式的檐角端悬，屋顶四周以80条龙为饰，涂以各种颜色的彩釉。塔旁还有一座类似小亭的孔子庙，图绘孔子事迹，并杂以其他国家及其他宗教的装饰，惟雕栏与窗棂为中国式。丘园中某些局部的规划也具有相当程度的中国特色，在水面以及池岸处理上尤显突出，两者之间过渡自然。丘园中那如茵的绿草地，点缀其间的鲜艳的花卉，伫立一旁的深色调的参天古木组合在一起显得相当协调，充分体现钱伯斯独特的艺术风格与创造力。

钱伯斯建造的丘园引起了模仿的浪潮。大约在1770年前后，中国的园林及建筑实际上成为英国某些公园的主题，涌现出一批"中国风"园林。这一时期的英国园林，堆几座土丘，叠几处石假山，再点缀上错落的树丛，造成景色的掩映曲折，增加层次，引三两道淙淙作响的流水，穿过高高的拱桥，偶尔形成急湍飞瀑，汇集到一片蒹葭苍苍的小湖里去，湖里零散着小岛或者石矶。溪畔湖岸，芦蒲丛生，乱石突兀，夹杂几片青青草地伸到水中。道路在这些假山、土丘、溪流、树丛之间弯来绕去，寻胜探幽，有意识地造一些景，大多以建筑物为中心，配上假山和岩洞，或者在等到远眺的地方，或者傍密林深处的水涯。

在 18 世纪后期，中国式庭园建筑在英国蔚成风气，日趋完善。此风传到法国，便有

法国 18 世纪 90 年代《中国装饰图案》

"英—中花园"之称。法国一些贵族刻意模仿中国园林，在私人花园里建造亭台楼阁宝塔，小桥流水，假山石岛，甚至把圆明园的花卉移植到法国。巴黎的一些花园被设计成"自然式"，里面有湖面、小溪，还有中国的桥、岩洞和假山，即在凡尔赛曾流行的所谓的"乡村之景"。

"中国风"设计的园林在德国、瑞典、西班牙等地也很有影响。在 18 世纪的欧洲，仿造中国式的园林，或者说建造一座"英—中花园"，已经成为贵族的一种时髦。此风从英国开始，继而各国纷纷仿效，一时间中国式园林遍布欧洲各国，成为独特的风景。

第十五讲

丝绸之路与文明互鉴

一、丝绸之路是文明对话之路

在现代学术语境下，丝绸之路已经远远超越了"路"的地理学范畴，而是东西方文化交流的象征。

丝绸之路作为东西方文化的相遇、交流和对话之路，在世界文明史上具有特别重要的地位和意义。丝绸之路所沟通、所连接的欧亚大陆，正是世界古典时代文明的先进地带。从地中海岸到中国海岸这一古典地带，有许多古代民族，无数古代邦国，集结为几个古代大帝国。丝绸之路像一条金色的丝带，横亘在古老的欧亚大陆，把这几大文明古国连接起来，把东方与西方连接起来。丝绸之路文化意义的基本点就是中华文明与地中海文明之间的各种文化的大交汇与大交流。丝绸之路是整个欧亚大陆上的文化交流之路，是东方与西方各民族的相遇、相识、沟通之路。通过丝绸之路，各民族文化不断相互交流，相互激荡，共同进步发展。

丝绸之路就是在人类文明发展进程中，为各民族之间、各文化之间展开交流与对话的大通道。这是各民族共同努力的结果。在几千年的丝绸之路上，民族的大迁徙，物种的大交换，产品的大交换，技术的大转移，宗教的大传播，艺术的大交流，谱写了一幕幕威武雄壮、丰富多彩的人类交流的史诗。正是通过这样的大交流、大融合，各民族的文化彼此接近、了解、相知，实现各自文化的丰富和发展。丝绸之路在沟通东西方文明、实现欧亚大陆各民族物质、技术、宗教、艺术文化交流方面，具有无可比拟的重要性。

这种文明的对话、交流与互鉴，在人类文明之初就开始了。有了人类的活动，就有了走向远方的梦想，就有了探索交通道路的努力，因此就有了"彩陶之路""玉石之路""草原之路"及以后的"青铜之路"等等，因此丝绸之路的历史可以追溯到新石器时代，汉代丝绸之路的畅通正是在此前数千年人类活动的基础上实现的。

丝绸之路的文化意义，在于为人类文明的发展提供了交流和互鉴的重要载体，而交流与互鉴正是文明的本质所在，是文明发展的强大动力和生生不息的源泉。交流是文明发展的动力。对于任何一个民族的文化来说，要

唐海兽葡萄纹铜镜

持续地发展，持续地保持其生机勃勃的活力，必须通过与其他文化的交流，吸收一切先进的文明成果，来补充、丰富和发展自己。一种民族文化，无论它曾经有过多么的丰富、多么的辉煌，如果把自己封闭起来，完全与外部世界相隔绝，不与其他民族文化沟通、交流，不仅会使自己的发展失去源头活水和发展动力，也很难保持自我更新、自我发展的生命力，同时，也更不可能获得世界性的文化价值和文化意义。各民族之间的文化交流，也就是文化之间的相遇与互动。而所谓人类文明，则是各个民族的共同的创造，这其中有各自的独创性，也有相互的补充和启发，更有相互的激励和推动。各民族、各文明间的相遇、对话、交流、互动，是人类文明得以形成的条件，也是人类文明的基本内容。

文化交流首先是不同文化的相遇和接触。所有伟大文明的发生都是文化接触的结果。文化是民族的，也是世界的。这不仅是指各民族文化都是世界文化的组成部分，都参与了世界文化的创造和发展，也不仅是指各民族文化包含着世界文化的普遍性内容和表现形式或有不同大，但

精神内核趋于相同的信仰。此外，还有这样的含义，就是各民族文化都吸收了其他民族文化的积极的、先进的成果，并且将其纳入到自己的文化体系之中，也就是将外来文化融合到自己的文化，使之成为自己的文化。这一过程使得民族文化获得了世界文化、全球文化的意义。

文化交流根本的意义在于接受、学习、吸收其他民族文化的优秀成果，在于人类文明成果的共享。交流的目的是使处于不同文化背景中的人通过资源的相互丰富来给自己以发展的营养，用人类创造的优秀文明成果丰富和发展自己。

但是，文化交流的意义和作用还不仅于此。学习、吸收其他民族的文化成果，直接拿过来为自己所用，这当然是很重要的，并且往往具有直接的现实的意义和价值。而当去了解、学习其他民族文化的时候，也就意味着不同文化的相遇。文化的相遇往往会产生不同文化之间的相识和互动，这一相识和互动的过程是文明互鉴的过程。

在历史上，不同文化之间的相遇是经常发生的。相遇既有相识和互动，也意味着可能发生交锋、振荡和冲突。因为不同的文化具有不同的观念、习俗，具有不同的看世界的眼光，相遇的时候就会有不适、不理解、不接受。文化冲突的本质实际上是价值观的冲突。不同文化的价值观赋予人们看问题、处理问题的不

东汉青铜一角兽（甘肃武威雷台汉墓出土）

同眼光、不同方式，这在遇到具体问题时是很容易发生碰撞和冲突。文化交流是充满着对抗、冲突和矛盾的过程。当一种外来文化传播过来，与民族文化相接触之后，人们首先看到的是那些"不同"的方面，这就必然会发生矛盾和冲突，引起当地本土文化的抗拒、排斥和抵制。这样的冲突对双方都会产生很大的影响。特别是较大规模的、影响较大的传播，往往在接受一方引起文化振荡，有时甚至是较为激烈的文化振荡。

不过，冲突也是一种交流，一种更高级别、更深刻的交流方式，是一种交流和对话的形式。文化冲突也是相互认识的过程。相互认识，才能相互理解、相互尊重，才能在平等的基础上进行对话，取长补短，吸收对方的优秀的东西。

冲突和对话，学习与补充，是文化交流的常态。在世界的文化交流史上，有冲突和对抗，但对话、学习、互鉴始终是主流。文化交流，不仅在于学习、吸收外来文化的成果作为自己的补充和丰富，更在于通过对外来文化的认识，人们的眼界开阔了，看到了其他民族文化的许多新东西，看到了人家的先进性，促使反观自己文化的不足，促进了自身的改变和发展。特别是在外来文化对本土文化传统造成强大冲击的情况下，使本土文化面临着巨大的危机，因而激发了变革和发展的动力。文化交流、文明成果的共享促进了社会文化的变革。

丝绸之路的历史就是人类文明交流互鉴的历史。正是文化交流才使人类克服了孤立、独处和疏远的状态，使一切人与人的关系变得更加密切，更加息息相关，正是文化交流才使文化得以存在，得以保存和发展。以丝绸之路为载体的文化交流内容是极为丰富的，无论是在物质文化层面，还是在制度文化、精神文化层面，人类文化的各种成就、各种文化要素，都曾在中国与外国的文化交流中有所传播和影响。

文化交流是一个过程，文化交流的过程常常表现为一种复杂的多层次的模式。外来文化进入之后，经过当地本土文化的选择和"解释"，这些外来文化要素被"接受"到本土文化之中，与原有文化相受容、相融合，从而逐渐成为接受一方民族文化的一部分，被接受传播的民族"民族化"。这种"民族化"的过程，便是对外来文化的选择、解释、剪裁的过程，也是外来文化对原有文化发生实际影响的过程。比如佛教的中国化，对于它在中国的传播、存在、发展以及融入中国传统文化体系，成为中国文化的一部分，是一个至关重要的经验。佛教与中国文化的交涉、会通、融合而逐渐实现了中国化，从而充实和丰富了中国传统文化的内涵，形成中华文化生命的共同体，促进了中华民族文化的发展。这个经验是成功的，在世界的文化交流史上也是一个很值得总结的典型。

不同民族、不同社会之间的文化交流。交通通畅是人类生活的前提之一，也是文化交流得以实现的基本的条件。交通状况在很大程度上决定了文化交流的规模和程度，文化交流繁荣与否，也对交通状况起着促进或滞碍的作用。有了交通，就有了物质和文化方面的交流，就有了相互之间的你来我往，相互的认识和了解，就有了文化上的传播和接受，形成世界文化交流的大图景。自古以来，生活在欧亚大陆的各民族，都在不断地突破各种技术障碍，为开拓大陆的交通做出不懈的努力。为此，人们不断地发明和改进交通工具，探索交通路线，甚至可以说，交通工具的发明和改进是人类主要的技术创新之一。从最初的步行到马和骆驼的驯化使用，到双轮马车的创制；从独木舟到单桅船再到多桅船、大帆船；每一次技术的进步都加快了人类的脚步，都延伸了通向更远方的路。随着技术的不断突破，交通工具不断改进，交通道路更加畅通，各民族和各地区之间的交流就呈现了日益增长的状态，交流更频繁了，来往更密切了，相互的了解和认识也就更多了，吸收其他民族、地区的文化也就更丰富了。而随着丝绸之路的延伸，人们对于外部世界认知更为扩大，人们也有了进一步走向更遥远世界的动力和愿望。因此，可以说，丝绸之路发展繁荣的历史，也就是人类文明发展的历史。

丝绸之路所展现的，是欧亚大陆上各民族文化交流的大场景，这种大场景给我们的启示，是文明之间的互联互通和文明共享。每个民族都不是独自生存的，每一种文化都不是孤立成长的，它们从一开始就是通过与其他民族文化的交往、交流和对话，吸取其他民族的文化经验，学习和接受人类文明的先进成果，从而使自己得到丰富和发展。和平合作、开放包容、互学互鉴、互利共赢是丝绸之路的基本文化精神，是丝绸之路意义所在。通过丝绸之路，各民族之间相互沟通、相互了解，各文化之间相互渗透、相互融合，使人类有了更多的共同语言，有了共同的价值基础。也正是因为如此，丝绸之路培育了、锻造了文化的开放精神和包容精神。我们看到，在丝绸之路的历史上，中华民族都对其他民族所创造的文化成果，无论是物质文化成果，还是艺术文化和精神文化成果，都抱着积极的欢迎和学习的态度。中华文化在自身的成长过程中，形成了健全的传播和接受机制，具有全面开放的广阔胸襟和兼容世界文明的恢宏气度，与世界各国、各民族进行了范围广泛的交通往来和文化交流。中华文化不是在自我封闭中而是在与世界各民族文化的广泛交流中成长的。中华文化的开放性和包容性，大规模地输入、接受和融合世界各民族文化，使中华文化系统处于一种"坐集千古之智"的佳境，使整个机体保持旺盛的生命力。

文明共享、互学互鉴、互利共赢的精神，文化的开放精神和包容精神，是丝绸之路历史留给我们的宝贵精神财富。

二、丝绸之路与中华文明的世界价值

丝绸之路为人类文明建立了广泛联系的网络体系，使每一种民族文化都不再是孤立的、与世隔绝的，而是成为世界文化整体中的一部分，因而也获得了世界文化的意义。而所谓世界文化的整体，正是各民族文化共同创造发展的，是丝绸之路创建的网络体系将之连接起来的整体。许倬云曾提出了一个文化发展的"网络体系"说，认为中国文化的发展，有它的"体系结构"，在空间的平面上，中国的各个部分，由若干中心地区，放射为枝形的连线，树枝的枝柯，又因接触日益频繁，编织一个有纲有目的网络体系。几个地区的网络体系，逐渐因为体系的扩大，终于连接重叠，成为庞大的体系。中国的道路系统，经过数千年的演变，将中国整合为一个整体。丝绸之路对于世界文化的意义也在于如此。千百年来丝绸之路建立的"网络体系"，使各民族文化也因接触与交往，走向更大的整合，合为全球性的体系。

丝绸之路不仅为全球化的文明发展提供了网络体系，使之成为"世界的""全球的"整体，而且更重要的是给予我们一种历史观，一种文化观。以丝绸之路的历史观和文化观来认识我们的历史，认识我们的文化史，就会看到，即使在遥远的古代，世界上的各民族、各文化也不是相互封闭的、隔绝的，而是相互联系、沟通和交流的。总结丝绸之路的历史，总结以丝绸之路为中心的中外文化交流的历史，我们看到，从文明发端开始，虽然中华文明是具有鲜明的独创性，但是，中华民族始终寻求与外部世界的交通与联系，在早期文明的形态中已经具有了与其他民族文化联系的某些信息和线索。到了秦汉时代以后，随着丝绸之路交通的进一步开辟，交往的扩大，与外部世界的联系越来越大，人员交往越来越频繁，文化交流也越来越广泛。我们已经看到，在很早的时候，我们的先人便为走向世界付出了巨大的努力。自张骞出使西域，至甘英、法显、玄奘、鉴真、郑和等等，历代行人不避艰难险阻，越关山、渡重洋，与各国各族人民建立起政治的或经济的或文化的联系，搭起友谊的桥梁。中华民族所创造文明成果源源不断地传播到世界各地，参与世界文化的历史发展进程，海外其他民族所创造的优秀文化成果也源源不断地传播到中国内地，为中华文化所接受、所吸收、所融合，充实、丰富着中华文化的内容，成为中华文化的组成部分，激励和促进中华文化的发展繁荣。在历史上，从秦汉时代开始，出现了几次大的中外文化交流的高潮，也有不断涌进的涓涓细流，共同描绘出中外文化相遇与交流、融合与激荡的色彩斑斓、波澜壮阔的历史画卷。

丝绸之路是中国文化走向世界的道路，是中国文化与西方文化相遇、交流、对话、融合的道路。通过丝绸之路，丝绸、瓷器等丰饶的中华物产，经由这条国际贸易的大通道输往沿途各国，中国的生产技术、科学知识也陆续传往西方世界，而关于中国的种种游记、见闻乃至传闻，不时向西方传达着遥远东方帝国的文化信息。西方的物产和技术，科学知识和发明创造，以及关于西方文化的传闻信息，也沿着这条大道，源源不断地传播到中国，给中华文化的发展，不断地补充、丰富和新鲜的刺激。域外各民族的优

彩绘载物跪起骆驼，北周时期（陕西历史博物馆藏）

秀文化成果不断地传入中国，被接纳和融合到中华文化中，激励、刺激、推动中华文化自身的更新、改造和完善，为中华文化的发展提供了内在的活力机制。中华民族是一个善于学习的民族。中亚游牧文化、波斯文化、印度佛教文化、阿拉伯文化、欧洲文化等，都在不同的历史时期通过各种不同的渠道，程度不同地传播到中国，被中华文化吸收和融合，成为中国文化的组成部分。可以说，丝绸之路是古代中华文化与外来文化相互交流、激荡和相互影响的主要载体之一，对于中华文化的丰富和发展具有十分重大的意义。

通过丝绸之路，中华文化努力向海外开拓，积极与世界其他民族交流与对话，便是在不断地追求走向世界、追求获得自己的普遍性和世界性。从历史上看，中华文化是世界文化格局中很重要的一部分，是世界文化总体对话中重要的一极。由于中华文化的参与，世界文化格局才显得如此丰富多彩、辉煌壮观、万千气象；世界文化的总体对话才显得如

此生动活跃、生机盎然、妙趣横生。另一方面，中华文化在走向世界、参与世界文化总体对话的过程中，也使自己获得了世界性的文化价值和文化意义。

中华文化不是在自我封闭中而是在与世界各民族文化的广泛交流中成长的。中华文化源远流长，几千年繁荣发展而不中辍，在很大程度上得力于多方位的、持续不断的中外文化交流。中外文化交流的历史不仅极为悠久，而且源远流长，如滔滔江河，奔腾不息，数千年没有中断，并且交流的范围日益广泛，内容日益丰富，影响日益扩大，从交流的层面，从交流的规模，从交流的地域，不断在创新文化交流的高潮。中外文化交流的历史是与中华文化的发展史同步的，是中华文化贡献于人类文明也发展着自己的历史。虽然中国历史上也有过海禁、闭关、锁国的时期，但毕竟是短暂的和暂时的。从整个中国历史来考察，开放的时代远远超过封闭的时代。即使在封闭时代里，也不是完全割断了与外部世界的联系，完全中断了与外文化的接触和交流。一方面，大规模地输入、接受和融合世界各民族文化，使中华文化系统处于一种"坐集千古之智"的佳境，使整个机体保持旺盛的生命力；另一方面，中华文化具有积极、主动地向海外开拓的内在动力，播辉煌于四海，大规模地输出、传播和影响于世界各民族文化，使中华文化的优秀成果被吸收和融合于它们的文化体系中，为它们的文化发展提供源头活水和刺激动力。

三、丝绸之路与世界眼光

文化交流，不仅在于学习、吸收外来文化的成果，作为自己的补充和丰富，更在于通过对外来文化的认识，开阔眼界，看到其他民族文化的先进性，促进自身的改变和发展。

丝绸之路的发展，为中华民族与域外各民族的文化交流提供了契机，开阔了中国人的眼光，增强了中国人的世界意识，为中国人了解世界文明发展的大趋势，并走在世界文明发展的前列提供了条件。

　　人类思维的特点之一是好奇心。人们不满足对于自己生活的周围环境的了解和认知，还特别想知道自己周围以外的世界是一个什么样的世界。但是，在古代交通和交往很受限制的条件下，尤其是在文明发展的初期，人们很难走得太远，也很难了解外部的世界。所以，我们的先人就怀着对外部世界的好奇心，以传闻和奇异的想象来描绘自己的外部世界。比如九州岛和大九州的这种近乎神话似的描绘，表现了文明发展初期人们的世界观。在商周时期对世界的认知中，还有"四海"和"五方"的观念。《禹贡》《山海经》《穆天子传》等是很古老的地理类著作，虽然它们所包含的内容有许多想象和传说的成分，但大体上包含了那个时代即早期文明所认知的世界，是早期中国人的"世界观"。在当时有限的条件下积极建构自己的世界认知和想象，表现出早期人类对外部世界的寻求与探索。随着人类文明的进步，交通的发展，对外部文明的接触和了解、交往和交流的扩大，人们对外部世界的知识也就逐渐增加，人们的世界观也就相应地发生着改变。

　　文化的交流是一个相遇与相识的过程，对其他民族文化的认识，存在于不断扩大自己的文化视野的过程中，就是扩大自己的世界眼光的过程中。这也就是说，人们不断地认识其他民族文

绿地对鸟对羊灯树锦，北朝时期，新疆吐鲁番阿斯塔那186号墓出土

化，认识世界大势，并且用世界的眼光来认识自己的文化，认识自己民族文化在世界文化中的地位。

在不同的历史时期，中国人有许多对外国的有关记述，这些记述有的是正史中的文献，如历代的《西域传》《东夷传》等等，有的是各种文献中的相关记载，如各种《异物志》，汉唐以后的各种类书如《太平御览》《太平寰宇记》等，还有的是历代行人的有关游记、报告等等，如三国康泰的报告《吴时外国传》，晋时法显的《佛国记》，唐玄奘的《大唐西域记》、义净的《大唐西域求法高僧传》，这些都是中国人认识世界、了解世界、走向世界的重要文献。这些著作反映了中国人主动去认识世界，主动走向世界的过程，是历代中国先贤披荆斩棘，筚路蓝缕，不畏艰险，主动地走出国门，去寻求知识，追求真理，把在外国的所见所闻，交通和历史地理知识，把他们所了解的各民族、各国家创造的先进文化，把他们所接受的信仰和他们的生活，介绍给自己国家的人们，从而大大开阔了中国人的眼界，丰富了中国人对于世界的知识。

与域外各民族的文化交流，不断地开辟着中国人的世界眼光，不断增强着中国人的世界意识。鲁迅说："国民精神之发扬，与世界识见之广博有所属。"所谓"世界识见"，就是一种世界的眼光，世界的意识，世界的胸怀。中国人的世界眼光，中国人的世界观，是一个不断地扩大的过程。中国人世界观、世界眼光的扩大，与各民族之间的交往和交流的发展有关，更与中国人自己走向世界的步伐有关。汉代是对外文化交流的第一个高潮，就是在这时，由于丝绸之路的开辟，陆上、海上交通技术的发展，逐步打开了中国人的视野，拓展了中国人的"世界"。

对外交往的扩大，对外部世界了解的增多，对人们思想的冲击是巨大的，对促进本土文化的发展也是极有意义的。在世界历史上，许多重大意义的变革，首先都是与外部世界的认知有关。在文化交流中的"我"之"外"的"他者"，往往起到了对于本土文化的反思和批评的一个参照物的作用。对外部世界认知的增加，世界视野的扩大，促使人们反省本土文化的不足的部分，并且用这些新知识、新文化补充自己、改变自己、

油画《静物写生》，画中有中国织锦和瓷器

发展自己。

　　不断地吸收世界上其他民族先进的文化成果，不断地扩大自己的世界眼光，使得中华文化具有了"与时俱进"的能力。在全球史的视野中来比较，中华文化在很长时期内处于领先地位。保持其领先性或先进性，有两个基本条件，一个是积极地吸收世界文化的最先进的、最新的文化成果，一个是开阔的世界眼光和世界意识，了解世界文化发展的大趋势。唐代成为世界文化的一个顶峰，就与唐代的大开放、与唐代人广阔的世界眼光有密切关系。近代西方在工业革命的推动下迅速发展起来，成为新时代世界文化的发展先驱。这个时候的中国人在很长时间里对西方的工业革命不了解，没有及时地吸收西方工业革命的先进文化成果，所以落后了、落伍了。而中国人一旦了解了西方文化先进的地方，就毫不犹豫地举起向西方学习的大旗，奋起直追，在一百多年的时间里，就在科学技术文化等许多方面走到了前沿地带，并且融入到世界的现代化大潮流中。这样，中华文化经过近代的革新，仍然保持了时代性和先进性。

世界眼光，世界意识，是丝绸之路赋予我们的历史观和文化观。我们以这样的历史观、文化观来看世界历史，看人类文明，就使我们的眼界更开阔了，也就能从全人类文明发展的大图景中审视我们自己的历史和文化。在历史上，中国人的对外交往的范围不断扩大，中国人的世界眼光不断开阔。中华文化与其他民族文化交流的历史，就是一代一代人不断走向世界的历史，就是中国人的世界眼光和世界意识不断开阔、不断强化的历史。

坦诚而主动地进行文化交流，广泛地吸收外来文化，大规模地进行文化输出，都是对自己的民族和文化有着强烈的自信心的表现。正如鲁迅所说的那样，汉唐时代的中国人有一种"放开度量，大胆地，无畏地，将新文化尽量地吸收"的气魄。这种度量和气魄是中华文化的基本精神，而丝绸之路的开辟和发展，是中华民族文化精神的物化的体现。

第十六讲
从丝绸之路到『一带一路』

一、"一带一路"倡议与当代全球化

　　2023 年是习近平总书记提出共建"一带一路"倡议 10 周年。习近平总书记在今年召开的第三届"一带一路"国际合作高峰论坛开幕式的主旨演讲中，围绕"一带一路"合作作了重要论述。这为我们理解"一带一路"倡议与丝绸之路的内涵与精神提供了根本遵循。丝绸之路的核心精神是和平合作、开放包容、互学互鉴、互利共赢。这是世世代代艰苦探索获得宝贵经验，也是千百年来人类文明发展获得卓越成果。由于丝绸之路的开辟和畅通，各民族、各文明间的相遇、对话、交流、互动，把世界文明链接成一个全球化文明体系。丝绸之路不仅仅传递着物质产品，还传播着艺术、技术、观念，更开辟着人们看世界的眼光。在人们的日常生活中，从衣食住行到文化娱乐，无不体现着人类文明相互交流的成果，享受着来自世界各地的发现、发明和创造，享受着世代积累的从欧洲到亚洲、从美洲到非洲的各种发明。

　　丝绸之路的文化意义、价值和影响，仍然存在于我们今天的生活中。我们从丝绸之路中一路走来，丝绸之路孕育的文化精神深刻地影响着我们，鼓励着我们。先辈的光荣和智慧，给我们激励，给我们营养，给我们进行文化创造以不尽的源头活水。历史的光荣给我们以鼓励、以动力、以生命之源。

　　丝绸之路曾经塑造了过去的世界，甚至塑造了当今

法国博韦壁毯厂生产的系列壁毯《中国皇帝的故事》之《天文学家》，中间白胡子者为传教士汤若望（法国巴黎卢浮宫博物馆藏）

丝路文明十六讲

的世界。

　　20 世纪中期以来，人类历史进入到当代全球化时期。自此，全球化在深度和广度两个方向加速推进。20 世纪与 21 世纪之交，由于交通、通讯技术，特别是互联网技术的大发展，全球化进入加快发展的时期，人类进入全球化时代，世界各地的人们来往得更密切了，各个民族的文化交流也更紧密、更频繁了。世界上任何一个角落发生的新闻，很快就传遍各地，任何一种新的技术发明，很快就进入各个地方的生产生活领域，强大的运输能力会把一个地方的产品很快运送到各地，为全世界的人们所享用。这是一个高度全球化的时代、国际化的时代，我们的日常生活都已经全球化、国际化了。

　　在全球化进程中，国家间的相互依存、相互渗透，在政治、经济、军事和文化领域多层次地发展着，整个人类社会正在形成一个相互感应、相互制约的整体，整个人类面临着共同的命运和考验。伴随着全球化的进展，全世界的不同文明都处在一个命运高度依存的全球共同体之中。全球化要求弘扬全人类共同价值、创造人类文明新形态，建构人类文明共同体。

　　在当代全球化的大背景下，丝绸之路精神也得以复兴，并为人类文明的发展注入新的活力。2013 年，习近平主席共建"一带一路"倡议，"一带一路"贯穿亚欧非大陆，一头是活跃的东亚经济圈，一头是发达的欧洲经济圈，中间广大腹地经济发展潜力巨大。丝绸之路经济带重点畅通中国经中亚、俄罗斯至欧洲（波罗的海）；中国经中亚、西亚至波斯湾、地中海；中国至东南亚、南亚、印度洋。21 世纪海上丝绸之路重点方向是从中国沿海港口过南海到印度洋，延伸至欧洲；从中国沿海港口过南海到南太平洋。共建"一带一路"倡议旨在促进陆海内外联动、东西双向互济的开放格局，打造包容性全球化。

　　2017 年 5 月 14 日，习近平主席在"一带一路"国际合作高峰论坛开幕式上发表主旨演讲，深刻阐释了"丝绸之路"精神的丰富内涵，全面描绘了建设和平、繁荣、开放、创新、文明的"一带一路"的美好前景。

第十六讲　从丝绸之路到『一带一路』

习近平主席提出，我们完全可以从古丝绸之路中汲取智慧和力量，本着和平合作、开放包容、互学互鉴、互利共赢的丝绸之路精神推进合作，共同开辟更加光明的前景。共建"一带一路"倡议高举和平发展的旗帜，依靠中国与有关国家既有的双多边机制，借助既有的、行之有效的区域合作平台，积极发展与沿线国家的经济合作伙伴关系，共同打造政治互信、经济融合、文化包容的互利共赢、共同发展繁荣利益共同体、命运共同体和责任共同体。

共建"一带一路"倡议是丝绸之路在当代全球化时代的复兴，是推动绵亘千年的古丝绸之路在新时代焕发新活力的重大战略构想。

习近平总书记指出："'一带一路'建设是扩大开放的重大战略举措和经济外交的顶层设计。"2017年10月，习近平总书记在党的十九大报告中把"一带一路"建设和实施共建"一带一路"倡议作为经济建设和全方位外交布局的重要组成部分，进一步提出，要以"一带一路"建设为重点，坚持引进来和走出去并重，遵循共商共建共享原则，加强创新能力开放合作，形成陆海内外联动、东西双向互济的开放格局。党的十九大关于《中国共产党章程（修正案）》的决议明确提出，将推进"一带一路"建设等内容写入党章。这充分体现了在中国共产党领导下，中国高度重视"一带一路"建设、坚定推进"一带一路"国际合作的决心和信心。近年来，"一带一路"建设进展顺利，成果丰硕，得到国际社会广泛认同和支持，越来越多的国家参与到合作中来。党的十九大报告关于"一带一路"重大意义的论述，为我们在新时代与各方携手共建"一带一路"，推动构建新型国际关系，共建人类命运共同体进一步指明方向，注入强劲动力。

《中共中央关于党的百年奋斗重大成就和历史经验的决议》指出，我国发展要赢得优势、赢得主动、赢得未来，必须顺应经济全球化，依托我国超大规模市场优势，实行更加积极主动的开放战略。开放是"一带一路"建设的鲜明标识。共建"一带一路"倡议是中国长期坚持对外开放国家战略的进一步提升，是中国更高水平对外开放的重要举措，是面对全球化时代对外开放的新阶段。

"一带一路"倡议的基本属性在于"中国倡议、各国共建、市场运作、全球共享、构建人类命运共同体的新型国际合作平台"。共建"一带一路"搭建了广泛参与的国际合作平台，为全球治理体系改革提供了中国方案，成为推动构建人类命运共同体的生动实践，受到国际社会普遍欢迎。目前，全球150多个国家和30多个国际组织积极支持和参与"一带一路"建设，联合国大会、联合国安理会等重要决议也纳入"一带一路"建设内容。联合国秘书长古特雷斯表示，共建"一带一路"倡议与《2030年可持续发展议程》都以可持续发展为目标，都致力于深化国家和区域间的联系。他呼吁，为了让相关国家能够充分从增加联系产生的潜力中获益，加强"一带一路"倡议与《2030年可持续发展议程》的联系至关重要。

二、"一带一路"的建设成果

共建"一带一路"倡议提出十年来，中国政府积极实施了一系列政策措施，统筹谋划推动高质量发展、构建新发展格局和共建"一带一路"，坚持共商共建共享原则，把基础设施"硬联通"作为重要方向，把规则标准"软联通"作为重要支撑，把同沿线国家人民"心联通"作为重要基础，推动共建"一带一路"高质量发展，取得了重要成果。

2017年5月14—15日，首届"一带一路"国际合作高峰论坛在北京成功举行。论坛以"加强国际合作，共建'一带一路'，实现共赢发展"为主题，活动主要包括开幕式、领导人圆桌峰会和高级别会议等。包括29位外国元首和政府首脑在内的140多个国家和80多个国际组织的1600余名外宾与会。习近平主席出席高峰论坛开幕式、欢迎晚宴、全程主持领导人圆桌峰会，并在开幕式上发表题为《携手推进"一带一路"建设》的主旨演讲。首届高峰论坛取得丰硕成果，明确了未来"一带一路"合作方向，规划了"一带一路"建设具体路线图，确定了一批"一带一路"重点项目。高峰论坛圆桌峰会就对接发展战略、推动互联互通、促进人文交流等议题深入交换意见，达成广泛共识，并发布了联合公报。各方还在高峰论坛期间及前夕达成一系列具体合作成果，中方作为东道国予以汇总发布。

2019年4月25—27日，第二届"一带一路"国际合作高峰论坛在北京成功举行。论坛以"共建'一带一路'、开创美好未来"为主题，活动主要包括企业家大会、分论坛、开幕式、高级别会议、领导人圆桌峰会等。包括37位外国领导人以及联合国秘书长和国际货币基金组织总裁在内的150个国家、92个国际组织的6000余名外宾与会。习近平主席出席开幕式、欢迎晚宴、全程主持领导人圆桌峰会，并在开幕式上发表题为《齐心开创共建"一带一路"美好未来》的主旨演讲。与会各方达成高质量共建"一带一路"、构建全球互联互通伙伴关系的重要共识，形成一系列务实合作成果。第二届"一带一路"国际合作高峰论坛的成功举办，标志着共建"一带一路"进入新阶段。

2023年10月，第三届"一带一路"国际合作高峰论坛在北京成功举行。习近平主席在第三届"一带一路"国际合作高峰论坛开幕式上的主旨演讲中指出，十年来，我们坚守初心、携手同行，推动"一带一路"国际合作从无到有，蓬勃发展，取得丰硕成果。"一带一路"合作从亚欧大陆延伸到非洲和拉美，150多个国家、30多个国际组织签署共建"一带一路"合作文件，举办三届"一带一路"国际合作高峰论坛，成立了20多个专业领域多边合作平台。"一带一路"合作从"大写意"进入"工笔画"阶段，把规划图转化为实景图，一大批标志性项目和惠民生的"小而美"项目落地生根。"一带一路"合作从硬联通扩展到软联通。共商共建共享、开放绿色廉洁、高标准惠民生可持续，成为高质量共建"一带一路"的重要指导原则。十年来，我们致力于构建以经济走廊为引领，以大通道和信息高速公路为骨架，以铁路、公路、机场、港口、管网为依托，涵盖陆、海、天、网的全球互联互通网络，有效促进了各国商品、资金、技术、人员的大流通，推动绵亘千年的古丝绸之路在新时代焕发新活力。习近平主席指出："共建'一带一路'坚持共商共建共享，跨越不同文明、文化、社会制度、发展阶段差异，开辟了各国交往的新路径，搭建起国际合作的新框架，汇集着人类共同发展的最大公约数。"

共建"一带一路"倡议具有平等性、和平性特征。共建"一带一路"倡议旨在通过加强与相关国家的交流合作，充分发掘与发挥各国的发展潜力与比较优势，彼此形成了互利共赢的区域利益共同体、命运共同体和责任共同体。"一带一路"建设是双边或多边联动基础上通过具体项目加以推进的，是在进行充分政策沟通、战略对接以及市场运作后形成的发展倡议与规划。平等是中国所坚持的重要国际准则，也是共建"一带一路"倡议的基本理念。"一带一路"建设离不开和平安宁的国际环境与地区环境，和平是"一带一路"建设的本质属性，也是保障其顺利推进所不可或缺的重要因素。

共建"一带一路"倡议具有开放性、包容性特征。"一带一路"建设以开放为导向，冀望通过加强交通、能源和网络等基础设施的互联互通建设，促进经济要素有序自由流动、资源高效配置和市场深度融合，开展更大范围、更高水平、更深层次的区域合作，打造开放、包容、均衡、普惠的区域经济合作架构，以此来解决经济增长和平衡问题。"一带一路"不是对现有地区合作机制的替代，而是与现有机制互为助力、相互补充。通过双多边对话方式，我国加强了与沿线国际组织之间的交流与合作，不仅推进了彼此的发展战略对接，也激发了区域性国际组织的活力。在共建"一带一路"框架下，我国深化同各方发展规划和政策的对接。在全球层面，共建"一带一路"倡议同联合国2030年可持续发展议程有效对接，助力促进全球共同发展政策合力形成。在区域层面，"一带一路"倡议与《东盟互联互通总体规划》、非盟《2063年议程》、欧盟"欧亚互联互通战略"等区域发展规划或合作倡议有效对接，达成促进互联互通、支持区域经济一体化进程的共识。"一带一路"建设还与俄罗斯欧亚经济联盟建设、印尼全球海洋支点发展规划、哈萨克斯坦光明之路经济发展战略、蒙古国草原之路倡议、埃及苏伊士运河走廊开发计划等对接与合作，并形成了一批标志性项目。

"一带一路"促进基础设施建设和互联互通，对接各国政策和发展战略，以便深化务实合作，促进协调联动发展，实现共同繁荣。共建"一带一路"致力于亚欧非大陆及附近海洋的互联互通，建立和加强沿线各国互联互通伙伴关系，构建全方位、多层次、复合型的互联互通网络，实现沿线各国多元、自主、平衡、可持续的发展。"一带一路"的互联互通项目推动沿线各国发展战略的对接与耦合，发掘区域内市场的潜力，促进投资和消费，创造需求和就业，增进沿线各国人民的人文交流与文明互鉴，让各国人民相逢相知、互信互敬，共享和谐、安宁、富裕的生活。随着交通、能源管网等大批项目落地实施，沿线国家基础设施建设取得了长足进展，区域交通可达性、资源流动性、信息共享能力显著增强。

"一带一路"建设过程中，通过各方共同努力，"六廊六路多国多港"的互联互通架构已基本形成，一大批互利共赢项目成功落地。六大经济走廊是"一带一路"的战略支柱和区域经济合作网络的重要框架，包括中蒙俄、新亚欧大陆桥、中国—中亚—西亚、中国—中南半岛、中巴和孟中印缅经济走廊。六大经济走廊建设为建立和加强各国互联互通伙伴关系、畅通亚欧大市场发挥了重要作用。新亚欧大陆桥、中蒙俄、中国—中亚—西亚经济走廊经过亚欧大陆中东部地区，不仅将充满经济活力的东亚经济圈与发达的欧洲经济圈联系在一起，更畅通了连接波斯湾、地中海和波罗的海的合作通道。中国—中南半岛、中巴和孟中印缅经济走廊经过亚洲东南部这一全球人口最稠密地区，连接沿线主要城市和人口、产业集聚区。

基础设施项目有序落地实施，一批标志性项目取得实质性进展。中国积极开展亚洲公路网、泛亚铁路网规划和建设，与东北亚，中亚、南亚及东南亚国家开通多条公路铁路。此外，油气管道、跨界桥梁、输电线路、光缆传输系统等基础设施建设取得成果。中老铁路实现全线开通运营，客货运输量稳步增长；匈塞铁路塞尔维亚境内贝诺段顺利通车；雅万高铁最长隧道实现全隧贯通；吉布提港铁路场站正式投产；瓜达尔港成为区域物流枢纽和临港产业基地。中欧班列继续安全稳定运行，连续 27 个月单月开行千列以上。这些设施建设，为"一带一路"的互联互通创造便利的交通条件，也使古老的丝绸之路焕发新的生机。

贸易畅通是共建"一带一路"的着力点，是推动各国经济持续发展的重要力量。十年来，我国与"一带一路"沿线国家之间的贸易往来日益密切，已成为 25 个沿线国家最大的贸易伙伴。辐射"一带一路"的自由贸易区网络加快建设，贸易自由化和便利化水平稳步提升，贸易方式不断创新，贸易畅通迈上新台阶。与"一带一路"沿线国家的境外合作工业园区项目稳步推进，成为经贸合作的重要载体。一大批园区凭借自身优势迅速发展，如中白工业园、泰中罗勇工业园、中国印尼综合产业园区青山园区、中柬西哈努克港经济特区、中国埃及泰达苏伊士经贸合作区、中国埃塞俄比亚东方工业园等，在承接中外企业合作、解决当地民众就业、带动东道国经济发展等方面发挥了积极作用。

我国积极与沿线国家开展金融合作，推动建立多层次的金融服务体系，为"一带一路"建设提供多元化的金融支持和服务。在各方共同努力下，亚洲基础设施投资银行、丝路基金等多边金融合作机构相继成立，为"一带一路"建设和双多边互联互通提供投融资支持。我国与国际货币基金组织建立联合能力建设中心，为共建"一带一路"国家优化宏观经济金融框架提供智力支持；与世界银行、亚洲基础设施投资银行、亚洲开发银行等共同成立多边开发融资合作中心，推动国际金融机构及相关发展伙伴基础设施互联互通。

十年来，中国与沿线国家共建"一带一路"取得丰硕成果。世行报告显示，共建"一带一路"使参与方贸易增加 4.1%，外资增加 5%，使低收入国家 GDP 增加 3.4%。受益于"一带一路"建设，2012—2021 年，新兴与发展中经济体 GDP 占全球份额提高 3.6 个百分点。世行测算，到

2030 年，共建"一带一路"每年将为全球产生 1.6 万亿美元收益，占全球 GDP 的 1.3%。

"一带一路"建设是促进人文交流的桥梁。"一带一路"倡议提出十年来，我国与"一带一路"沿线国家人文交流日益密切，以"一带一路"为主题的文化活动明显增多，品牌化趋势明显，人文合作领域愈加宽广，人文活动影响力逐步扩大，不断推动中外文化交流继续向全方位、深层次发展。中国与沿线国家互办艺术节、电影节、音乐节、文物展、图书展等大量活动，其中很多活动已形成了常态化机制，为沿线各国提供了良好的人文交流平台。

"一带一路"建设以文明交流超越文明隔阂、文明互鉴超越文明冲突、文明共存超越文明优越，为相关国家民众加强交流、增进理解搭起了新的桥梁，为不同文化和文明加强对话、交流互鉴织就了新的纽带，推动各国相互理解、相互尊重、相互信任。"一带一路"跨越不同区域、不同文化、不同宗教信仰。通过弘扬丝绸之路精神，开展智力丝绸之路、健康丝绸之路等建设，在科学、教育、文化、卫生、民间交往等各领域广泛开展合作，实现各文明间的交流互鉴，"一带一路"建设民意基础更为坚实，社会根基更加牢固。

三 "一带一路"建设的世界意义

共建"一带一路"倡议源于中国，机遇和成果属于世界。"一带一路"是中国同世界共享机遇、共谋发展的大道。

习近平主席指出："和平与发展的时代主题没有改变，经济全球化大方向没有变，国际格局发展战略态势对我有利，共建'一带一路'仍面临重要机遇。"习近平主席在第三届"一带一路"国际合作高峰论坛开幕式上的主旨演讲中还指出："世界现代化应该是和平发展的现代化、互利合作的现代化、共同繁荣的现代化。前行道路上，有顺境也会有逆流。

我们要坚持目标导向、行动导向，咬定青山不放松，一张蓝图绘到底。中方愿同各方深化'一带一路'合作伙伴关系，推动共建'一带一路'进入高质量发展的新阶段，为实现世界各国的现代化作出不懈努力。"

当今世界，新一轮科技革命和产业变革带来的激烈竞争前所未有，气候变化、疫情防控等全球性问题对人类社会影响深远。在这样的时代背景下，"一带一路"建设更具有重要的世界意义。共建"一带一路"倡议符合国际社会的根本利益，彰显人类社会共同理想和美好追求，是国际合作以及全球治理新模式的积极探索，将为世界和平发展增添新的正能量。

十年来，共建"一带一路"合作范围不断扩大，合作领域更为广阔，在许多方面都取得了扎扎实实的成果，这些成果是世人瞩目的，巨大的。它不仅为世界经济生活发展作出了巨大的贡献，而且也为应对挑战、创造机遇、强化信心提供了宝贵的经验、智慧与力量。在新的时代背景下，"一带一路"在现有国际经济合作机制的基础上，鼓励合作模式创新和合作经验推广，鼓励沿线国家因地制宜、量体裁衣，根据各自经济结构、资源禀赋、发展潜力等探索新的合作方案，为促进相关国家发展和解决人类面临的诸多问题提供了更多的机遇。

丝绸之路是人类互联互通历史中一段体现和平合作精神的共同记忆。世界历史发展到今天，各国间的相互联系已经变得空前紧密。"一带一路"致力于推动陆海平衡发展、要素自由流动、文明互学互鉴，推动人类互联互通迈向新高度。在新的全球化时代，"一带一路"建设发扬了丝绸之路的文化精神，进一步实现了全球的互联互通、文明共享，"一带一路"已成为当今世界上结果丰硕、影响深远的经济全球化合作平台，为世界经济的恢复和发展增添更多信心与确定性。

不同发展阶段的国家具体的战略诉求与优先方向不尽相同，但各国都希望获得发展与繁荣。习近平主席指出，共建"一带一路"坚持共商共建共享，跨越不同文明、文化、社会制度、发展阶段差异，开辟了各国交往的新路径，搭建起国际合作的新框架，汇集着人类共同发展的最

西安丝绸之路纪念群雕

大公约数。"一带一路"将在古老丝绸之路留给我们的启示的基础上，为解决各国共同关切的问题，应对世界经济面临的挑战，开创发展新机遇，谋求发展新动力，拓展新的发展空间，共同构建人类命运共同体发挥重要作用，古老的丝绸之路也将在"一带一路"建设过程中得到继续发展和繁荣，焕发出新的生机。